John Welwood

Bewusst lieben

John Welwood

Bewusst lieben

Ein Weg des Erwachens

Aus dem Amerikanischen von Karin Petersen

arbor

Arbor Verlag
Freiburg im Breisgau

Für Jennifer

Die Originalausgabe erschien unter dem Titel *Love and Awakening. Discovering the Sacred Path of Intimate Relationship*

1. Auflage 2014

Titelfoto: © plainpicture/Katja Nitsche
Korrektorat: Richard Reschika
Druck und Bindung: Kösel, Krugzell
Hergestellt von mediengenossen.de

Dieses Buch wurde auf 100 % Altpapier gedruckt und ist alterungsbeständig.
Weitere Informationen über unser Umweltengagement finden Sie unter
www.arbor-verlag.de/umwelt

www.arbor-verlag.de

ISBN 978-3-86781-127-9

Inhalt

Einleitung

Die meisten Menschen sind sich merkwürdigerweise darin einig, dass wir in der Lage sein sollten, eine beglückende und erfüllte Beziehung mit einem geliebten Menschen zu leben, auch wenn wir das niemals gelernt haben. Wir glauben, dass eine gute Beziehung vor allem davon abhängt, dass wir die richtige Person finden und das Richtige tun oder sagen. Oft sehen wir gar nicht, dass sich unsere Beziehung zu einem anderen Menschen unmittelbar daraus ergibt, wie wir uns auf uns selbst beziehen, dass unsere äußeren Beziehungen nichts als Erweiterungen unseres inneren Lebens sind und wir mit anderen nur so offen und präsent sein können, wie wir es mit uns selbst sind.

Vor etwa dreißig Jahren trat in Amerika die Frauenbewegung in Erscheinung. Frauen begannen, die alten Rollenvorbilder und Klischees, die sie in ihrer Entwicklung behinderten, in Frage zu stellen und damit einen tief greifenden Bewusstseinswandel einzuleiten. In jüngerer Zeit zeichnete sich auch eine Männerbewegung ab, die das alte orthodoxe Männerbild anzweifelte. Nachdem Männer und Frauen diese Themen jetzt getrennt erforscht haben, sind wir an einen Punkt angelangt, wo wir uns aus einer neuen Perspektive die Frage stellen können: Was ist ein Paar, ganz unabhängig von den alten Mythen und Klischees? Was – außer Kinder großzuziehen und ein gemütliches Zuhause zu schaffen – könnte Sinn und Zweck einer Beziehung von zwei Menschen ausmachen, die sich verbindlich auf ein gemeinsames Leben einlassen?

Was ist der tiefere Sinn des Zusammenseins von zwei Menschen, die sich lieben? Nachdem die alten sozialen Aufträge weitgehend in den Hintergrund getreten sind und der romantische Traum vom glücklichen Zusammenleben bis ans Lebensende sich nicht erfüllt hat, ist es am Ende des Jahrtausends an der Zeit, dass unser Bewusstsein für das sinnvolle Zusammenleben als Paar zu neuer Tiefe und Reife gelangt. *Die Zeit ist reif für eine Bewusstseinserweiterung von Paaren.*[1]

Die immer kritischer werdende Lage unseres Planeten und seiner Bewohner fordert uns auf, aufzuwachen, unsere Lebensweise neu zu überdenken und uns auf eine umfassendere, heilige Sicht vom menschlichen Leben zuzubewegen. Während sich zu dieser Form der Selbsterforschung früher meistens nur spirituelle Adepten berufen fühlten, die der Welt oft entsagten, um sich der Suche nach der Wahrheit zu widmen, können wir uns den Luxus einer Spiritualität, die vom „realen Leben" abgespalten ist, heute nicht länger leisten. In dieser Zeit, in der unsere Welt und unsere Menschlichkeit wachsenden Risiken ausgesetzt sind, brauchen wir eine neue, geerdete Spiritualität, die aus den Herausforderungen unseres täglichen Lebens erwächst und sich an diese wendet. Wir brauchen eine Spiritualität, die in unserem Alltag verwurzelt ist und unsere Lebensqualität auf diesem Planeten wandeln kann, indem sie sich völlig dem Hier und Jetzt widmet. Glücklicherweise haben wir ein äußerst wirkungsvolles Instrument zur Hand, um diese Art Weisheit zu entwickeln – unsere intimen Beziehungen zu den Menschen, die wir lieben.

Doch wir müssen auch unsere Beziehungen selbst dringend überprüfen. Da die alten Gründe für eine Ehe nicht länger zwingend sind, viele Familien zerbrechen und Paare mit sämtlichen Lebenshintergründen es schwierig finden, ein gemeinsames Leben aufzubauen, müssen wir den Sinn und Zweck von intimen Beziehungen von Grund auf neu überdenken. Wir brauchen ein neues Verständnis davon, was eine Beziehung wirklich bieten kann und was sie so schwierig macht. Und wir müssen begreifen lernen, dass diese Schwierigkeiten Stoff dafür sein können, uns selbst wirklich kennen zu lernen, und der Schlüssel dafür, dass wir mit uns und anderen auf eine befriedigendere Weise verbunden sind. Diese Art von Liebe erfordert, was niemals zuvor voll erforscht oder formuliert worden ist: *eine heilige Psychologie der Paarbeziehung.*

Laut einer uralten Wahrheit, bekannt als „Gesetz der Trinität", ist jede Beziehung eine Dreiheit: Sie besteht aus zwei Polen und einem übergreifenden Sinn oder einem versöhnlichen Prinzip, das sie zusammenhält. In früheren Zeit lieferten *äußere soziale Aufträge* dieses stabilisierende dritte Element: Indem sie der Familie und der Gesellschaft diente, hatte die Ehe eine klar definierte *Funktion.* Heute jedoch, wo die Ehe darauf beruht, dass zwei Menschen beieinander Lust, Wohlbefinden und die Befriedigung ihrer Bedürfnisse suchen – *subjektive Gefühlszustände,* die sich zwangsläufig verändern –, fehlt ihr ein entscheidendes verbindendes Element, vor allem in den unweigerlich eintretenden schmerzlichen und schwierigen Zeiten.

Sobald wir in unseren heutigen Beziehungen neben Pflicht und Lust nach einer tieferen Bedeutung und einem tieferen Sinn suchen, bewegen wir uns auf das Heilige zu, das wir definieren könnten als eine *tiefere Verbindung mit unserem wahren, essentiellen Wesenskern* jenseits all unserer Masken und Fassaden. Dieses Buch möchte zeigen, wie zwei Partner, die sich zusammenschließen, um sich für das Heilige in ihrem Leben zu öffnen und bewusst zu werden, eine bindende Kraft finden, welche für Richtung, Bedeutung und Sinn sorgt, die sich ein Leben lang beständig weiter entfalten.

Auch wenn eine Formulierung wie „bewusst werden für das Heilige" esoterisch klingen mag, handelt es sich dabei um etwas ganz Gewöhnliches – gemeint ist nämlich lediglich, dass wir lernen, auf einer tieferen Ebene auf das einzugehen, was wir bereits erleben, und das zu schätzen, was wir *im Grunde bereits* sind. Wenn die schlechte Nachricht lautet, dass wir uns gegenseitig nur so weit kennen lernen und erkannt werden können, wie wir uns selbst kennen – und uns selbst kennen zu lernen kann eine lange und beschwerliche Reise sein –, ist die gute Nachricht, dass die Liebe uns hilft und dazu inspiriert, diese tiefere Selbstkenntnis zu entwickeln. Die Art und Weise, wie wir uns auf einen geliebten Menschen beziehen, stellt – wie wir noch sehen werden – einen äußerst klaren und genauen Spiegel unserer Beziehung zu uns selbst dar. Aus diesem Grunde können Beziehungen uns mehr als jeder andere Aspekt des weltlichen Lebens helfen, uns selbst zu begegnen und uns schneller und gründlicher zu verstehen. In diesem Licht betrachtet wird die Liebe zu einem *Weg des Erwachens* – sie ruft uns aus dem Schlaf alter, unbewusster Muster in die Frische und Unmittelbarkeit eines Lebens, das stärker in der Gegenwart verwurzelt ist und in Einklang mit dem steht, was wir wirklich sind. Das ist die Quelle für eine tiefere Art von Glück, das weit über Lust und Wohlbefinden hinausgeht und die einzige wirkliche Basis für gesunde und erfüllende Beziehungen darstellt.

Das Buch *Bewusst lieben* entstand, wie bereits sein Vorgänger *Dem Herzen folgen*, aus meinem eigenen dringenden Bedürfnis heraus, Beziehungen anders zu leben. Als ich vor etwa zwanzig Jahren mit meinen Erkundungen begann, suchte ich vergeblich auf den Gebieten der Psychologie, Philosophie und Spiritualität des Ostens und Westens nach einer Lehre, die das subtile, vieldimensionale Spiel beleuchtet, das zwischen zwei Individuen stattfindet, von denen bereits jedes für sich eine mysteriöse Mischung aus Körper, Verstand, Seele und Geist darstellt. Allmählich erkannte ich, dass ich auf diesem Gebiet, das niemals zuvor vollständig erforscht oder formuliert worden war, meinen eigenen Weg finden und mein eigenes Verständnis entwickeln musste. Dieses Buch ist ein weiterer Schritt in diese Richtung und zeigt einen Weg auf, an Beziehungen heranzugehen, der sich von den augenblicklich praktizierten Methoden grundsätzlich unterscheidet. Die meisten konventionellen Strategien für Beziehungen konzentrieren sich auf Problemlösungen. Sie beschreiben Techniken, wie man besser kommunizieren, besseren Sex haben kann, seine Co-Abhängigkeit überwindet, sich streitet oder nicht streitet, mit Geschlechtsunterschieden umgeht oder eine Scheidung durchsteht. Natürlich können solche Techniken wertvoll sein. Aber die Einstellung „Wir kriegen das schon hin“ fördert auch eine

Geisteshaltung, die davon ausgeht, dass die Antworten auf unsere Probleme außerhalb von uns gefunden werden können – in irgendeiner Formel oder einem praktischen Vorgehen – statt in uns und unseren eigenen tiefsten Quellen. Das hindert uns, das umfassendere, heilige Potential der Liebe zu erkennen – dass sie uns nämlich herausfordert, eine tiefere Verbindung mit uns, unserem Partner oder unserer Partnerin und dem Leben als Ganzem einzugehen.

Am anderen Ende des Spektrums finden wir die „spirituellen" oder vom New Age beeinflussten Ansätze, die uns hochfliegende Visionen bieten – die Angst loslassen, uns der Liebe hingeben, unser Herz öffnen, Gott im eigenen Partner sehen –, ohne sich jedoch den ganz realen psychologischen Schwierigkeiten zuzuwenden, die in Beziehungen ans Licht kommen. Hier wird das Heilige einem höheren Reich zugeordnet, zu dem wir nur Zugang erlangen, wenn wir die komplexen emotionalen Themen des wirklichen Lebens *transzendieren* oder *überwinden* – was ich als „spirituelle Umleitung"[2] bezeichne. Uns wird kein Weg und auch keine Methode angeboten, wie wir mit den Herausforderungen der Liebe arbeiten und ihr transformatives Potential entdecken könnten. Wo die konventionelle Herangehensweise nur Erde ohne Himmel ist, bewegt sich der Ansatz des New Age lediglich in himmlischen und nicht in irdischen Sphären.

In *Bewusst lieben* hingegen stelle ich einen integrierten psychospirituellen Ansatz vor, der sowohl eine umfassendere Vision als auch eine praktische Methode oder einen Weg bietet, diese Vision zu verwirklichen. In der ersten Hälfte des Buches wird gezeigt, *wie jedes psychologische Hindernis in einer Beziehung eine bestimmte seelische Chance darstellt*, wie dies nur wenige andere Bereiche unseres Lebens uns so tief greifend bieten. Wenn die Liebe uns öffnet, stoßen wir auch auf unsere Ängste und Widerstände, die bewirken, dass wir uns zusammenziehen und verschließen. Wenn wir unter dem Einfluss der Liebe weiter wachsen wollen, müssen wir lernen, mit dieser Spannung zwischen Expansion und Kontraktion umzugehen, die durch die Liebe verstärkt wird. Die ersten Kapitel (2 – 8) konzentrieren sich aus unterschiedlichen

Blickwinkeln auf dieses zentrale Thema, während die späteren Kapitel (9–14) sich direkter mit den Möglichkeiten zum Wachsen beschäftigen, die Beziehungen uns eröffnen.

Dieses Buch ist auch in seinem Aufbau einzigartig: Ich habe Erfahrungsdialoge aus Beziehungsworkshops eingefügt, um die grundlegenden Ideen aus den Kapiteln auf eine ganz praktische und persönliche Weise zu verdeutlichen. Diese Dialoge zeigen außerdem eine einfache, direkte Methode auf, wie wir uns direkt zum Kern dessen begeben können, womit wir in einer Beziehung zu kämpfen haben, und dadurch wacher für uns und unsere Partnerin oder unseren Partner werden. Diese Methode beruht auf einem umfassenderen Ansatz, den ich *Gegenwartszentrierte Psychotherapie* nenne und der Thema eines weiteren Buches sein wird.

Einige Punkte müssen hier besonders erwähnt werden: Während mein voriges Buch *Dem Herzen folgen* einen Überblick zum Thema „bewusste Beziehungen" bietet und sich einem breiten Spektrum an Themen wie Leidenschaft, Hingabe, Verbindlichkeit, Ehe und Sexualität zuwendet, konzentriert sich *Bewusst lieben* vor allem auf Beziehungen als Möglichkeit, verloren gegangene Dimensionen unseres Seins zurückzugewinnen. Obwohl ich mich mit dieser Arbeit auf neues und anderes Gelände begebe, haben die beiden Bücher zwangsläufig bestimmte Themen gemeinsam. Sie sind so konzipiert, dass die Leserinnen und Leser des einen Buches feststellen werden, dass das andere Buch sie weiterbringt. In den Anmerkungen am Ende dieses Buches habe ich sowohl Querverbindungen zwischen den beiden Büchern hergestellt als auch detailliertere Erörterungen hinzugefügt, die vom Lesefluss des Textes ablenken würden.Die Beispiele, die ich aus meiner psychotherapeutischen Praxis hinzuziehe, sind nicht als klinische Untersuchungen gemeint, sondern als hoch konzentrierte, verdichtete Erfahrungen, die bestimmte Punkte verdeutlichen sollen. Ähnlich soll auch meine Darstellung der kindlichen Entwicklung keine umfassende Abhandlung dieses Themas sein, sondern nur bestimmte Schlüsselthemen klären, die hier wichtig sind.

Auch wenn diese Arbeit sich vor allem auf heterosexuelle Paare konzentriert, sollen gleichgeschlechtliche Partner damit nicht ausgeschlossen werden. Ich befasse mich vor allem mit heterosexuellen Beziehungen, weil hier mein persönliches Interesse und meine persönlichen Erfahrungen liegen, aber ich glaube, dass sich das meiste von dem, was ich hier bespreche, auch für gleichgeschlechtliche Paare als wichtig erweisen wird.

Die Ideen und Einsichten, die in diesem Buch vorgestellt werden, sind nur für Beziehungen gedacht, in denen zwei Partner eine tiefe Verbindung miteinander eingehen sowie bereit sind, mit den Herausforderungen einer solchen Beziehung zu arbeiten und sich auf ihre Selbstentfaltung zu verpflichten. Dieses Material sollte nicht als Vorwand dafür dienen, in einer Beziehung zu bleiben, der diese Verbindlichkeit fehlt oder der es an Vertrauen und gutem Willen mangelt.

Mein größter Wunsch ist, dass *Bewusst lieben* Ihnen hilft, Ihre eigene, umfassendere Vision von intimen Beziehungen zu entwickeln und deren heiliges Potential zu entdecken. Es gibt keine Zeit zu verlieren. Die Erneuerung unserer Welt kann nur von Mensch zu Mensch beginnen.

1

Wir brauchen eine neue Vision

Sein ist Präsenz. In dieser Erkenntnis
liegt Weisheit und Freiheit.

H.L. POONJA

In jeder Beziehung kommt früher oder später die Frage auf: „Was tue ich hier eigentlich? Ist das alles die ganze Mühe wert?" Solche Bedenken können sowohl in den ersten Wochen als auch nach Jahren oder Jahrzehnten des Zusammenseins auftauchen. Wenn eine Beziehung anfängt, mehr nach Arbeit als nach Vergnügen zu schmecken, stellen wir uns die Frage, ob wir auf dem richtigen Weg sind. Warum weitermachen, wenn die anfängliche freudige Aufregung verblasst ist oder wir uns gegenseitig immer wieder verletzen? Wenn die Nähe zu einem anderen Menschen Seiten von uns enthüllt, die wir uns lieber nicht anschauen möchten? Oder wenn wir anfangen, daran zu zweifeln, dass wir imstande sind, mit einer anderen Person zusammenzuleben oder überhaupt einen Menschen Tag für Tag zu lieben?

Wenn wir uns heutzutage unseren Weg durch die Komplexitäten von Nähe bahnen, ist das, als hätten wir uns ohne Karte oder Kompass in der Wildnis verirrt. Einen Großteil der Zeit verbringen wir damit, die Wunden zu versorgen, die wir uns zugezogen haben, als wir blindlings durch das Unterholz stolperten. Aber auch wenn das Verbinden unserer Wunden kurzfristig Erleichterung bringt, bleibt das grundsätzliche Problem unbearbeitet: Wir können unseren Weg nicht finden, *weil wir nicht wissen, wohin wir gehen*. Es fällt uns so schwer, mit den Herausforderungen der Liebe umzugehen, weil wir kein klares Gespür mehr dafür haben, um was es in Beziehungen überhaupt geht. Viel dringender als eine schnelle Behebung oder vorübergehende Lösung unserer Probleme brauchen wir eine neue, richtungweisende Vision von Sinn und Zweck einer langfristigen Beziehung überhaupt.

Sämtliche großen Errungenschaften beruhen auf einem Zusammenspiel von Vision und Intention. Niemand – sei es eine Künstlerin, ein Bergsteiger, ein Yogi oder ein Unternehmer – kann ein langes, anstrengendes Projekt verfolgen, ohne eine Vision von dem zu haben, was sie oder er verwirklichen möchte. Eine Vision, verbunden mit der festen Absicht, sie zu verwirklichen, hilft uns, beharrlich zu bleiben angesichts der Hindernisse, die unweigerlich auftauchen werden. Und trotzdem gehen wir oft Beziehungen ein, ohne zu wissen, was wir wirklich wollen. Ohne Gespür dafür, was wir suchen, können wir nicht begreifen, warum es sinnvoll ist, mit den Schwierigkeiten zu arbeiten, denen wir auf dem Pfad der Liebe begegnen, und sind in Gefahr, unterwegs aufzugeben.

Natürliche Präsenz

Eine Möglichkeit, eine neue Vision von Beziehungen zu entwickeln, besteht darin, dass wir uns fragen, was wir an unserer Verbindung mit einem anderen Menschen am meisten schätzen. Wenn ich mit Paaren in Gruppen arbeite, beginne ich oft, indem ich sie auffordere, mir mitzuteilen, was sie am meisten genießen, wenn sie sich verlieben. Was ist daran so wunderbar? Was schätzen sie an dieser Erfahrung mehr als alles andere? Einige Antworten, die ich oft höre, lauten:

- Das Gefühl, Teil von etwas Größerem zu sein
- Ein intensiveres Gefühl, ich selbst zu sein, der Mensch, der ich wirklich bin
- Eine neue Stärke und ein neuer Frieden
- Ein Gespür für den Zauber des Lebens
- Keine Angst mehr vor dem Unbekannten
- Eine fließende Verbundenheit
- Eine neue Akzeptanz für mich und alles, was mich umgibt
- Mehr körperliche und sinnliche Lebendigkeit
- Die Welt mit neuen Augen sehen
- Mich gesegnet fühlen
- Nach Hause kommen

Und wenn ich Menschen frage, welche positiven Eigenschaften die Liebe in ihnen anklingen lässt, nennen sie Wärme, Unschuld, Dankbarkeit, Leidenschaft, Freundlichkeit, Weite, ein Gefühl von Wirklichkeit, Vertrauen, Schönheit, Staunen, Offenheit, große Freude, Bestätigung, Fülle, Integrität, Macht.

All diese Äußerungen weisen in die gleiche Richtung. Wenn wir lieben, *werden wir präsenter.* Wir sind stärker mit uns und unserer Umwelt verbunden. In Augenblicken erhöhter Präsenz müssen wir uns nicht mehr beweisen. Etwas in uns entspannt sich. Unsere üblichen Sorgen und Zerstreuungen treten in den Hintergrund, wir fühlen uns wacher und lebendiger. Wir erleben, wie es ist, *einfach präsent zu seht, wir selbst zu sein.* Die Erfahrung, sich zu verlieben, ist so mächtig und bringt uns so viel neue Lebendigkeit, weil sie uns öffnet für unser umfassenderes Sein.

Als Substantiv kann das Wort *Sein* statisch oder abstrakt klingen. Aber wenn wir die Verbform nehmen – *sein* –, weist sie auf den lebendigen Prozess hin, der wir sind, ein unmittelbares In-die-Gegenwart-Kommen und uns dem zuwenden, was ist. Eine einfache Möglichkeit, eine Ahnung von Ihrem eigenen Sein zu bekommen, ist, sich beim Lesen dieses Textes zu fragen: „Wer nimmt diese Worte auf? Wer erlebt all dies in diesem Augenblick?" Wenn Sie nicht versuchen, über eine Antwort nachzudenken, und direkt hineinschauen in die Person, die die Erfahrung macht, in das erlebende Bewusstsein selbst, finden Sie eine stille Präsenz, die weder Gestalt noch Form hat und sich nicht lokalisieren lässt. Diese namenlose, formlose Präsenz – in uns, um uns herum, hinter und zwischen all unseren einzelnen Gedanken und Erfahrungen – gilt in den großen spirituellen Traditionen als unsere wahre Natur, unser Zuhause, auch bekannt als unser höheres Selbst oder heiliger Geist.

Sein bedeutet im Fluss dieser Präsenz zu ruhen, die wach, offen und empfänglich für die Wirklichkeit ist und von dem christlichen Mystiker Meister Eckhart als „Fließen im Jetzt" beschrieben wird. Diese dynamische, fließende Offenheit stellt einen *direkten* Kanal zum Kern des Lebens dar, im Gegensatz zu der *Indirektheit*, mit der wir uns gewöhnlich auf die Dinge beziehen – durch geistige Aktivität und emotionales Reagieren. Deswegen fühlt es sich an, als kämen wir nach Hause, wenn wir uns verlieben – diese Erfahrung hilft uns, in den Fluss des Seins zu steigen, der der einzige wahre und verlässliche Ruheplatz ist, den wir auf dieser Erde finden können.

Der tibetische Lehrer Chögyam Trungpa hat einen prägnanten Begriff für diese Qualität der offenen Präsenz gefunden, die unsere wahre Natur ist. Er bezeichnete sie als *grundlegendes Gutsein.*[3] Auch wenn wir viel Zeit und Energie für den Versuch aufwenden, unseren Wert zu beweisen, birgt unser Wesen in Wirklichkeit bereits seinen eigenen, ihm innewohnenden bedingungslosen Wert.

Das soll nicht heißen, dass Menschen immer gut sind. Angesichts all des Übels, das menschliche Wesen in die Welt tragen, wäre das eine naive Einstellung. Unser bedingungsloser Wert liegt viel tiefer als unsere konditionierte Persönlichkeit und deren Verhalten, die immer eine Mischung aus positiven und negativen Tendenzen darstellen. Er beruht auf der grundlegenden Offenheit im Kern unseres Wesens, die uns ermöglicht, um unseren inneren Wert und den Wert der Welt um uns herum zu wissen. Unsere Fähigkeit zur offenen Präsenz ist nicht nur die Quelle dieses Wertes, sondern auch sämtlicher anderer menschlicher Qualitäten – Freude, Freundlichkeit, Mut, Lebendigkeit, Authentizität –, die wir so eindringlich erfahren, wenn wir lieben. Diese Eigenschaften sind die Würze des grundlegenden Gutseins, durch sie manifestiert diese sich in unserem Leben. Die Offenheit im Kern unseres Wesens ermöglicht uns, die Existenz selbst unter den schwierigsten Umständen als grundlegend gut zu erkennen. Sie erlaubt uns, den gewöhnlichen Zauber der Dinge, so wie sie sind, zu sehen. Aus dieser Perspektive ist sämtliches Übel in der Welt eine Folge dessen, dass wir diese Grundlage unserer Existenz nicht erkennen oder nicht auf sie vertrauen.

In Augenblicken, in denen wir unsere Lebendigkeit in ihrer Unmittelbarkeit und Köstlichkeit spüren, können wir diese heilsame Eigenschaft unserer Existenz direkt wahrnehmen. William Butler Yeats erfuhr das einmal sehr eindringlich, als er in einer gut besuchten Londoner Teestube saß. Er beschreibt dieses Erlebnis als einen segensreichen Augenblick von großer Einfachheit und Anmut, der seinen ganzen Körper erfasste:

Aus dem Cafe schauend auf den Boulevard,
mein Körper in ein plötzlich Licht gebadet war.
Und eine endlos kurze Zeit
erfasste mich ein Glück, so groß und weit,
dass ich gesegnet war und segnen konnte.[4]

Die Liebe macht möglich, dass wir uns in den gesegneten Fluss unseres Seins hineinentspannen. Deswegen ist sie für uns so wertvoll. Am meisten schätzen wir die Augenblicke mit unseren Geliebten, in denen wir *einfach zusammen sind.* Unsere tiefsten, intimsten Erlebnisse sind die, in denen wir einfach präsent sind – wir sind wir selbst und teilen diese unsere Fülle mit jemandem, den wir lieben. Dabei geht es weniger darum, *zusammen* zu sein, als darum, zusammen zu *sein.*

Unsere Kultur bringt uns vieles über das Haben und Tun bei, aber nur wenig über diese Art zu *sein.* Wenn wir eine Beziehung als etwas betrachten, das wir haben oder haben wollen, müssen wir auch daran festhalten. Dann wird eine Verbindung zwischen zwei Menschen zu einer Kiste mit Wänden, statt eine grenzenlose Weite zu sein. Gehen wir davon aus, dass eine Beziehung ein Tun ist, wird sie geschäftig und angestrengt, und das zerstört ihre Unmittelbarkeit und Spontaneität. Jenseits all dessen, was zwei Menschen gemeinsam *haben* oder *tun*, ist ihre tiefste Verbindung die Qualität des Seins, die sie in Gegenwart des anderen erfahren. Nur in diesen Augenblicken von Präsenz können wir unser Leben wirklich schätzen. Das, was wir am meisten genießen – das Liebesspiel, natürliche Schönheit, kreative Herausforderungen, Sport oder anstrengende körperliche Bewegung –, macht uns lebendig und bringt uns ganz ins Hier und Jetzt. Und wenn wir ganz in diesem Augenblick sind, bekommen wir einen Geschmack von unserer wahren Natur – die Qualität von offener Präsenz, die unser Zuhause und die Quelle sämtlicher Freude und Erfüllung ist.

Präsenz ist wie die Luft, die wir atmen – ganz wesentlich für unser Leben und doch so transparent und unfassbar, dass wir ihr nur selten Aufmerksamkeit schenken oder Wichtigkeit beimessen. Als Autor kann ich leicht dahin kommen, mich auf die lohnenswerten Ergebnisse meiner Arbeit – das fertige Produkt – zu fixieren, und dann entgeht mir, dass ihr Wert für mich auch darin liegt, mir eine konzentrierte Präsenz zu erschließen, in der ich Zugang zu einem tieferen inneren Wissen gewinne. Wenn ich beim Schreiben diesen Fluss des Seins unbeachtet lasse, verliere ich meine Freude an dem Prozess und damit auch den Großteil meiner Effektivität. Wenn Sportler sich in Hoffnungen und Ängste über gewinnen oder verlieren verstricken, verlieren sie ihr Gleichgewicht und damit oft auch das Spiel. Ähnliches gilt auch für Liebende. Wenn ihnen die Anmut erhöhter Präsenz verloren geht und sie sich von den Zerstreuungen des Alltagslebens vereinnahmen lassen, beginnt die Freude an ihrem Zusammensein schnell zu verblassen.

Als Psychotherapeut habe ich festgestellt, dass verheiratete Paare diesen Schlüssel zum Schatz des Herzens – einfach präsent sein miteinander – oft ganz verloren haben. Vielleicht lieben sie sich wirklich aufrichtig, aber wenn sie auf dem Sofa in meiner Praxis nebeneinander sitzen, *sind sie nicht wirklich füreinander präsent.* Da äußere Umstände – die Geschäftigkeit ihres Lebens, der Druck, unter dem sie stehen – und innere Hindernisse – alte Glaubenssysteme über sich und den anderen, emotionale Reaktionen, Ängste und eingefahrene Verleugnungs- und Vermeidungsstrategien – sie voneinander trennen, haben sie den Kontakt zu der vibrierenden Lebendigkeit verloren, die sie ursprünglich zueinander hingezogen hat.

Das Gold veredeln

Wenn wir uns in einen anderen Menschen verlieben, erhaschen wir einen Blick auf das echte Gold, das im Kern unserer Menschlichkeit liegt. In den Anfangsstadien der Liebe treten aufgrund der erhöhten Präsenz, die wir im Zusammensein mit unserer Partnerin oder unserem Partner erleben, tiefe Seinsqualitäten wie Offenheit, Friede, Aufgeschlossenheit und große Freude völlig von selbst zu Tage und wir sind bereit, uns noch tiefer auf diese wachsende Verbindung einzulassen, die so viel Segensreiches mit sich zu bringen scheint.

Im weiteren Verlauf der Beziehung jedoch wird es immer schwieriger, das Gold zu finden. Alte Persönlichkeitsstrukturen vermischen sich wie Eisenerz mit dem Gold und beginnen seinen Glanz zu trüben. Wenn wir wieder reines Gold gewinnen wollen, müssen wir uns einem Veredlungsprozess unterziehen – wir müssen uns unseren dunklen Seiten stellen und daran arbeiten. Tatsächlich müssen die Hindernisse, die wir innerlich gegen ein liebevolles Präsentsein errichten, hochkommen und durchgearbeitet werden, wenn wir uns von ihnen befreien wollen.

Wo der Beginn einer Liebe uns unsere wahre Natur erahnen lässt, stößt uns eine langfristige Beziehung auf sämtliche Hindernisse, die uns davon abhalten, bei uns zu bleiben, und damit auf all das, was es uns schwer macht, präsent, aufrichtig und wir selbst zu sein. Ich kenne kein Paar, das diese Vertreibung aus dem Paradies nicht an irgendeinem Punkt erlitten und den Kontakt mit der strahlenden Präsenz ihrer anfänglichen Begegnung, die sie so anziehend füreinander machte, verloren hat. Und trotzdem muss diese Entwicklung nicht problematisch sein, wenn wir sie als integralen Bestandteil des Weges eines Paares zu einer umfassenderen Ganzheit und einer reicheren, reiferen Liebe begreifen.

Die Sufis machen einen wichtigen Unterschied zwischen *Seinszuständen* – Qualitäten wie Friede, Freude, Vertrauen, innere Stärke oder Zuversicht, die sich, wenn wir uns verlieben, für kurze Zeit spontan zeigen – und *Wesensarten*, womit die gleichen Eigenschaften bezeichnet werden, wenn sie permanent in unser Leben integriert sind. Ist ein Seinszustand erst einmal verflogen, können wir ihn nicht einfach zurückrufen. Aber eine Eigenschaft, die zu unserer Wesensart geworden ist, steht uns immer zur Verfügung, wenn wir sie brauchen. Wenn Liebe und Präsenz in unserem Leben und unseren Beziehungen zur Wesensart werden, statt flüchtige Seinszustände zu bleiben, müssen wir begreifen, was wir anstellen, um diese Qualitäten zu trüben, und wie wir wieder Licht in die Dunkelheit bringen können. Das ist der Pfad der bewussten Beziehung.

Wenn zwei Partner, die sich tief miteinander verbunden fühlen, beschließen, mit den Hindernissen zu arbeiten, die zwischen ihnen auftauchen, vertieft sich dadurch sowohl die Verbindung zur eigenen Person als auch zum anderen, was beiden das Gefühl schenken kann, einen Pfad und eine Richtung im Leben zu haben. Lehnen sie es hingegen ab, sich den Schwierigkeiten in ihrer Beziehung zu stellen, entgeht ihnen die kostbare Gelegenheit, zuzulassen, dass das Feuer ihrer Liebe ihr Wesen veredelt und ihr inneres Gold schmiedet. Eine der Hauptsünden gegen die Liebe besteht nach dem Sufi-Meister Hazrat Inayat Khan darin, „vor den Sorgen, Schmerzen, Schwierigkeiten und Hindernissen zurückzuweichen, die uns auf dem Pfad der Liebe begegnen".

Natürlich braucht es viel Mut und Beherztheit, um sich den Herausforderungen auf diesem Pfad zu stellen. Hier kommt einer Vision, die uns leitet, eine ganz wesentliche Bedeutung zu: Sie hilft den beiden Partnern, sich ein Herz zu fassen und ihre Kräfte zu sammeln, wenn sie sich verloren oder festgefahren fühlen. Das Wissen, dass ihr Zusammensein einem größeren Zweck dient, kann ein Paar selbst in schwierigsten Zeiten stützen – beide gehen davon aus, dass sie sich gegenseitig helfen, das Gold ihres innersten Wesens zu veredeln, indem sie an den Hindernissen auf dem Weg zu ihrer tiefsten Entfaltung arbeiten. Solch eine Vision kann ihnen helfen, gewöhnliche Widrigkeiten in das zu verwandeln, was der russische Lehrer Gurdjieff als „bewusstes Leiden" bezeichnete – die Bereitschaft, den Schmerz über die inneren Hindernisse als Motivation für deren Überwindung zu benutzen.

In den heutigen schwierigen Zeiten, wo viele der traditionellen Bande, die Paare zusammenhalten, zerrissen sind, können Beziehungen nur gedeihen, wenn sie *unsere wahre Natur widerspiegeln und fördern.* Das ist die Art von Verbindung, nach der unser Herz sich wirklich sehnt. Möchten Sie wirklich eine Partnerschaft, die lediglich Ihre Persönlichkeit sowie Ihre Vorstellungen und Überzeugungen von sich widerspiegelt und fördert und damit all das, was Sie *glauben* zu sein? Eine solche Beziehung wäre unbewusst und beruhte darauf, dass wir die Seiten von uns, die unserem Selbstbild nicht entsprechen, ignorieren und verleugnen. Eine bewusste Beziehung ruft Sie auf zu sein, wer Sie *wirklich* sind. Sie ist der Wahrheit geweiht und nicht der Jagd nach illusorischen Bildern. Beziehungen als ein Weg, der zwei Menschen helfen kann, Zugang zu den machtvollen Eigenschaften ihrer wahren Natur zu gewinnen – das ist die neue Vision, die unsere Zeit so dringend benötigt.

2

Liebe und Erwachen

Während die meisten von uns Beziehungen mehr oder weniger unbewusst eingehen – ohne zu begreifen, auf was wir uns da einlassen –, drängen die Herausforderungen, vor die eine echte Verbindung mit einem anderen Menschen uns stellt, uns unweigerlich, bewusster zu werden, uns selbst gründlicher zu erforschen und in unserem Leben mehr Intention, Mut und Wachheit zu entwickeln. Hermann Hesse hat darüber eine wunderschöne Geschichte geschrieben, in der die Anziehung, die ein Mann zu seiner Geliebten empfindet, ihn völlig wandelt, indem sie ihn zwingt, sich auf die Suche nach sich selbst und seinen wahren Zielen im Leben zu begeben.

Die Geschichte beginnt mit Anselm als kleinem Jungen, der von den Iris im Garten seiner Mutter ganz verzaubert ist, und endet damit, dass er sich als Erwachsener zu einer Frau namens Iris hingezogen fühlt, was sein ganzes Leben verändert. Beide Anziehungen – zur Blume und zu der Frau – dienen als Weg, der zu seiner eigenen Seele führt.

Aber wie die meisten von uns erkennt auch Anselm nicht, dass seine romantische Anziehung diesen tieferen Impuls birgt – sich mit dem zu verbinden, was in ihm selbst am wirklichsten ist.

Als Kind erfahrt Anselm den Zauber des Lebendigseins am eindringlichsten, wenn er sich im Garten aufhält, mit Schmetterlingen und Kieselsteinen spricht, mit den Käfern und Eidechsen Freundschaft schließt und sich an den Iris erfreut:

> Wenn er in ihren Kelch blickte und versunken diesem hellen träumerischen Pfad mit seinen Gedanken folgte, zwischen den gelben wunderlichen Gestäuden dem verdämmernden Blumeninnern entgegen, dann blickte seine Seele in das Tor, wo die Erscheinung zum Rätsel und das Sehen zum Ahnen wird … und mit ihm glitt die ganze Welt leise, von Magie gezogen in den holden Schlund hinein und hinab, wo jede Erwartung zur Erfüllung und jede Ahnung Wahrheit werden musste.[5]

Durch Betrachtung der geheimen Schlupfwinkel der Iris verbindet sich Anselm unwissentlich mit der Tiefe seiner eigenen Seele,[6] eine innere Bewegung, die Mirra Alfassa, eine enge Gefährtin des indischen Weisen Aurobindo, mit folgenden Worten beschreibt:

> Um die Seele zu finden, muss man von der Oberfläche zurücktreten, sich weit in sich zurückziehen und sich tief, tief versenken … und dort findet man etwas, das glüht, das ruhig ist und reich, ganz unbewegt und erfüllt und unvergleichlich sanft – das ist die Seele.[7]

Durch diese Bewegung von der Oberfläche zur Tiefe wird die Quelle sämtlicher Erfüllung im Leben freigelegt – die grundlegende Lebendigkeit und Präsenz im Kern unseres Wesens, dessen große Schönheit von bestimmten Traditionen als „wunscherfüllendes Juwel" oder „unendlich kostbares Juwel" beschrieben wird. Wie Anselm kommen wir alle in diese Welt mit einem uns eigenen Strahlen, das von unserem innersten Kern nach außen dringt. Wir werden in einen weitläufigen Palast voller Kräfte und Möglichkeiten hineingeboren; unser Sein birgt ein unendliches Potential. Unser tiefstes Inneres kann uns ein großes Spektrum an Hilfsquellen erschließen wie Stärke, Weisheit, Mitgefühl, Zärtlichkeit, Humor und Großzügigkeit. Das ist unser göttliches Geburtsrecht. Als Kinder haben die meisten von uns – wenn auch nur für kurze, lichte Augenblicke – eine Ahnung, dass wir hier als „ziehende Wolken voller Pracht und Herrlichkeit" ankommen.

Der Verlust des Seins: Den Palast verschließen

Und doch werden wir auch in eine komplexe emotionale Welt hineingeboren – unsere Familie und Gesellschaft –, und zwar in einem Zustand völliger Verletzlichkeit. Wir brauchen die Erwachsenen nicht nur zur Erfüllung unserer grundlegenden körperlichen und emotionalen Bedürfnisse, sondern auch als Spiegel: Wir können klar gesehen werden, auf unsere Gefühle kann richtig eingegangen und unser Verhalten widergespiegelt werden. Dadurch wird uns geholfen, das Gutsein in unserem innersten Kern sowie unser Potential zu erkennen. Diese Spiegelung kann uns darin unterstützen, uns selbst kennen und schätzen zu lernen, und uns in unserer Entfaltung ermutigen. Denn auch wenn wir als Kinder unsere wahre Natur spüren mögen, fehlt uns die Fähigkeit, ihre Bedeutung voll zu erkennen oder zu begreifen und zu schätzen, dass wir genau diese Fülle, dieses Strahlen und diese Schönheit *sind*. Wir haben noch nicht die selbstreflektierende Bewusstheit entwickelt, mit deren Hilfe wir unser Wesen erfahren können.[8]

Leider können die meisten Eltern ihren Kindern nicht helfen, ihr tieferes Potential zu erkennen oder zu schätzen. Sie sehen ihre Kinder wie durch eine dunkle Glasscheibe, genauso, wie sie sich selbst sehen. Selbst liebevolle Eltern spiegeln ihre Kinder oft verzerrt, vor allem, wenn sie sie idealisieren oder verwöhnen. Ganz gleich, wie sehr unsere Eltern uns lieben, meistens sehen sie in uns *ihre Version* dessen, wer wir sind, gespiegelt in der dunklen Glasscheibe ihrer eigenen Hoffnungen, Ängste, Erwartungen und unbefriedigten Bedürfnisse. Wir können ihnen deswegen keine Vorwürfe machen, denn wahrscheinlich sind auch sie nicht darin unterstützt worden, ihre eigene tiefere Natur zu erkennen oder zu schätzen. Sie konnten uns einfach nicht erkennen, weil sie sich selbst niemals klar gesehen haben. Noch konnten sie uns Gefühle, Bedürfnisse oder Empfindsamkeiten erlauben, die sie sich selbst nie zugestanden haben.

Das ist die schwierige Situation, mit der jedes Kind lernen muss zurechtzukommen. Auch wenn wir als Kinder die Spiegelung durch Erwachsene brauchen, um das ganze Spektrum unseres Erlebens akzeptieren und damit umgehen zu können, erhalten wir meistens nur einen ausschnitthaften, verzerrten oder überhaupt keinen Widerhall. Das bringt unsere tiefsten Ängste hoch – dass mit unserem Erleben etwas nicht stimmt, dass wir nicht genügen, nichts wert oder nicht akzeptabel sind oder überhaupt nicht wirklich existieren.

Wenn die Erwachsenenwelt – durch mangelndes Verstehen, Vernachlässigung oder direkten Missbrauch – es in unserer Kindheit versäumt, uns zu sehen oder zu schätzen, fühlen wir uns zutiefst verletzt. Unsere Seele erleidet eine Art Schock, der bewirkt, dass unser ursprünglich offenes Wesen sich verschließt. Emily Dickinson hat das in einem ihrer Gedichte beschrieben:

Ein Schmerz, so durchdringend,
dass er das Sein verschlingt.[9]

Manche von uns erleben diesen Schmerz als so heftig oder traumatisch, dass er droht, uns zu überwältigen, aus dem Gleichgewicht zu bringen oder die Sicherung unseres empfindsamen Nervensystems durchbrennen zu lassen. Also lernen wir, abzuschalten wie bei einem Kurzschluss oder uns zusammenzurollen und tot zu stellen. Bei anderen verläuft dieses Sich-Verschließen, weil wir nicht gesehen oder über längere Zeit nicht beachtet wurden, als allmählicher Prozess.

Unsere grundlegende Offenheit, die sich oft wie ein weicher Fleck im Kern unseres Wesens anfühlt, ist die Quelle von Liebe und vielen anderen wesentlichen menschlichen Qualitäten. Aber sie ist auch der Auslöser für heftige seelische Schmerzen in der Kindheit, mit denen wir reagieren, wenn wir nicht gesehen oder geschätzt werden. Um für diesen Schmerz, der unser Gleichgewicht bedroht, weniger empfindlich zu werden, lernen wir, uns körperlich und geistig zu verschließen. Das gibt uns ein Gefühl von Kontrolle und macht es uns möglich, uns an die veränderten familiären Umstände anzupassen und sie zu überleben. Ein Kind ist wie eine offene Hand, die sich allmählich schließt und zusammenballt.

Auch wenn das Ballen der Hand zu einer Faust eine richtige Reaktion auf unmittelbare Bedrohungen sein kann, wäre es natürlich unangemessen, unser ganzes restliches Leben lang so herumzulaufen. Doch genau das geschieht in unserer Psyche! Unsere erste Reaktion auf emotionalen Schmerz besteht darin, zurückzuzucken, was als solches nicht problematisch ist. Die Schwierigkeiten beginnen erst, wenn wir in diesem Zustand der Kontraktion verharren und uns damit identifizieren. Die verschlossene Faust fühlt sich sicherer an als die verletzliche offene Hand. Dieses schützende Zusammenziehen entwickelt sich in unserem Körper und Geist zu einer Reihe von chronischen, rigiden Abwehrmechanismen, die uns von unseren Gefühlen abschneiden und uns in unserer Fähigkeit behindern, dem Leben frei und offen zu begegnen. Unser Versuch, den Schmerz abzuwehren, führt schließlich dazu, dass wir Nein zu uns selbst sagen. Auf diese Weise *fügen wir uns selbst die grundlegende Wunde zu, die uns unser ganzes restliches Leben lang zusetzen wird. Wir beginnen uns von unserem eigenen Wesen abzuschneiden.*

Indem wir uns so verschließen, versperren wir uns auch den Zugang zu den inneren Hilfsquellen, die wir brauchen, um den Herausforderungen des Lebens zu begegnen. Wenn wir zum Beispiel ständig versuchen, unserer Verletzlichkeit aus dem Weg zu gehen, entwickeln wir niemals genau die Eigenschaft, die uns helfen würde, mit unseren verletzlichen Gefühlen umzugehen – echten Mut. Auf ähnliche Weise untergräbt unsere Abkehr vom Schmerz unsere Fähigkeit zum Mitgefühl, dem wirkungsvollsten Gegenmittel für menschliches Leid. Wenn wir den Zugang zu diesen inneren Hilfsquellen verlieren, entwickeln sich Löcher oder „tote Stellen" in unserer Psyche – Bereiche, wo wir betäubt sind und die Kraft der Bewusstheit nicht mehr frei zirkulieren kann.

So sperren wir nach und nach die meisten Räume im „Palast unseres Wesens" einen nach dem anderen zu. Der Palast schrumpft ständig weiter zusammen, bis wir eines Tages aufwachen und feststellen, dass wir in einer kleinen Einzimmerwohnung leben. Und so kommt auch für Hesses Helden Anselm, dessen Leben einmal erfüllt war vom Zauber der Freuden des Gartens, eine andere Zeit:

> Alles war nicht mehr wie immer, und andere Dinge gingen den Knaben an, und mit der Mutter hatte er viel Streit. Er wusste selber nicht, was es war und warum ihm etwas wehtat und etwas immerfort ihn störte. Er sah nur, die Welt war verändert … die bunten Steine um das Beet waren langweilig, und die Blumen stumm, und die Käfer hatte er auf Nadeln in einem Kasten stecken … seine Seele hatte den langen, harten Umweg angetreten und die alten Freuden waren versiegt und verdorrt.[10]

Das falsche Selbst als Käfig der Seele

Der lange, harte Umweg der Seele beginnt in der Kindheit, wenn wir das unermessliche Potential unseres Wesens wegsperren und uns in einer winzigen Einzimmerwohnung einrichten. Dieser beschränkte Raum ist unser Ich oder die konditionierte Persönlichkeit,[11] die sich als Anpassungsstrategie an eine Welt entwickelt, welche uns offensichtlich nicht darin unterstützt, zu sein, wer wir wirklich sind. Unsere Persönlichkeit setzt sich aus zahlreichen verschiedenen Identitäten zusammen – festen Einstellungen zu uns –, mit denen wir bedrohliche Gefühle abwehren.

Um uns zum Beispiel vor der Angst zu schützen, niemand zu sein, können wir uns einreden, wir seien groß und stark. Wir sagen uns: „Das bin ich – ein Mensch, der keine Angst kennt und der mit allem klarkommt.“ Wenn wir nicht mit unserem Kummer oder unserer Traurigkeit umgehen können, entwickeln wir vielleicht eine Identität als „fröhlicher, optimistischer Mensch“, der über solche Gefühle erhaben ist. Wenn unser Bedürfnis nach Liebe enttäuscht wurde, können wir eine Fassade aufbauen und vorgeben, keinerlei Bedürfnisse zu haben. Allmählich fangen wir dann an zu glauben, dass wir *wirklich keine Liebe brauchen*. Solche Überzeugungen schaffen ein verzerrtes Bild der Realität, das einem Wachtraum oder einer Trance gleicht,[12] in dem oder der wir fortan leben. Emily Dickinson beschreibt diesen ganzen Ablauf von Ereignissen mit acht präzisen Zeilen:

Ein Schmerz, so durchdringend,
dass er das Sein verschlingt,
den Abgrund zudeckt mit Verwirrung,
und die Erinnerung um ihn herum,
über und auf ihn treten kann.
So wie wir in einer Trance
ständig weitergehen, da wir mit offenen Augen
fallen würden, Stück für Stück.[13]

Der Abgrund, von dem sie hier spricht, meint das Gefühl von innerer Leere, das sich einstellt, wenn wir nicht mehr mit unserem Wesen in Berührung sind. Als Kinder müssen wir diesen Abgrund mit Verwirrung vernebeln – mit Überzeugungen, Vorstellungen und Geschichten darüber, wer wir sind –, um uns von diesem schmerzlichen Verlust abzulenken, damit unser Geist „um ihn herum, über und auf ihn treten“ kann. Der „Jemand“, der wir uns vorstellen zu sein, ist ein falsches Selbst, das eine Form von Sicherheit und Kontrolle darstellt („So wie wir in einer Trance ständig weitergehen)“, da es verheerend erscheint, wenn wir uns dem Verlust der Verbindung mit unserem Wesen stellen müssten („da wir mit offenen Augen fallen würden, Stück für Stück"). So bietet uns unser falsches Selbst zumindest zeitweise einen bequemen, gemütlichen Kokon, in dem wir uns sicher fühlen.

Da das falsche Selbst jedoch aus erstarrten, verzerrten Selbstbildern besteht, ist es auch ein Seelenkäfig, der uns hindert, frei und aufgeschlossen zu leben und zu erfahren, wer wir wirklich sind. Unsere konditionierte Persönlichkeit birgt immer ein Gefühl von Unzulänglichkeit, das uns verfolgt. Wir spüren, dass wir irgendwie den Kontakt mit unserer Ganzheit und Tiefe sowie mit dem Sinn und Zauber des Lebens verloren haben.

Auf dem Grat

In der Geschichte von Hesse kommt eine Zeit, in der Anselm beginnt, ein falsches Selbst aufzubauen, um sich vor dem Schmerz über den Verlust seines eigenen Wesens zu schützen. Indem er sich ein verwegenes und weltliches Gehabe zulegt, wendet er sich von dem verzauberten Garten seiner Jugend ab, wo er sich einst in den Frieden und die Freude seiner Seele versenkte. Er beginnt im Kopf zu leben und wird schließlich ein bekannter Professor und Gelehrter. Als er sich seine Position erarbeitet hat, erkennt er jedoch, dass sein Leben flach, schal und freudlos geworden ist.

Genau das geschieht, wenn wir mit unserer Seele nicht mehr in Berührung sind. Um uns für den Verlust unseres Wesens zu entschädigen, versuchen wir unseren Wert durch Haben und Tun zu begründen: „Ich habe, also bin ich. Ich tue, also bin ich."

Das ruft in uns ein tiefes Gefühl der Leere und Frustration hervor; ganz gleich, was wir alles zu tun haben, wir spüren doch, dass etwas fehlt. Schließlich stellen wir uns vor, dass unsere Leere gefüllt wird und alles wieder in Ordnung kommt, wenn wir einen Menschen finden, den wir lieben können.

So muss Anselm feststellen, dass er zunehmend fasziniert ist von einer zarten, schönen Frau namens Iris. Etwas an ihr scheint ihm merkwürdig vertraut, und sie weckt Gefühle in ihm, die er nicht benennen kann. Obwohl er sich zu ihr hingezogen fühlt, hat er auch seine Zweifel. Sie passt nicht in sein berufliches Leben und seine weltlichen Pläne. Und er spürt, dass eine Beziehung mit ihr tief gehende Veränderungen in ihm hervorrufen würde – eine Aussicht, die ihn sowohl ängstigt als auch lockt.

Wenn wir anfangen, uns zu verlieben, sind solche gemischten Gefühle nicht unüblich. Die Aussicht auf neue Möglichkeiten, einen neuen Anfang und neue Welten, die sich uns eröffnen, veranlasst unsere Seele, sich zu weiten. Die Türen unserer Einzimmerwohnung fliegen auf, und wir sind aufgeregt angesichts der Möglichkeit, den größeren Palast unseres Wesens zu bewohnen. Und trotzdem hält uns etwas an der Schwelle zurück. Die verwahrlosten Räume und Flure des Palastes sind unbeleuchtet. In den Zimmerecken hängen Spinnweben, und wer weiß, was uns noch erwartet? Wenn wir uns in Liebe öffnen, beginnen wir auf verschlossene innere Bereiche zu stoßen, die uns noch fremd sind. Das fühlt sich gefährlich und bedrohlich an.

Wenn ich zum Beispiel mein Bedürfnis nach Liebe weggeschoben und verleugnet habe, weiß ich nicht, wie ich damit umgehen soll, wenn es in einer Beziehung hochkommt. Wie soll ich es fühlen, wie zum Ausdruck bringen, wie damit zurechtkommen? Es kommt mir vor wie ein schwarzes Loch, das mich bei lebendigem Leibe verschlingen könnte. Was wird mit mir geschehen, wenn ich dieses Bedürfnis zugebe? Werde ich meine ganze Stärke verlieren? Wer werde ich sein? Mein bloßes Überleben scheint auf dem Spiel zu stehen.

An der Schwelle zu dieser lange Zeit vernachlässigten Seite von mir fühle ich mich unsicher und schutzlos. Ich bin hier kein Experte. Da meine bewusste Identität – meine Fassade der Selbstgenügsamkeit – untergraben wird, droht eine tiefere, unbewusste Identität zum Vorschein zu kommen. Ich habe Angst, zum abhängigen, bedürftigen Kind zu werden, das anderen Menschen auf Gedeih und Verderb ausgeliefert ist. Dämonen erscheinen und versuchen mich davon abzuhalten, diese Schwelle zu überschreiten. „Zurück!", schreien sie. „Du hast gute Gründe gehabt, diesen Raum zu verschließen. Glaubst du wirklich, dem gewachsen zu sein, was sich darin befindet? Pass auf! Du könntest wirklich etwas verlieren, wenn du dich dort hineinbegibst!"

Das stimmt: Ich könnte wirklich „etwas verlieren". Aber genau das ist an der Liebe so faszinierend: Etwas verlieren heißt, alte, beengende Identitäten loslassen, und das ist total aufregend und total beängstigend zugleich. So entsteht eine äußerst interessante Situation. Ich fühle mich in entgegengesetzte Richtungen gezogen: Ausdehnung und Kontraktion, der Wunsch, einen Schritt nach vorne zu tun und gleichzeitig meine Abwehrmechanismen beibehalten zu wollen.

Aus diesem Grund können intime Beziehungen ein wirkungsvoller Weg zu Weisheit und Erwachen sein. Sie ermöglichen uns, beide Seiten unserer Natur zu erfahren – den Ruf unseres umfassenderen Wesens und die Angst und Unsicherheit unseres falschen Selbst, beides gleichzeitig, nebeneinander. An dieser Schwelle, wo ein Teil von uns weitergehen und ein anderer Teil zurückweichen möchte, stehen wir auf dem Grat – an der Grenze zum Unbekannten und zu einer völlig neuen Art des Seins.[14]

Den Sprung wagen

Anselm beschließt, den Sprung zu wagen. Er bittet Iris, ihn zu heiraten. Sie antwortet ohne zu zögern: „Du hast mir Blumen geboten, und meinst es gut damit. Aber ich kann auch ohne Blumen leben, und auch ohne Musik, ich könnte alles das und viel andres wohl entbehren, wenn es sein müsste. Eins aber kann und will ich nie entbehren: ich will niemals auch nur einen Tag lang so leben, dass nicht die Musik in meinem Herzen mir die Hauptsache ist. Wenn ich mit einem Manne leben soll, so muss es einer sein, dessen innere Musik mit der meinen gut und fein zusammenstimmt, und dass seine eigene Musik rein und dass sie gut zu meiner klinge, muss sein einziges Begehren sein."[15]

Ihre Antwort macht Anselm sprachlos, und er zerdrückt nervös eine Blume in seiner Hand. Und dann stellt Iris, in der großartigen Tradition romantischer Liebe, die den Liebenden zu heroischen Taten aufruft, noch eine weitere Bedingung. Wenn er sie zur Frau begehrt, muss er sich auf die Suche nach dem begeben, woran ihr Name ihn erinnert. „Auch ich glaube, dass du in deiner Seele Wichtiges und Heiliges verloren und vergessen hast, was erst wieder wach sein muss, ehe du ein Glück finden und das dir Bestimmte erreichen kannst ... Am Tage, wo du es wieder gefunden hast, will ich als deine Frau mit dir hingehen, wohin du willst, und keine Wünsche mehr haben als deine."[16]

Iris verleiht der grundlegendsten und beharrlichsten Forderung der Liebe eine Stimme: Du musst dein Leben ändern. Du musst in Harmonie leben mit der inneren Musik der Seele. Du musst herausfinden, wer du wirklich bist und was du dir im tiefsten Inneren wünschst. Du musst aus deiner Trance erwachen und den Weg zurück nach Hause, zu deinem wahren Wesen finden. Keine Aufgabe in Anselms Leben war jemals so erschreckend gewesen. Und während er an dem zweifelt, was Iris von ihm erbittet, erkennt eine Stimme in ihm, dass sie Recht hat – und sie „tat dieselbe Forderung wie sie".[17] Obwohl Anselm gehofft hatte, dass die Ehe mit Iris ihm das Glück schenken würde, das ihm fehlt, erkennt er jetzt, dass ihre Beziehung ihn zu etwas Tieferem ruft – seine eigene Seele zurückzugewinnen.

Und er nimmt ihre Herausforderung an. Während er in sich nach dem vergessenen Mysterium sucht, das in der Kindheit aufflammte, ist Anselm gezwungen, sich der schmerzlichen Wahrheit über sein Leben zu stellen: Er ist zu einer trockenen, hohlen Schale geworden. Dieses Eingeständnis ist ein erster, wesentlicher Schritt zur Wiederverbindung mit seiner Seele; denn seine Seele ist es, die den Schmerz darüber empfindet, in einer hohlen Schale eingesperrt zu sein. Aus diesem Kummer wird eine neue Sehnsucht geboren – sich selbst zu finden.

Uns selbst finden bedeutet, uns von der konditionierten Persönlichkeit zu befreien und zu dem authentischen Individuum zu werden, das wir aufgerufen sind zu sein. (Individuum bedeutet wörtlich *ungeteilt* – Zugang haben zum ganzen Spektrum unserer Kräfte und Potentiale, statt gespalten zu sein und uns gegen uns zu wenden.) Während Anselm sich auf diesen Weg begibt, beginnt er ins Leben zurückzukehren und sich tiefer auf die Welt um ihn herum einzulassen. Die Menschen bemerken eine neue Herzlichkeit und Lebendigkeit an ihm. Und schließlich gelangt er zu der Erkenntnis, dass es von der Reise, zu der er aufgebrochen ist, kein Zurück gibt.

Durch Liebe reifen

Und so ist es für die meisten von uns. Anfangs kommt die Liebe zu uns als Zustand der Gnade. Aber während sie uns erfüllt und bewirkt, dass wir uns öffnen, stößt sie uns auch auf die Hindernisse, die dieses Öffnen blockieren – die Gitter unseres Seelenkäfigs, all die Strategien, die wir entwickelt haben, um uns von unserer wahren Natur abzuwenden und innerlich zu schrumpfen. Hegen wir zum Beispiel von uns selbst die Vorstellung, nicht liebenswert zu sein, wissen wir nicht, wie wir uns verhalten sollen, wenn die Gelegenheit kommt, so geliebt zu werden, wie wir wirklich sind. Selbst wenn wir uns wirklich nach Liebe sehnen, erschreckt sie uns zu Tode, denn sie bedroht unsere gesamte Identität! Um die Liebe ganz hereinzulassen, müssen wir aufgeben, was wir denken zu sein.

Die Liebe ist immer eine Herausforderung, weil sie verlangt, dass wir alte Identitäten aufgeben, die als schützende Schale gedient haben. Um zu lieben und geliebt zu werden, muss das falsche Selbst sterben. Von diesem Tod spricht der Sufi-Dichter Ibn Al Faradh, wenn er schreibt:

Durch die Liebe sterben heißt leben;
ich danke meiner Geliebten dafür,
dass sie diesen Tod bereithält für mich.
Wer nicht stirbt an seiner Liebe,
kann auch nicht leben durch sie.

Wie die Strahlen der Sonne, die den Samen bewegen, sich in seiner Hülle zu regen, dringt die leuchtende Kraft der Liebe durch die Fassade des falschen Selbst und bringt tief in uns verborgene Quellen zum Sprudeln. Ihre Wärme weckt das Leben in uns, ruft den Wunsch wach, uns zu entfalten, zu gebären, zu wachsen und uns nach dem Licht zu strecken. Sie ruft uns auf, unsere Schale zu durchbrechen, die Persönlichkeitshülle, die das Samenpotential all dessen umgibt, was wir sein könnten.

Eine Samenhülle hat die Aufgabe, das empfindsame Leben in sich zu schützen, bis die Zeit und die Bedingungen gekommen sind, um aufzubrechen. Unsere Persönlichkeitsstruktur dient einem ähnlichen Zweck. Sie gibt uns eine scheinbare Sicherheit, eine Art Entschädigung für den Verlust unseres umfassenderen Wesens. Aber wenn die wärmenden Strahlen der Liebe uns zu wecken beginnen, wird unsere Ich-Schale zum Hindernis, das unser Wachsen aufhält. Während der Keim des Lebens in uns schwillt, spüren wir unsere Gefangenschaft deutlicher.

Der Drang, aus unserer dunklen Schale auszubrechen, aktiviert auch unsere Dämonen, die Stimmen unserer Angst, die uns drängen, sicher verborgen zu bleiben hinter den Wanden unserer gewohnten Abwehr. Indem sie uns den Weg aus unserem Gefängnis aufzeigt, zwingt die Liebe uns, mit diesen Dämonen zu kämpfen, denn sie sind unsere Gefängniswächter.

Da wir schnell anfangen, an uns zu zweifeln, wenn wir auf unsere Dunkelheit und unsere Dämonen stoßen, ist es wichtig zu begreifen, dass hier eine heilsame Logik am Werke ist: Je heller die Strahlen der Liebe, desto dunkler sind auch die Schatten, denen wir begegnen; je heftiger sich das Leben in uns regt, desto deutlicher spüren wir unsere toten Stellen; je bewusster wir werden, desto klarer sehen wir, wo wir unbewusst bleiben. Nichts von alldem muss uns entmutigen. Denn wenn wir uns unserer Dunkelheit stellen, bringen wir Licht in vergessene Teile unseres Seins. Wenn wir genau erkennen, wo wir unbewusst waren, werden wir bewusster. Und indem wir sehen und spüren, wie abgestorben wir sind, entfachen wir aufs Neue den Wunsch, dem Leben aufgeschlossener zu begegnen.

Wahre Liebe erfordert immer großen Wagemut. Auch wenn wir über die Liebe gerne als das Licht denken, das sie in unser Leben bringt, wird unsere Seele niemals reifen oder sich entwickeln, wenn wir nicht bereit sind, uns der Dunkelheit zu stellen, die durch dieses Licht sichtbar wird. Wie Hesse es formuliert: „Reich und gesund nun und zum Glück fähig scheint mir die Seele, in der aus großem Dunkel nach dem kleinen Lichtfelde hin ein beständiger, frischer Zuzug und Austausch vor sich geht."[18] Bewusstheit, geboren aus Liebe, ist die einzige Kraft, die Heilung und Erneuerung bringen kann. Aus unserer Liebe für einen anderen Menschen heraus werden wir willig, unsere alten Identitäten welken und abfallen zu lassen und uns in die dunkle Nacht der Seele zu begeben, so dass wir einmal mehr nackt vor dem großen Mysterium stehen, das im Kern unseres Wesens liegt. So lässt die Liebe uns reifen – indem sie uns von innen wärmt, uns bewegt, aus unserer Schale auszubrechen, und unseren Weg durch den dunklen Kanal zu einer Neugeburt beleuchtet.

Gespräch: Auf dem Grat

Bitte beachten Sie: Sowohl dieses Gespräch als auch die anderen Gespräche in diesem Buch stammen aus Beziehungsworkshops, in denen mit Übungen gearbeitet wurde, die die wichtigsten Ideen der vorigen Kapitel illustrieren. Da die Teilnehmerinnen und Teilnehmer der Workshops intensiv mit diesen Themen gearbeitet und durch ihre Meditationspraxis auch eine erhöhte Selbstwahrnehmung entwickelt haben, sind ihre Einsichten und ihre neuen Erfahrungen oft intensiver als in einer typischen Paartherapie.

Meine Frau Jennifer hat viele dieser Dialoge mit angeleitet, aber um der Klarheit und Einfachheit willen habe ich ihre Beiträge nicht hervorgehoben. Die Worte der Teilnehmerinnen und Teilnehmer sind kursiv wiedergegeben, während unsere in Normalschrift gesetzt sind.

Wir können die Einladung der Liebe, zu wachsen und uns zu öffnen, nur annehmen, wenn wir bereit sind, uns von einer Beziehung auf unseren Grat führen zu lassen – den Ort, wo eine alte Identität uns nicht länger dient und sich etwas völlig Neues zu zeigen beginnen kann. Dies ist einer der kreativsten Augenblicke in einer Beziehung. Wollen wir in einer Beziehung lebendig bleiben und weiter wachsen, müssen wir lernen, mit uns in Verbindung zu bleiben, wenn wir auf solch einem Grat angelangen.

Um das selbst zu erfahren, können Sie sich einmal eine besondere Schwierigkeit in Ihrer augenblicklichen Beziehung, Ihrer letzten Beziehung oder in Beziehungen überhaupt vergegenwärtigen. Spüren Sie Ihren Körper und schauen Sie, wie sich diese besondere Schwierigkeit anfühlt. Während Sie diesem Gefühl Ihre Aufmerksamkeit schenken, fragen Sie sich – wobei die Antwort eher aus dem Bauch als vom Kopf kommen sollte –: „Was ist für mich daran besonders schwer? Wie erlebe ich es? Was stört mich daran am meisten?"

Während Sie dieser Schwierigkeit weiter aufmerksam nachspüren, fragen Sie sich als Nächstes: „Welche Hilfsquelle wird dadurch in mir aktiviert?" Oder: „Welche Eigenschaft muss ich entwickeln, um dieser Schwierigkeit begegnen und damit arbeiten zu können?" Beantworten Sie die Frage nicht mit dem Kopf. Spüren Sie ihr nach und schauen Sie, welche Antwort kommt. Wie fühlt es sich an, diese Schwierigkeit als Chance zu betrachten, um wichtige innere Hilfsquellen zu erschließen?

Kate

In mir geht ganz viel vor, als ob mein ganzer Körper vibriert. Die Schwierigkeit, die ich mir angeschaut habe, war meine Angst, in einer Beziehung nicht wirklich geschätzt und geliebt zu werden. Und mir wurde klar, dass ich dadurch aufgefordert bin, innere Stärke zu entwickeln. Als ich mir das eingestanden habe, spürte ich eine Art Heiterkeit, einen Energiestrom hin zu den Körperbereichen, in denen ich die Schwierigkeit so schmerzlich spürte.

Als Sie also erkannt haben, dass Ihre Angst, nicht geliebt zu werden, eine Aufforderung ist, eine bestimmte innere Stärke zu entwickeln, haben Sie einen Energieschub erlebt.

Die Energie schien in all die Bereiche zu fließen, wo ich verschlossen war, und sie zu öffnen. Plötzlich war da mehr Raum, und ich war mehr ich selbst. Ich sah neue Möglichkeiten, hatte mehr Selbstvertrauen und war überzeugt: „Oh, damit kann ich umgehen."

Ein Gefühl des Öffnens, der Ausdehnung, des Selbstvertrauens…

Ein großes „Aha".

Das kann auf dem Grat passieren. Wenn Sie an der Schwelle zu einem unerforschtem Raum Ihres Palastes stehen, fühlen Sie sich vielleicht zunächst ganz unsicher, aber wenn Sie die Schwelle überschreiten, spüren Sie, wie Sie sich ausdehnen, denn der Palast ist so weitläufig. Und das macht lebendig.

Als ich die Schwierigkeit selbst spürte, war mein Brustkorb wie zusammengeschnürt. Aber als ich dann nachspüren sollte, welche Qualität ich aufgerufen war zu entwickeln, passierte genau das Gegenteil: eine Art Öffnung.

Die Schwierigkeit empfanden Sie wie eine Verengung. Aber als Sie erkannten, wozu sie Sie aufforderte, begann sich etwas zu öffnen. Sie haben sich also sowohl in der Kontraktion als auch in der Ausdehnung erlebt. Das ist das beste Zeichen dafür, dass Sie sich auf dem Grat befinden. Es sind Widerstände da, weil Sie Ihre alte Bequemlichkeitsgrenze überschreiten und unbekanntes Gelände betreten. Aber Sie empfinden auch Aufregung: „Oh, das könnte mich an einen neuen Ort bringen, wo ich unbedingt hinmuss." So fühlt es sich an, einen Pfad zu entdecken, der sich vor uns auftut.

Wenn wir an diese Schwelle gelangen, den Grat des Unbekannten, der beängstigend und aufregend zugleich ist, beginnt sich uns ein neuer Pfad zu erschließen – eine neue Richtung, ein Weg nach vorn.

Ich konnte mir auch genau vorstellen, wie nahe es mich einem anderen Menschen bringen würde, wenn ich ihm diese Erfahrung mitteilte, und wie unglaublich innig die dadurch entstehende Verbindung wäre.

Das ist genau der Punkt.

Roy

Meine Hauptschwierigkeit in meiner Ehe war immer meine Angst, meiner Partnerin mitzuteilen, was ich wirklich fühle, und das hindert uns oft, uns nahe zu kommen oder intim miteinander zu sein. Das ist wie ein Zen-Koan für mich. Es zwingt mich, mir anzuschauen, wie ich überhaupt mit meinem Leben umgehe. Gewöhnlich bin ich stolz auf meine Kompetenz in vielen Bereichen, aber mir ist klar, dass das auch eine Falle ist. Wenn ich immer kompetent sein muss, ist es schwierig, zu fühlen, was in mir vorgeht, und mit meiner Frau ganz präsent zu sein. Ich kann wochenlang ohne jeden Kontakt mit meinen Gefühlen sein und weiß gar nicht, was ich fühle – ja, ich weiß noch nicht einmal, dass ich das nicht weiß.

Ich habe Angst, die Kontrolle zu verlieren, wenn ich mich meinen Gefühlen überlasse, ich weiß ja gar nicht, wohin sie mich führen. Den nächsten Schritt wissen, das ist für mich gleichbedeutend mit Richtigkeit, Wert, Erfolg, Tugend oder Stärke – alles Eigenschaften, die von mir in diesem Leben erwartet werden. Aber auch wenn ich durch meine Kompetenz sehr erfolgreich bin, habe ich eine dicke Mauer zwischen mir und meinen Gefühlen errichtet und perfekte Argumente dafür bereit, nicht über diese Mauer schauen zu müssen.

Wie fühlt sich das alles für Sie im Augenblick an?

Ziemlich traurig

Können Sie diese Traurigkeit in diesem Augenblick in Ihrem Körper spüren? Was an alledem ist für Sie am traurigsten?

Das Traurige ist, wie eingesperrt ich hinter dieser Mauer der Kompetenz bin, wie abgeschnitten von dem, was ich fühle.

Wie ist es, sich diese Traurigkeit einzugestehen?

Es scheint irgendwie hoffnungslos. Ich weiß nicht, was ich damit anfangen soll. Ich nehme an, ich wäge mein Bedürfnis nach Kompetenz damit ab, mich die Traurigkeit spüren zu lassen. Das mache ich immer so, und die Chancen stehen 100 zu Null.

Also selbst wenn Sie Ihre Traurigkeit über Ihre Isoliertheit eingestehen, ruft das Ihre übliche Vermeidungsstrategie auf den Plan – den Versuch, kompetent zu sein und die Dinge in der Hand zu haben. Es scheint hoffnungslos, weil Sie denken: „Wenn ich mich diese Traurigkeit fühlen lasse, verliere ich die Kontrolle." Da Sie immer der Kompetenz Vorrang geben, stehen die Chancen für das Ego 100 und für die Seele Null. Aber diese Traurigkeit steigt ja aus Ihrer Seele auf. Diese Traurigkeit sagt: „Warte mal, es gibt eine Seite in mir, die total vernachlässigt wird und unbeachtet bleibt."

Statt zu denken, Sie müssten mit Ihrer Traurigkeit kompetent umgehen, könnten Sie sie als Aufforderung betrachten. Eine Seite in Ihnen ruft Ihnen zu: „Ich bin vernachlässigt worden!" Wenn Sie sich das eingestehen, steckt darin die Möglichkeit, die Chancengleichheit wieder herzustellen.

Ich fühle mich, als ginge ich an einer Mauer, einer langen Mauer entlang, ohne sehen zu können, was sich auf der anderen Seite befindet.

Das klingt nach dem Grat.

Es gibt einige Gucklöcher, durch die ich schauen kann, aber ich erlaube mir nicht sehr oft, da durchzuschauen. Das ist sehr traurig.

Zwei Dinge passieren gerade. Sie ziehen sich zusammen und verurteilen sich dafür, dass Sie nicht durch die Mauer schauen. Aber es geschieht auch noch etwas anderes, das Sie weicher und aufgeschlossener macht: Sie geben zu, wie schmerzlich Ihre Situation ist, und lassen sich davon berühren.

Da kommt die Traurigkeit wieder.

Ja. Können Sie diese Traurigkeit einfach da sein lassen?

Ja, das kann ich jetzt. Das ist eine große Erleichterung. Es fühlt sich … klärend an. Aber dann kommt auch gleich der deprimierende Gedanke: „Oh Gott, bei mir gibt's wirklich viel zu tun." Oder: „Im Grunde bin ich überhaupt nicht so kompetent."

Richtig. Da sind Sie also wieder an diesem Punkt – Sie öffnen sich und ziehen sich gleichzeitig zusammen. Sobald Sie über die Schwelle in Ihr neues Gebiet treten, kommen diese alten Geschichten hoch, die Sie zurückholen in das übliche Muster. Sie entspringen der alten Identität, die versucht, Sie im Griff zu behalten – Roy der Kompetente. Die alte Identität versucht Sie einzuschüchtern, indem sie sagt: „Heh, gib mich nicht auf, den Kompetenten. Denn wer weiß, was geschieht, wenn du mich loslässt?"

Das fühlt sich an wie Angst vor dem Tod. Die alte Identität will nicht sterben.

Natürlich nicht. Sie haben viel psychische Energie in diese Identität investiert. Sie ist zu einer Fixierung geworden, die nicht loslassen will.

Wenn ich loslasse, habe ich Angst, dass Gefühle hochkommen, die ich nicht ertragen kann.

Ja, Sie befürchten, mit Ihren Gefühlen nicht umgehen zu können. Aber Sie wissen gar nicht genau, wie das sein würde. Es ist nur eine Vermutung.

Eine begründete Vermutung.

Als Kind stimmte es wahrscheinlich, dass Sie damit nicht umgehen konnten. Aber als Erwachsener haben Sie Ihren Gefühlen niemals wirklich eine Chance gegeben. Sie haben nie gelernt, sich den Gefühlen zu öffnen, vor denen Sie solche Angst haben. In Wirklichkeit wissen Sie also gar nicht, ob Sie damit umgehen können oder nicht. Aber der beängstigende Gedanke, der für Sie auf diesem Grat hochkommt, ist: „Ich schaue besser nicht über die Mauer, denn es könnten Monster auf der anderen Seite sein." Wenn Sie sich diese Geschichte weiter abkaufen, werden Sie von dieser Seite der Mauer niemals wegkommen.

Lassen Sie mich Ihnen folgende Frage stellen: Wozu fordert Ihre Angst vor Ihren Gefühlen Sie auf? Was sollten Sie als Antwort darauf in sich finden oder entwickeln?

Bei dieser Frage schnürt sich mir der Hals zusammen. Ich habe mich das mein Leben lang noch nie gefragt. Das geht wirklich tief. Wenn ich dem nachgehe, wird mir klar, dass ich aufgerufen bin, mich selbst zu lieben und zu akzeptieren und mich nicht herunterzumachen. Mitgefühl zu haben und keine Angst davor, etwas zu verlieren. Das berührt mich sehr tief.

Gut. Das geht wirklich tief.

Es verlangt viel Arbeit von mir.

Ja. Es ist, als läge Ihre ganze Lebensarbeit ausgebreitet vor Ihnen da.

Es ist schwer, wenn einen die eigenen Eltern nie akzeptiert oder unterstützt haben. Manchmal scheint die Aufgabe einfach nicht zu bewältigen zu sein – wie die Vorbereitung auf eine Bergbesteigung.

Ja, manchmal ist es schwer, die eigenen Gefühle zu spüren. Aber achten Sie darauf, keine Aufgabe oder Verpflichtung daraus zu machen, eine Leistung, zu der Sie sich antreiben müssen. Sonst fallen Sie zurück in Ihr altes Verhaltensmuster, kompetent zu sein, und bleiben festgefahren.

Hilfreicher kann es sein, wenn Sie dieses Vorhaben als Forschungsunternehmen betrachten, als Reise in ein neues Land. Deswegen empfehle ich Ihnen, einfach auf dem Grat zu sitzen und zu schauen, was spontan hochkommt, was Ihnen dort winkt. Es ist nicht nötig, dass Sie sich in die andere Richtung zwingen. Besser ist es, einfach zuzulassen, dass Ihre Sehnsucht nach dem, was sich auf der anderen Seite befindet, ganz allmählich und in ihrer eigenen Zeit wächst.

Ich kann sehen, dass hier Entspannung und Behutsamkeit nötig sind.

Diese Behutsamkeit zu entwickeln ist also ein weiterer wichtiger Schritt auf Ihrem Weg. Ohne Behutsamkeit, Wärme und Mitgefühl kann hier nicht viel wachsen.

Wenn wir auf dem Grat stehen, empfinden wir oft beides – den Wunsch, uns in das neue Gelände vorzuwagen, und die Angst genau davor. An diesem Punkt behutsam sein heißt, beide Empfindungen anzuerkennen, statt sich anzutreiben oder sich ängstlich zusammenzuziehen. Das hilft Ihnen, sich zu entspannen, präsent zu bleiben und zu sehen, was als Nächstes geschehen will.

Das ist gut. Das hilft mir, mich auf den Punkt zu konzentrieren, um den es für mich geht.

Elisabeth

Meine große Schwierigkeit in Beziehungen ist, dass ich mich von meinem Partner völlig abhängig fühle.

Was ist für Sie daran am schwersten?

Ich bekomme Angst, verlassen zu werden. Das fühlt sich schrecklich an. Sobald diese Angst vor dem Verlassenwerden auf mich zukommt, bleibt nichts von mir übrig, und ich weiß gar nichts mehr.

Aufweiche innere Qualität müssen Sie zurückgreifen, um mit dieser Angst sein zu können?

Ich weiß nicht. Ich komme darüber nicht weg.

Über was? Worüber versuchen Sie wegzukommen?

Über meine Angst, verlassen zu werden.

Sie versuchen, darüber *weg*zukommen – *das* ist das Problem. In Wirklichkeit wissen Sie nicht, wie Sie mit dieser Angst vor dem Verlassenwerden umgehen können. Sie bringt Sie auf den Grat. Nicht sicher sein, was zu tun ist – genauso fühlt es sich dort an. Es ist völlig in Ordnung, dass Sie nicht wissen, wie Sie mit dieser Angst umgehen sollen. Sie müssen sie nicht überwinden. Sie ist eine Tür für Sie. Wenn Sie einfach dort an der Schwelle sitzen und mit Ihrer Erfahrung sein können, öffnet sich vielleicht etwas. Wie fühlt sich das in diesem Augenblick an?

Mein Kopf wird ganz leer.

Wodurch wird das ausgelöst? Weil Sie nicht spüren wollen, was hier mit Ihnen passiert? Ist es Ihnen wichtig, mit diesem Thema zu arbeiten oder …

Ja, auf jeden Fall. Ich kann aber offensichtlich einfach nicht … Ich meine …

Lassen Sie uns einmal nachschauen, warum Ihr Kopf ganz leer wird.

Ich bin wütend.

Wut. Gut. Was an der Wut braucht Ihre Aufmerksamkeit?

Traurigkeit.

Unter dieser Wut ist also Traurigkeit. Was an der Traurigkeit braucht Ihre Aufmerksamkeit und Zuwendung?

Ich gehe innerlich wieder weg.

Das ist in Ordnung. Sie müssen sich hier zu nichts zwingen. Sie beginnen sich Ihrem Grat zu nähern, und wenn er sich zu bedrohlich anfühlt, ziehen Sie sich wieder zurück. Das ist in Ordnung. Der Punkt ist, mit allem in Kontakt zu sein, was für Sie auf diesem Grat geschieht. Hier kann viel für Sie passieren. Spüren Sie das?

O ja, sehr intensiv.

Nähern Sie sich ihm also behutsam. Der erste Schritt ist, dass Sie mit Ihren Gefühlen behutsam umgehen. Das schafft etwas Raum für diese Empfindungen und hilft Ihnen, mit Ihnen in Kontakt zu sein. Sie müssen da nicht mit wehenden Fahnen durchsegeln, um irgendwo anders hinzugelangen. Wichtig ist, diese Traurigkeit einfach zuzulassen und mit sich an diesem Punkt in Kontakt zu kommen.

Ja, das kann ich. Das fühlt sich besser an. Meistens gerate ich an diesem Punkt in Panik und weiß überhaupt nichts mehr.

Das ist ein Weg, um sich von einem Gefühl abzuschneiden, das zu bedrohlich scheint, das Sie an eine Grenze bringt, wo Sie nicht weiterwissen.

Aber Sie sind auf der richtigen Spur. Sie konnten sich Ihre Angst vor dem Verlassenwerden eingestehen und auch Ihre Tendenz, wegzulaufen oder gar nichts mehr zu wissen, wenn Sie ihr begegnen. Unter der Angst haben Sie Wut entdeckt und hinter der Wut Traurigkeit, die Sie auch angenommen haben. Auf diese Weise lernen Sie, auf Ihrem Grat präsent zu sein. Wie fühlen Sie sich im Augenblick?

Besser, jetzt wo ich das alles sehe.

Wenn Sie mit den Gefühlen Kontakt aufnehmen, die hochkommen, sobald Sie Ihre Angst vor dem Verlassenwerden annehmen, beginnen Sie tatsächlich, diese Wunde zu heilen, denn Sie sind auf eine neue Art und Weise für sich da. Sie lassen sich nicht mehr im Stich.

3

Die Lage scheint aussichtslos

Du bist immer frei gewesen!
Lass dich nicht zum Narren halten
durch das Ich und den Anderen.

SARAHA

Selbst Paare, die ihre Beziehung als Chance für ihre persönliche oder spirituelle Entwicklung betrachten, finden es oft schwer, diese Vision praktisch zu leben und die Schwierigkeiten auf ihrem Weg als kreative Herausforderungen statt als hartnäckige Probleme zu betrachten. Warum fühlen sich sogar Paare, die eine tiefe Verbindung und die besten Absichten haben, durch ihre Beziehung manchmal in der Falle, verzweifelt, bedroht oder überfordert?

Festgefahren fühlen sich Paare am ehesten durch sich ständig wiederholende Konflikte, die nirgendwo hinführen und immer wieder den gleichen Mangel an Kommunikation und Verständnis offensichtlich werden lassen. Wieder und wieder geraten sie in die gleiche Sackgasse, wo ein fruchtloses Hin und Her von Argumenten und Gegenargumenten, Aktion und Reaktion, Angriff und Rückzug stattfindet. In der östlichen Tradition gibt es einen Begriff für diese wiederkehrenden frustrierenden Zyklen, in die wir uns verstricken – *Samsara*. In unserer Sprache könnten wir sie einfach als Hölle bezeichnen, anknüpfend an die Behauptung, die manche Menschen vertreten, eine Ehe sei „die Hölle“. Auch wenn die meisten Paare bestätigen würden, dass solche wiederkehrenden Kämpfe nirgendwo hinführen, fahren sie trotzdem damit fort. Warum fällt es Liebenden so schwer, sich die strahlende, dynamische Präsenz zu bewahren, die sie anfangs zueinander hingezogen hat? Warum agieren und reagieren sie stattdessen auf eine Art und Weise, die so viel Leid schafft?

Wenn wir uns gerade mitten in einem solchen Streit mit unserer Partnerin oder unserem Partner befinden, könnten wir versucht sein, diese Frage in Übereinstimmung mit Sartre zu beantworten, der in einem seiner Stücke behauptet: „Der andere ist die Hölle.“ Genauer müsste es jedoch heißen: *„Die Hölle ist, wie wir uns selbst in Beziehung zu anderen sehen.“* Beziehungskonflikte werden zum höllischen Kampf oder zur Sackgasse, wenn sie in uns eine beengende Identität aus der Vergangenheit, die mit enormen psychischen Schmerzen verbunden ist, wach werden lassen und uns darin einsperren. Und der Konflikt kann nirgendwo hinführen, solange wir ihn mit unserer Partnerin oder unserem Partner ausspielen, statt uns seiner eigentlichen Ursache zuzuwenden – der negativen Sicht von uns selbst, die aktiviert worden ist und die unser Lebensgefühl, unser Gefühl von Richtigkeit oder unseren Selbstwert erschüttert.

Unbewusste Identitäten

Douglas war ein intelligenter, kreativer Mann, der einfach nicht damit klarkam, wenn Frauen ihren Ärger zeigten. Immer wenn seine Partnerin ärgerlich war, reagierte er mit selbstgerechter Entrüstung und sagte sich: „Das kann ich in meinem Leben nicht gebrauchen." Diese Reaktion entsprang seinem Selbstbild als ein spiritueller Mensch, der es nicht nötig hatte, sich zu solch ungehobelten Gefühlen herabzulassen.

Douglas hatte diese Distanziertheit in seiner Kindheit entwickelt, um sich vor den hässlichen, heftigen Kämpfen zu schützen, die seine Eltern miteinander ausfochten. Aber das war nur eine Fassade, die die geheime Überzeugung verdeckte, jemand zu sein, der vom Ärger anderer Menschen leicht überwältigt werden konnte. Der Ärger seiner Partnerin bedrohte ihn, weil er in ihm erneut das schmerzhafte Gefühl wachrief, Opfer zu sein –jemand, der sich klein und unzulänglich fühlt. So wollte Douglas sich selbst nicht sehen und auch von anderen nicht gesehen werden. Seine Abwehrstrategie bestand also darin, die Oberhand zu gewinnen, indem er auf Nummer Sicher ging und eine überlegene „spirituelle" Haltung vorgab, um Konflikte mit anderen Menschen zu vermeiden.

Unser Ich oder unsere konditionierte Persönlichkeit setzt sich aus zahlreichen verschiedenen Identifikationen oder Selbstbildern zusammen und entwickelt sich in der Kindheit als eine Form von Selbstschutz. Am Beginn dieser Entwicklung steht der Versuch, den Verlust unseres Wesens zu kompensieren und zu verbergen, indem wir bestimmte Eigenschaften entwickeln, die wir brauchen, aber offensichtlich nicht besitzen. Wenn wir zum Beispiel nicht die Unterstützung erhielten, die unsere innere Stärke nähren würde, können wir *versuchen*, durch bloße Willenskraft stark zu sein: „Ich werde stark sein. Ich werde nicht zulassen, dass mich das stört. Ich werde darüber hinwegkommen ..." Dieser Versuch, uns selbst stark zu machen, führt zur Entwicklung einer bewussten Identität – eines Selbstbildes, das wir fordern und verteidigen, um ein inneres Gefühl von Mangel zu verdecken. Unserer bewussten Identität liegt eine *unbewusste* Identität zu Grunde, unsere Identifikation mit diesem Mangel; in diesem Fall unsere heimliche Überzeugung, dass wir eigentlich nicht stark, sondern schwach sind. Wir konstruieren eine bewusste Identität – eine Fassade oder „Titelgeschichte" –, um diese schmerzlichere, bedrohliche unbewusste Identität abzuwehren.[19]

So dient unsere Ich-Struktur in der Kindheit einem nützlichen Zweck. In dem Versuch, uns zu geben, was uns fehlt, schützen wir uns mit ihrer Hilfe davor, den Schmerz über unseren Verlust spüren zu müssen. Unsere selbst fabrizierte Stärke zum Beispiel, die wir aktivieren, indem wir unsere Muskeln anspannen oder die Zähne zusammenbeißen, kann uns helfen, schwierige Situationen zu ertragen und zu überstehen; und das bewahrt uns davor, unseren Mangel an wirklicher innerer Stärke spüren zu müssen. Aber später im Leben wird diese Fassade zur Blockade, vor allem in intimen Beziehungen, denn dieses falsche Selbst hindert uns daran, mit unserer Partnerin oder unserem Partner aufrichtig zu sein. Es hält uns auch davon ab, unsere wahre Stärke zu entdecken, die niemals hergestellt, sondern sich nur als eine unserem innersten Wesen eigene Qualität erweisen kann. Das Ich sieht in Beziehungen eine Möglichkeit, seine bewusste Identität durch den anderen bestätigt zu bekommen. Wenn unsere Partnerin uns zum Beispiel für stark hält, stützt das unser Selbstbild als starker Mensch und hilft uns, die beängstigendere Überzeugung abzuwehren, dass wir in Wirklichkeit schwach sind. Wir *hoffen* also, in unserer bewussten Identität bestärkt zu werden, und befürchten, dass unsere unbewusste Identität bloßgelegt und für alle sichtbar wird. Diese Dynamik von Hoffnung und Angst bewirkt, dass der Wirbelwind von Samsara, oder unsere Verwirrung, in Beziehungen immer wieder entfacht wird.

Für Douglas hieß das, wann immer seine Partnerin ärgerlich wurde, drohte seine unbewusste Identität als kleines, wehrloses Kind zum Vorschein zu kommen, versteckt hinter seiner Fassade als hoch entwickeltes spirituelles Wesen. Seine Abwehr bestand darin, seine Partnerin selbstgerecht und geringschätzig zu behandeln. Doch löste seine kalte Verachtung lediglich eine *ihrer* schmerzlichsten unbewussten Identitäten aus – nicht liebenswert zu sein –, und das wiederum verstärkte ihren Zorn. Für Douglas war es im wahrsten Sinne des Wortes die Hölle, sich als Opfer des Ärgers anderer Menschen zu betrachten und zu fühlen; für seine Partnerin war es die Hölle, zu sehen und zu spüren, dass sie nicht liebenswert war. Indem sie gegenseitig auf ihre inneren Höllen reagierten, lösten sie beim anderen den quälenden Zustand aus, und das wiederum führte zu sich ständig wiederholenden Konflikten, für die es keine Lösung zu geben schien.

Wenn Beziehungskonflikte uns nicht in dieser Form im Griff hätten – indem sie die unbewussten Identitäten enthüllen, die wir unser Leben lang abzuwehren versuchten –, würden sie einfach auftauchen, bearbeitet werden und vorbeigehen. Auch wenn meine Partnerin und ich zum Beispiel oft wütend aufeinander wären, wäre das so lange kein Problem, wie wir diese Gefühle einfach vorbeiziehen lassen könnten. Dann wäre der Ärger einfach Energie, wie ein durchziehender Sturm, der unsere Leidenschaft sogar verstärken und unseren Humor wecken könnte, unsere Kommunikation lebendiger machte und unsere Aufmerksamkeit auf Themen lenken würde, die wir uns anschauen müssen.

Aber sobald der Ärger meiner Partnerin eine meiner unbewussten Identitäten wachruft, beginnen die Probleme. Ich kann mit der Situation, um die es geht, nicht mehr flexibel umgehen. Es ist, als würde ich in eine Trance verfallen, in der ich einem alten Film zuschaue, der sich in meinem Kopf abspult, statt das zu sehen, was tatsächlich geschieht, und darauf einzugehen. Vielleicht fühle ich mich angesichts ihres Ärgers wie ein hilfloses Kind. In meinem Trancezustand kann ich mich als bösen Jungen sehen, der von seiner Mutter beschimpft wird.

Diese Sicht von mir ist so schmerzlich und bedrohlich, dass ich mich gezwungen fühle, sie wegzudrücken. Und dann verstecke ich mich hinter einer abwehrenden Fassade: Ich versuche meiner Partnerin zu zeigen, dass ich wirklich stark bin, vielleicht, indem ich um mich schlage oder sie angreife. Aber diese Verteidigungsreaktion führt nirgendwohin. Sie schafft Distanz zur mir selbst, indem ich verleugne, was wirklich in mir vorgeht. Und sie entfernt mich von meiner Partnerin, weil sie mein Gefühl verstärkt, ein schlechter Mensch zu sein. All das – dass ich in meiner Partnerin meine Mutter sehe, wüte und mich verteidige und die wirkliche Verbindung zu mir und ihr verliere – beruht auf der Trance, in die ich gehe, wenn diese alte, unbewusste Identität aktiviert wird. Das alles geschieht völlig automatisch, ohne dass ich überhaupt richtig mitbekomme, was da eigentlich vor sich geht.

Gefangen im Käfig

Die Aufgeschlossenheit der Liebe lässt uns unweigerlich gegen die Wände unserer Persönlichkeitsstruktur und damit gegen die Gefängnismauern unserer alten Identitäten stoßen. So wie ein Gefangener, der dem Gefängnis entkommen will, die Anlage des Gebäudes sorgfältig studieren muss, müssen auch wir, die wir uns aus unserem Seelenkäfig befreien wollen, genauer begreifen, wie er gebaut ist. Diese Form der Selbsterforschung ist ganz wesentlich, um mehr Bewusstheit in eine Beziehung zu bringen.

Einige Richtungen der modernen Psychologie gehen davon aus, dass sich unsere Ich-Identität – die Art und Weise, wie wir uns selbst sehen – ursprünglich aus unseren Beziehungen zu anderen Menschen entwickelt. Weil wir so völlig offen geboren werden, sind wir durch die Sichtweise, die andere Menschen von uns haben, leicht zu beeinflussen und zu formen. Die grundlegende Empfindsamkeit unseres Wesens ist wie weiches Wachs und die Eindrücke, die wir als Kinder aufnehmen, sind wie Abdrücke in diesem Wachs. Da wir uns geistig auf diese Eindrücke fixieren, verhärtet sich die Oberfläche des Wachses und sie prägen sich unserer Psyche ein.[20]

In unserer Kindheit spiegeln unsere Eltern uns wider, was wir in ihren Augen sind.[21] Da wir uns nicht bewusst selbst reflektieren können, beginnen wir zwangsläufig, diese Spiegelbilder zu verinnerlichen, und sehen uns schließlich mit den Augen der anderen.[22] Das ist ähnlich, als betrachteten wir uns in einem Spiegel und nähmen dann dieses visuelle Bild für das, was wir sind, statt von unserer unmittelbaren, gelebten Erfahrung der verkörperten Präsenz auszugehen. Das Spiegelbild zeigt, wie andere uns wahrnehmen. Da es uns jedoch zwingt, zu uns selbst aus der Position eines äußeren Beobachters Beziehung aufzunehmen, schneidet es uns von dem direkten Gefühl ab, das wir zu uns als lebendigem Wesen haben. Wenn wir uns als Bild sehen, betrachten wir uns als Objekt. Wir werden zum *Objekt unserer Gedanken* statt zum *Subjekt unseres Erlebens*. Und das hindert uns daran, uns direkter und unmittelbarer zu erfahren.

Eine Identität herausbilden bedeutet, dass wir uns selbst für *etwas halten* und dabei von der Vorstellung ausgehen, dass das Verhalten anderer uns gegenüber etwas darüber aussagt, wer wir wirklich sind.[23] Ein kleiner Junge zum Beispiel, der von seinem Vater ständig kritisiert wird, kann sich für einen unzulänglichen Menschen halten. Von der Aussage „Ich kann meinen Vater offensichtlich nicht glücklich machen" zu dem Satz „Ich bin einfach unfähig" ist es nur ein kleiner Sprung. Ähnliches gilt für Gedanken wie „Meine Eltern schätzen mich nicht, und ich fühle mich schlecht" und „Ich muss ein schlechter Mensch sein". Oder: „Es ist mir egal, was andere Menschen denken – ich bin sowieso besser als sie."

Das Problem dabei ist, dass wir die Spiegelungen unserer Person in den Augen der anderen für das nehmen, was wir sind, ganz gleich, ob sie uns gefallen oder nicht. Wenn sie uns gefallen, verweben wir sie zu einer bewussten Identität, die wir fördern und verteidigen; mögen wir sie nicht, formen wir sie zu einer unbewussten Identität, die wir abwehren. In jedem Falle aber fixieren wir uns auf diese Bilder und geben ihnen mehr Gewicht und Glaubwürdigkeit als unserer eigenen direkten Erfahrung von uns selbst. Dadurch werden sie zu Seelenkäfigen. Indem wir diese Transaktionen zwischen uns und dem Anderen dem Kern unserer Ich-Identität einverleiben, wachsen wir mit Selbstbildern heran, die uns von unserer wahren Natur und ihrem Gesamtspektrum an Kräften und Potentialen trennen.

Selbst/Andere-Konstruktionen

Wir können diese verinnerlichten Transaktionen zwischen dem Selbst und dem Anderen als „zwischenmenschliche Prägungen“ oder „Selbst/Andere-Konstruktionen“ bezeichnen. (Wenn ich Andere mit einem große „A“ schreibe, beziehe ich mich damit auf das generelle Gefühl von Nicht-Selbst, das wir alle in uns tragen, während *andere* klein geschrieben auf andere Individuen verweist.) Jede Selbst/Andere-Konstruktion besteht aus drei Elementen: der Sicht des Anderen, dem Selbstbild in Beziehung zum Anderen und dem Gefühl, das diese ganz spezielle Beziehung begleitet. Wenn wir unsere Eltern als liebevoll und unterstützend sehen, entwickeln wir wahrscheinlich das Selbstbild, ein wertvoller Mensch zu sein, und die damit einhergehenden Gefühle wären Zuversicht und Selbstachtung.[24] Wenn unsere Eltern uns jedoch missbraucht haben, können wir das Andere als bedrohlich und uns selbst als Opfer empfinden; und unser Leben kann durchdrungen sein von einer Stimmung der Angst, des Misstrauens oder der Paranoia. Jede Sicht des Anderen beinhaltet eine Selbstsicht, und jedes Selbstbild impliziert eine Sicht des Anderen. Diese Selbst/Andere-Prägungen, die wir in uns tragen, funktionieren wie unbewusste Schablonen, nach denen wir unsere Beziehungen aufbauen. Manchmal ist ihr Einfluss ganz offensichtlich, zum Beispiel, wenn sich eine Frau, die von ihrem Vater ständig kritisiert wurde, wiederholt auf kritische Männer einlässt. Sich selbst abwertend, hält sie wahrscheinlich nach einem Partner Ausschau, der sie ebenfalls gering schätzt, *weil sie das kennt, das ist ihr unbewusstes Realitätsgefühl.* Diese Einstellungen können Paare aber auch subtiler und weniger offensichtlich zu schaffen machen und schwerer zu entdecken sein, vor allem wenn mehrere verschiedene und vielleicht sogar entgegengesetzte Muster gleichzeitig am Werke sind.

Zwei Partner agieren jedoch meistens in der einen oder anderen Form Identitäten aus, die ineinander greifen, vor allem in den frühen Phasen ihrer Beziehung. Welchen Part wir auch spielen, unbewusst tendieren wir dazu, bei unserem Partner nach der entsprechenden

Rolle Ausschau zu halten oder sie zu provozieren. Selbst wenn die Menschen, die wir lieben, nicht zu unserer inneren Schablone passen, neigen wir dazu, vor allem die Seiten an ihnen zu sehen oder hervorzulocken, für die das zutrifft.

Eine Frau zum Beispiel, deren Vater die Familie verlassen hatte, als sie noch klein war, glaubte, Männer könnten niemals richtig für sie da sein. Immer wenn ihr Partner nicht total für sie da war und liebevoll mit ihr umging, wurde sie ängstlich und fing an zu streiten. Tatsächlich fiel sie in eine Art Trance, in der sie in ihrem Partner ihren Vater sah, der wegging und mit seinem Verhalten ausdrückte: „Mir liegt nichts an dir. Du bist nicht wichtig." Und das wiederum brachte eine unbewusste Identität in ihr hoch, von der sie hoffte, dass die Liebe sie davor bewahrte – die Überzeugung, als Mensch nichts wert zu sein.

In Wirklichkeit war ihr Partner potentiell für sie da. Aber in ihrer Trance konnte sie nur die zwanzig Prozent von ihm sehen, die nicht präsent waren, statt die achtzig Prozent, die anwesend waren. Indem sie ihn mit ihren Angriffen vertrieb, verstärkte sie in Wirklichkeit den Anteil in ihm, der nicht für sie da war. Je stärker sie ihre innere Konstruktion ausagierte, desto mehr wurde diese zu einer sich selbst erfüllenden Prophezeiung, die bewirkte, dass beide in einem fruchtlosen, sich ständig wiederholenden Konflikt stecken blieben.

Auf diese Weise erzeugen Identitäten falsche Wahrnehmungen der Realität – Trancezustände –, die dazu führen, dass wir die Menschen, die wir lieben, verzerrt sehen und entsprechend auf sie reagieren. Und das wird ständig so weitergehen, bis wir *anfangen, diese Identitäten ins Licht des Bewusstseins zu bringen*. Beziehungen machen uns wacher, weil sie uns ganz genau zeigen, wie und wo wir festgefahren sind. Statt unseren Partner als unseren Gefängniswächter zu betrachten, müssen wir begreifen, dass wir uns unseren Käfig, den wir schon seit langer Zeit mit uns herumtragen, selbst geschmiedet haben und nur wir selbst uns darin gefangen halten.

Uns gegenseitig befreien

Da wir den Kontakt zu uns selbst ursprünglich in Beziehungen zu anderen verloren haben, versuchen wir oft, ihn auch auf diesem Weg wieder zu finden. Es stimmt, dass eine gute Beziehung uns helfen kann, mehr zu uns zurückzufinden, aber nicht auf die magische Weise, wie wir uns das vorstellen. Indem sie die tieferen Qualitäten unseres Wesens weckt, mit denen wir nicht mehr in Berührung waren, bringt die Liebe vielmehr auch unsere beengenden Identitäten hoch, die uns normalerweise den Zugang zu diesen Qualitäten versperren. Und das stellt eine ganz besondere Gelegenheit dar: Wir müssen direkt gegen unsere eigenen Gefängniswände gestoßen werden – die aus alten Selbstbildern bestehen –, bevor wir anfangen können, sie zu durchbrechen und zu entdecken, wer wir wirklich sind. Wenn wir erst einmal gegen diese Wände stoßen, wird das Bedürfnis nach einer bewussten Beziehung deutlicher und auch zwingender.

Jill war eine klassische „Frau, die zu sehr liebte". Drei Jahre lang hatte sie sich mit einer Beziehung zu einem Mann abgemüht, der ihr seine Liebe vorenthielt. Obwohl Terry emotional kaum für sie da war und sich auch nicht richtig auf sie einließ, hoffte sie weiter, dass er schließlich doch noch auf sie zugehen, aus sich herauskommen und sich für sie öffnen würde. In all diesen Jahren hatte sie sich hauptsächlich auf Terry konzentriert: was er ihr gab oder nicht gab. Wenn Terry sie nur lieben würde, so stellte sie sich vor, würde sie auf magische Weise geheilt werden. Dann würde sie sich endlich als ganzer Mensch fühlen und es würde ihr gut gehen.

Jill hatte als Mädchen eine extrem enge Verbindung zu ihrem älteren Bruder gehabt, eine liebevolle Beziehung, wie sie sie mit ihren Eltern nicht hatte. In späteren Jahren jedoch hatte er sie, wenn er aus dem College nach Hause kam, meistens ignoriert, während sie weiterhin versuchte, wenigstens ein paar Krümel seiner Zuneigung zu gewinnen. Diese bittersüße Beziehung verstärkte eine frühere Haltung ihrem Vater gegenüber, in der sie sich selbst als klein und unliebenswert und den anderen als allmächtig und unerreichbar erlebte. Auch wenn sie sich danach sehnte, einen Mann für sich zu gewinnen, der ihre Schönheit erkannte, suchte sie sich aufgrund ihrer inneren Einstellung Männer, die sie zurückwiesen.

Jills Hoffnung, eines Tages doch eine gute Beziehung zu Terry zu haben, flammte immer wieder auf, vor allem in Zeiten, in denen ihre schmerzliche Sehnsucht so intensiv wurde, dass sich ihr Herz öffnete und sämtliche Angst und Unsicherheit für kurze Zeit wie weggefegt waren. In diesen Augenblicken hatte sie etwas so Strahlendes und war so präsent und liebenswert, dass er ihr nicht mehr widerstehen konnte und sich ihr vorübergehend ganz zuwendete. Diese, wenn auch nur flüchtigen Durchbrüche bestärkten sie in ihrem Entschluss, mit Terry auszuharren.

Die Situation begann sich erst zu ändern, als Jill erkannte, dass sie mit Terry ihr eigenes inneres Drama ausagierte. Da sie die abweisende Haltung ihres Vaters und ihres Bruders verinnerlicht hatte, war sie in dem Glauben aufgewachsen, dass ihre weicheren, weiblichen Eigenschaften eine Schwäche seien. Nur gelegentlich, wenn sie die Nähe ihres Bruders spürte und seine Zuneigung gewann, hatte sie sich selbst uneingeschränkt schätzen können.

Und wenn sich ihr Herz für Terry öffnete und sie durch und durch liebenswert war, erlebte sie erneut, wie es war, ganz präsent, ganz sie selbst zu sein. Allmählich begann Jill zu begreifen, dass sie sich in Wirklichkeit nach ihrer eigenen Ganzheit sehnte, die sich ihr nur erschloss, wenn sie sich selbst akzeptierte, statt wie verrückt hinter Terry herzujagen – was sie nur in ihrer alten Identität gefangen hielt. Als sie lernte, sich selbst auf dieser tieferen Ebene die Anerkennung zu geben, die sie brauchte, nahm der Drang, Terry für sich zu gewinnen, ab.

Bis zu diesem Punkt hatte Jills Versklavung durch eine unbewusste Identität – als jemand, der nur Krümel verdiente – Terry ermöglicht, sich hinter seiner bewussten Identität zu verstecken – als jemand, der es nicht nötig hatte, auf die Bedürfnisse anderer einzugehen. Er hielt an dieser Haltung fest, um ein viel bedrohlicheres, unbewusstes Selbstbild abzuwehren – indem er sich als Sklave der Erwartungen anderer sah.

Als ältester von fünf Jungen war Terry zu der Überzeugung gelangt, dass er die Familie zusammenhalten musste und sie auseinander brechen würde, wenn er den Anweisungen seiner Mutter nicht nachkam. Angesichts dieses beengenden Pflichtgefühls hatte er nur einen Ausweg gesehen, sich frei und mächtig zu fühlen, indem er sich nämlich weigerte, sich einer Frau hinzugeben. Wenn Jill sich wie eine „Sklavin der Liebe“ verhielt, konnte Terry dem Gefühl aus dem Weg gehen, sich innerlich eingeengt zu fühlen.

Als Jill aus ihrer Trance erwachte, die durch ihr abwertendes Selbstbild ausgelöst wurde, und ihre Fixierung auf Terry aufzulösen begann, konnte er seine alte Machtposition nicht mehr halten. Das zwang ihn, sein eigenes inneres Gefühl des Mangels zu spüren, das sie bislang für ihn ausagiert hatte, so dass er es vermeiden konnte. Auch wenn er über diese Veränderungen ärgerlich war, begann er schließlich, Jill auf neue Weise zu respektieren. Irgendwo tief in seinem Inneren erkannte er, dass die neue Situation eine Gelegenheit war, sich seinen eigenen Dämonen zu stellen und die inneren Ketten zu lockern, die seine Seele gefangen hielten. Indem Jill an ihrer Selbstbefreiung arbeitete, half sie auch Terry, sich zu befreien. Auch wenn die beiden noch einen langen Weg vor sich hatten, begannen sie schließlich doch, sich gegenseitig als reale menschliche Wesen zu sehen.

Selbst in den besten Beziehungen führen die unbewussten Einstellungen von zwei Menschen unweigerlich zu einer gegenseitigen Verwicklung, unter der beide leiden. Und doch ist dieses Leiden auch ein Ruf, sich von den falschen Identitäten zu lösen, in denen die Liebenden gefangen sind. Einige Paare erkennen diesen Ruf nicht oder weisen ihn gänzlich zurück und fügen sich dieser gegenseitigen Verhakung. Andere beenden die Beziehung einfach. Da sie nicht erkennen, dass ihr Gefängnis aus den eigenen konditionierten Verhaltensmustern besteht, betrachten sie ihren Partner als Gefängniswächter, der sie daran hindert, sich lebendig und frei zu fühlen.

Wenn ein Paar dem Ruf, aus der beidseitigen Trance zu erwachen, folgen kann, können die Partner zu mächtigen Verbündeten werden.

Jeder Schritt, den der eine tut, hilft auch dem Anderen. Wenn einer von ihnen nicht mehr bereit ist, eine alte Identität – wie das Opfer oder den Verfolger – auszuspielen, kann der andere die entsprechende Identität – als Täter oder Flüchtender – nicht mehr aufrechterhalten. Indem sie mehr Bewusstheit in diese konstruierten Identitäten bringen, helfen zwei Partner sich gegenseitig, sich von ihrem falschen Selbst zu lösen, so dass sie anfangen können, im gegenwärtigen Augenblick präsenter zu sein und sich als die Menschen, die sie sind, aufeinander zu beziehen.

Gespräch: Unbewusste Konstruktionen erkennen

Eine Möglichkeit, unbewusste Konstruktionen aufzudecken, die in Ihrer Beziehung am Werke sind, besteht darin, einen wiederkehrenden Konflikt oder ein Problem mit Ihrem augenblicklichen oder einem früheren Partner zu untersuchen. Wie sieht das Bild aus, das Sie vom anderen haben, und wie glauben Sie, trägt er oder sie zu dem Problem bei? Betrachten Sie dann das Bild, das Sie in dieser Situation von sich selbst haben und das mit Ihrer Sicht des anderen einhergeht. Wie sehen Sie sich selbst in diesem Konflikt? Damit haben Sie beide Seiten der Konstruktion, die hier am Wirken ist, vor sich: die Sicht vom anderen und das Selbstbild.

Als Nächstes fällt Ihnen vielleicht auf, wie diese beiden Bilder ineinandergreifen und zusammenpassen. An welche Konstellation aus Ihrer Vergangenheit erinnert Sie diese Konstruktion? Welches Gefühl kommt hoch, wenn Sie sich diese Konstruktion anschauen? Wie gehen Sie mit diesem Gefühl um? Was tun Sie damit? Akzeptieren Sie es? Oder vermeiden Sie es und versuchen, es loszuwerden? Können Sie diesem Gefühl Raum geben und sich spüren? Wie fühlt es sich an?

Wenn Sie sich für die Gefühle, die hochkommen, öffnen können, sobald Sie eine alte Identität ins Bewusstsein bringen, hilft Ihnen das, den Zugriff der alten Identität zu lockern, die sich ursprünglich als Reaktion auf genau diese Gefühle entwickelt hat.

Barry

Ich kämpfe ständig darum, dass meine Partnerin mich anerkennt. Irgendwie kann sie mich in diesem Punkt nie ganz zufrieden stellen, und ich fühle mich immer wieder von ihr abgelehnt.

Wie sehen Sie also das Andere in dieser Situation?

Ich sehe meine Partnerin als kritischen Menschen.

Und wie sehen Sie sich selbst in diesem Kampf?

Ich sehe mich als jemanden, der ihr Verständnis nicht verdient.

Kennen Sie das aus Ihrer Vergangenheit?

Es erinnert mich daran, dass meine Eltern mich nie unterstützt haben.

Und welche Gefühle gehen mit diesem Selbstbild einher?

Einsamkeit und Leere.

In der Selbst/Andere-Konstruktion, die dem hier geschilderten Konflikt zugrunde liegt, sehen Sie Ihre Partnerin als kritischen Menschen und sich selbst als jemanden, der kein Verständnis verdient. Und Sie kämpfen darum, dass Ihre Partnerin Sie anerkennt, damit Sie Ihren eigenen Wert spüren können. Sobald Ihnen das klar wird, kommen Gefühle von Einsamkeit und Leere hoch. Diese Gefühle begleiten Ihr Selbstbild als Mensch, der kein Verständnis verdient. Wie empfinden Sie diese Gefühle?

Als schmerzlich.

Wie gehen Sie damit um?

Ich versuche meine Partnerin zu bewegen, dafür zu sorgen, dass ich mich besser fühle, und wenn sie das nicht tut, ziehe ich mich in mein Schneckenhaus zurück. Da drinnen ist es viel sicherer, denn dort spüre ich den Schmerz nicht.

Sie wenden sich also von Ihrem Schmerz ab.

Sie haben erwähnt, dass Ihre Eltern Sie nicht unterstützten, also müssen sie auch über Ihre Gefühle hinweggegangen sein. Wahrscheinlich fühlten Sie sich abgelehnt und haben daraus den Schluss gezogen, dass Sie nichts anderes verdienen. Jetzt tragen Sie dieses Gefühl von Ablehnung mit sich herum. Und Sie versuchen, ihm entgegenzuwirken, indem Sie bei Ihrer Partnerin Anerkennung suchen. Wenn das nicht klappt, fühlen Sie sich alleine und leer. Aber da Sie Angst vor diesen Gefühlen haben, weisen Sie sie zurück. Und damit landen Sie wieder am Anfang – Sie fühlen sich abgelehnt. Genauso funktionieren diese unbewussten Konstruktionen: Unbewusst stellen Sie immer wieder die Ablehnung her, der Sie entkommen wollten.

Ich bin mir nicht sicher, ob ich durch Rückzug in mein Schneckenhaus die Ablehnung wieder herstelle, denn ich fühle mich da tatsächlich sicherer.

Wenn Sie sich von Ihrem Gefühl von Einsamkeit und Leere abwenden, gehen Sie über Ihre augenblickliche Erfahrung hinweg. Tatsächlich sagen Sie: „Ich möchte das nicht erleben." Und indem Sie sich von diesen Gefühlen abschneiden, stellen Sie innerlich wieder den gleichen Mangel an Verständnis her, den Sie ursprünglich bei Ihren Eltern erlebt haben. Damit bleiben Sie in der alten Identität stecken – Sie fühlen sich abgelehnt und wertlos. Der Weg, aus diesem Muster auszubrechen, besteht darin, sich die Einsamkeit und Leere spüren zu lassen, vor der Sie Ihr Leben lang weggelaufen sind. Wenn wir uns für unsere Erfahrung so, wie sie ist, öffnen können, löst sich unsere innere Anspannung. Das ist der erste Schritt, uns von einer alten Konstruktion, die uns ständig ein negatives Selbstgefühl gibt, zu befreien.

Ich kann meine Gefühle oft nicht akzeptieren, weil ich Angst habe, mich darin zu suhlen oder darin hängen zu bleiben.

Das haben Sie wahrscheinlich als Kind so erlebt – Sie sind da nicht rausgekommen, weil Sie nicht wussten, wie Sie mit diesen Gefühlen umgehen sollten. Sie haben Teile Ihrer Erfahrung ausgeklammert, um Ihr Gleichgewicht zu bewahren. Unglücklicherweise hat das ein Loch in Sie gerissen, das Sie heute mit der Anerkennung Ihrer Partnerin zu füllen versuchen.

Als Erwachsener können Sie jetzt erkennen, dass Sie viel mehr Hilfsquellen haben als in Ihrer Kindheit. Sie können entdecken, dass es möglich ist, das alte Gefühl der Leere zu spüren, ohne dass Sie dabei Schaden nehmen. Der einzige Weg, das zu erfahren, besteht darin, mit diesem Gefühl präsent zu bleiben und sich die beängstigenden Geschichten nicht abzukaufen, die Ihr Kopf vielleicht fabriziert.

Ich habe Angst, wenn ich meine Einsamkeit wirklich fühle, könnte ich auf die Person, die mich ablehnt, so ärgerlich werden, dass ich sie angreife.

Das ist eine der Angstgeschichten, die in einer solchen Situation hochkommt. Und wenn Sie daran glauben, liefert Sie Ihnen einen Grund, das Gefühl zu vermeiden. Wie wäre es, wenn Sie stattdessen das Gefühl der Einsamkeit einfach da sein lassen?

Es ist unangenehm, in diesem Gefühl festzuhängen. Deswegen schiebe ich es weg. Aber dann fordere ich Liebe von meiner Partnerin und manipuliere sie entsprechend, damit ich diesen Schmerz nicht spüren muss.

Ja. Und neu ist in diesem Augenblick, dass Sie sich all das eingestehen.

Es ist traurig, erkennen zu müssen, dass ich mir heute selbst antue, was mich als Kind so verletzt hat.

Können Sie sich für diese Traurigkeit öffnen?

Ja.

Und wie fühlt sich das an?

Ich spüre ein wenig Mitgefühl für mich.

Wenn Sie sich für Ihre Erfahrung öffnen, werden Sie innerlich weicher. Spüren Sie das?

Ja. Ich fühle mich präsenter.

Wenn Sie mit Ihrer Erfahrung unmittelbar in Kontakt sind, werden Wachheit, Mut und Mitgefühl ausgelöst und damit genau die Eigenschaften, die Sie am dringendsten brauchen, um Ihre alte Konstruktion mit ihrer doppelten Fixierung – auf sich als wertlosen Menschen und auf den anderen als kritische Person – aufzulösen. Und damit kommen Sie zurück zu dem, der Sie in diesem Augenblick sind. Wenn Sie hingegen darauf hinarbeiten, dass Ihre Partnerin Sie akzeptiert, verstärken Sie nur diese doppelte Fixierung und damit den alten Film.

Tony

Bei mir kam der Schmerz hoch, den ich immer dann empfinde, wenn meine Frau mir erzählt, dass ich etwas besser machen könne. Ich sehe mich dann als Prometheus, der an einen Fels gebunden ist, während ein Geier an seiner Leber frisst.

Sie sehen sich in dieser Situation als Opfer und Ihre Frau als Raubvogel. Und Sie fühlen sich bei dieser Sicht der Dinge gefesselt, hilflos, umzingelt.

Umzingelt, richtig – ich kann nur noch um mich schlagen.

Was tun Sie, wenn Sie sich umzingelt fühlen?

Ich denke, ich sollte abhauen oder etwas anderes machen.

Eine Geschichte kommt hoch: „Das sollte mir nicht passieren." Aber was tun Sie tatsächlich, wenn Sie sich umzingelt fühlen?

Ich schlage um mich.

So wehren Sie sich gegen das Gefühl, umzingelt zu sein. Aber wie ist es, dieses Gefühl selbst zu erleben?

Ich werde apathisch.

Das ist eine weitere Reaktion. Erstens bringen Sie Ihre Frustration zum Ausdruck, indem Sie um sich schlagen, und zweitens schneiden Sie sich von Ihrem Gefühl ab und stellen sich tot, stimmt's?

Richtig. Im Grunde stelle ich mich tot.

„Wenn ich mich tot stelle, muss ich nichts fühlen. Ich bleibe dann nicht an diesen Stein gebunden, wo dieser Geier an meiner Leber pickt." Richtig?

Ja.

Aber keine dieser Reaktionen hilft Ihnen richtig weiter. Stattdessen müssen wir uns genauer anschauen, was geschieht, wenn Sie sich festgebunden fühlen.

Ich mag das nicht. Ich möchte da raus. Ich fühle mich dann klein, schwach, machtlos. Das erinnert mich daran, wie verschreckt ich als Kind war. Mir blieb dann nichts anderes übrig, als mich frustriert zurückzuziehen.

Überhaupt nicht weiter zu wissen, war zweifellos so schmerzlich, dass Sie als Kind das Gefühl der Ohnmacht abgewehrt haben. Aber jeder Teil unserer Erfahrung, den wir zurückweisen, verfestigt sich mit der Zeit und wird zu einer unbewussten Identität. Was also einmal nur ein Gefühl war – das der Ohnmacht –, ist jetzt zu einem bedrohlichen Selbstbild geworden: Sie betrachten sich als jemanden, der wie gelähmt ist, vor allem, wenn Ihre Frau Sie kritisiert. Solange Sie sich unbewusst so sehen, wird das Gefühl der Ohnmacht Sie verfolgen.

Die andere Möglichkeit besteht darin, sich an den Rand dieses schwarzen Loches zu begeben – dieses bedrohlichen Gefühls, das Sie zurückgewiesen haben – und zu sehen, ob Sie dort präsent bleiben können.

Ich kann mir nicht vorstellen, wie das geht und was ich machen soll.

Sie müssen gar nichts machen.

Nun, ich kann mir schwer vorstellen, nichts zu machen.

Nicht zu reagieren, richtig. Anfangs ist es schwierig, sich Gefühlen zu stellen, auf die Sie Ihr Leben lang nur reagiert haben. Vielleicht hilft es zu erkennen, dass das die Gefühle des Kindes sind, und diesen kleinen Jungen zu sehen, der mit etwas kämpft, das so viel größer zu sein scheint als er. Wie würden Sie mit einem kleinen Kind umgehen, das so empfindet?

Ich kann mit ihm fühlen.

Mitgefühl kommt hoch. Gut. Das wird Ihnen helfen, mit diesem Gefühl der Ohnmacht in Kontakt zu bleiben.

Ja, ich kann jetzt besser damit sein.

Wenn Sie lernen, mit dem Gefühl der Ohnmacht in Kontakt zu bleiben, können Sie mit Hilfe Ihres Erwachsenenbewusstseins diese alte Identität ertragen, die sich mit der Zeit verfestigt hat und in der Sie sich als kleines, hilfloses Kind sehen. Statt sich weiter auf dieses Bild zu fixieren und sich damit zu identifizieren, beginnen Sie sich an bestimmte innere Hilfsquellen – wie Präsenz, Mitgefühl oder Mut – anzuschließen, die Ihnen helfen, sich vom Zugriff dieser Identität zu befreien.

4
Seelenarbeit und der heilige Kampf

Wir erfassen die Essenz eines anderen menschlichen Wesens mit der Seele, nicht mit dem Verstand und nicht einmal mit dem Herzen.

HENRY MILLER

Glaube nicht, das Ringen der Liebe sei anderen Kämpfen vergleichbar. Ihre Pfeile und Hiebe sind Gaben und Segnungen.

FRANCISCO DE OSSUNA

Für eine bewusste Beziehung sind zwei eng verwandte Qualitäten wesentlich. Zum einen eine Herzensverbindung – die reine, offene Präsenz von Wesen zu Wesen –, die wir am intensivsten erfahren, wenn wir lieben. Ein verlässlicher Hinweis auf eine Herzensverbindung ist das Gefühl von Wärme und nährender Fülle, das wir in Gegenwart des oder der anderen empfinden.

Eine Herzensverbindung ist eine universelle Form von Liebe, die wir mit jedem Menschen erleben können, für den wir uns offen fühlen, und das kann auch ein vorbeigehender Fremder sein. Sie ist nicht gleichzusetzen mit der speziellen Anziehung, die wir bestimmten Individuen gegenüber empfinden, zu denen wir einen tiefe, wortlose Resonanz spüren. Dies ist das Zeichen für eine weitere Qualität, die wir als Seelenverbindung bezeichnen könnten.

Seelenverbindung und Seele

Eine Seelenverbindung ist eine Resonanz zwischen zwei Menschen, die auf die individuelle Wesensschönheit hinter ihren Fassaden ansprechen und sich auf dieser tieferen Ebene verbinden. Diese Art des gegenseitigen Erkennens ist Katalysator für eine machtvolle Alchemie. Sie ist eine heilige Allianz, deren Zweck darin besteht, beiden Partnern zu helfen, ihr tiefstes Potential zu entdecken und zu verwirklichen. Während eine Herzensverbindung bewirkt, dass wir die Menschen, die wir lieben, so schätzen, wie sie sind, eröffnet uns eine Seelenverbindung eine weitere Dimension – wir sehen und lieben sie dafür, *wer sie sein könnten und wer wir unter ihrem Einfluss werden könnten*. Das heißt, wir erkennen, dass wir füreinander eine wichtige Rolle dabei spielen, zu dem Menschen zu werden, der wir sind.

Ein Mensch, der uns liebt, kann unser Seelenpotential oft deutlicher sehen als wir selbst. Und dieses Erkennen hat einen Beschleunigungseffekt; es lädt schlummernde, unterentwickelte Seiten in uns ein, zum Vorschein zu kommen, und ermutigt uns, diese zum Ausdruck zu bringen. Tatsächlich fühlen wir uns oft am stärksten zu den Menschen hingezogen, bei denen wir spüren, dass sie uns helfen können „am intensivsten zu leben – und zu sterben … Seelengeschwister erkennen sich gegenseitig“, wie die französische Autorin Suzanne Lilar ausführt.[25] Eine Seelenverbindung regt uns nicht nur an zu wachsen, sondern zwingt uns auch, uns mit alldem zu konfrontieren, was diesem Wachsen im Wege steht.

Seele, wie ich diesen Begriff hier verwende, soll nicht auf eine metaphysische Wesenheit hinweisen, die auf mysteriöse Weise den Körper bewohnt, sondern auf den einzigartigen, individuellen Weg, den unsere umfassendere Natur in uns, durch uns und *als* uns manifestiert.[26] *Seele* ist eine mögliche Bezeichnung für das Menschliche in uns – die lebendige Empfindsamkeit, die tief in uns strömt und die wir oft als fließendes und trotzdem deutliches Gefühl, *wir selbst zu sein*, empfinden, das wir Innerlichkeit, Klarheit oder Tiefe nennen könnten. Der Sufi-Dichter Rumi sagt über die Seele, sie sei „ein Freuen, wenn die Freundlichkeit zu uns kommt, ein Weinen über Verletzungen, ein wachsendes Bewusstsein".[27]

Immer wenn wir uns als feste Identität betrachten – „Ich bin ein glücklicher Mensch ... ein trauriger Mensch ... eine spirituell Suchende ... ein Überlebenstyp" –, erfahren wir uns indirekt, auf dem Umweg über ein Selbstverständnis. Das ist das falsche Selbst – ein geistiges Konstrukt oder Selbstbild, das auf früheren Erfahrungen beruht. Aber in Augenblicken, in denen wir mit der Seele in Berührung sind, erfahren wir uns selbst frisch und unmittelbar – als *dieses* Wesen, das in *diesem* Augenblick lebendig ist. Das ist unsere wahre Individualität, unsere besondere Art zu sein, die uns erlaubt, uns auch mit der Besonderheit eines anderen Menschen zu verbinden. Wenn unser Herz offen ist, können wir alle lieben; aber wenn unsere Seele beteiligt ist, lieben wir *diesen* einen Menschen auf eine Art und Weise, wie wir keinen anderen lieben. Wenn Liebende sich auf dieser Ebene begegnen, treten ihre alten Identitäten in den Hintergrund und sie werden als Ich und Du energetisch präsenter.

Während unsere Seele sich auf eine einzigartige persönliche Weise entfaltet und enthüllt, reichen ihre Wurzeln weit über das Persönliche hinaus. Wie ein Tropfen Wasser, dem die Tendenz innewohnt, seinen Weg zurück zum Ozean zu finden, dem er entsprang, birgt die Seele die Sehnsucht, nach Hause zurückzukehren und unser tieferes Wesen als reine, offene Präsenz zu erkennen. Doch die Seele hat auch ein Verlangen, unser umfassenderes Wesen *in dieser Welt* zu verkörpern und uns in *dieser menschlichen Form* zu erfahren. Somit ist die Seele ein Vermittlungsprinzip oder eine Brücke, die eine lebendige Vereinigung der beiden Seiten unserer Natur ermöglicht: des Individuellen und des Universellen, des verkörperten Reiches persönlicher Erfahrung und der formlosen Präsenz reinen Seins, reinen Geistes. Die Erfahrung der Seele birgt immer dieses doppelte Verlangen: die Bedeutung und Schönheit unseres individuellen Lebens zu fühlen und sich mit den umfassenderen, universellen Lebensströmen zu verbinden, die uns durchfließen. Rumi beschreibt dieses Fließen in zwei Richtungen mit den Worten: „Glaube nicht, dass nur der Tropfen zum Ozean wird. Auch der Ozean wird zum Tropfen." Wenn die Seele sich selbst beschreiben könnte, würde sie ohne Zweifel sprechen wie Yunus Emre, ein weiterer Sufi-Poet: „Ich bin der Tropfen, der das ganze Meer in sich birgt. Wie wunderbar, ein Ozean zu sein, der sich in einem Tropfen Unendlichkeit verbirgt."

Unsere größte Herausforderung als menschliche Wesen besteht darin, in diesen beiden Welten voll zu leben. Wir sind nicht nur dieser Körper/Geist-Organismus; wir sind auch Sein/Bewusstheit/Präsenz, viel umfassender als unsere einzigartige Form und Gestalt. Aber wir sind auch nicht nur dieses umfassendere, formlose Wesen; wir inkarnieren uns als dieses bestimmte Individuum. Wenn wir uns vollständig mit unserer Form identifizieren – unserer Körper/Geist/Persönlichkeit –, bleibt unser Leben beschränkt auf bekannte, vertraute Strukturen. Aber wenn wir nur als das Formlose zu leben versuchen, als reiner Geist, kann es uns sehr schwerfallen, in dieser Welt Wurzeln zu schlagen und uns auf das Leben wirklich einzulassen. Als Brücke zwischen diesen beiden Reichen macht die Seele sich spürbar durch ein inneres Drängen und innere Eingebungen, wie eine Kompassnadel, die uns den Weg weist, oder eine Wünschelrute, die uns zum Wasser führt. Wenn wir in unserer Ich-Trance versinken, ruft die Seele uns wach; und wenn wir versuchen, uns über dieses Leben zu erheben, ruft sie uns zurück auf die Erde.

In der indischen Tradition des Tantra gilt die Beziehung zwischen Geist und Seele, zwischen dem formlosen, absoluten Sein und der verkörperten, relativen Existenz, als das Spiel von Liebenden. Der indische Dichter Tagore beschreibt dieses Spiel mit den Worten:

Das Unendliche sucht die Nähe des Endlichen,
das Endliche sucht im Unendlichen zu verschwinden.
Ich weiß nicht, wessen Plan dies ist...
dass Begrenztes nach der Freiheit sucht –
die Freiheit um Aufnahme bittet im Begrenzten.[28]

Während unser absolutes Wesen als reines Sein oder offene Präsenz zeitlos und beständig ist – „Wie am Anfang so auch jetzt und immerdar" –, entwickelt sich unsere Seele und gewinnt an Tiefe, indem wir das Samenpotential – für Mut, Stärke, Großzügigkeit, Humor, Zärtlichkeit, Weisheit – pflegen und verkörpern, das dieses umfassendere Wesen in sich birgt.[29] Die Essenz der spirituellen Arbeit besteht darin, unser Wesen, unsere absolute Natur beständig zu erkennen und uns immer wieder daran zu orientieren. Das ist es, was zur letztendlichen Freiheit führt. Doch die spirituellen Erkenntnisse bleiben oft isoliert, getrennt vom Alltag, oder werden als Vorwand für ein unpersönliches und seelenloses Leben benutzt. Darum müssen wir, wenn wir unsere Erkenntnisse *leben* und sie in diese Welt tragen wollen, auch an dem *Gefäß* des Geistes arbeiten – unserer verkörperten Menschlichkeit. Seelenarbeit heißt, dieses Gefäß schmieden, also die Hüllen der konditionierten Identitäten aufbrechen, die unser Samenpotential umschließen, und auch den Boden unserer tieferen Menschlichkeit pflügen und bepflanzen, damit diese Samen aufgehen und Früchte tragen können.

Diese Kultivierung erfordert Geduld, Hingabe und Beharrlichkeit – deswegen beschrieb Rilke die Seelenarbeit der Beziehung als „Arbeit, schwere Arbeit, Gott weiß, es gibt kein anderes Wort dafür".[30] Sie verlangt, dass wir mit den Widersprüchlichkeiten unserer

Menschlichkeit arbeiten und dadurch die Fähigkeit entwickeln, diese Widersprüche zu umfassen. Wenn wir nur eine Seite unserer Natur erkennen – und unsere persönliche Erfahrung entweder abtun oder uns total damit identifizieren, kann unsere wahre Individualität sich nicht entfalten und wir sind auch nicht imstande, eine tiefer gehende Beziehung zu einem anderen Menschen aufzunehmen, die uns wandelt. Wenn die spirituelle Arbeit uns Freiheit bringt, schenkt die Seelenarbeit uns Integration. Beides ist für ein vollständiges menschliches Leben notwendig.

Je mehr wir unser tieferes Potential entwickeln und manifestieren, desto reicher ist unsere Seele – unsere Empfänglichkeit für unser eigenes Erleben, für andere Menschen und das Leben selbst. Und desto besser können wir als Kanal dienen, durch den sich das umfassendere Leben des Geistes ausdrückt. Die sich entwickelnde Seele ist wie ein Juwel, der immer reiner und strahlender wird, so dass er das Sonnenlicht immer stärker durchscheinen lässt.

Auch wenn jedem von uns potentiell ein ganzes Spektrum an reichen menschlichen Fähigkeiten zur Verfügung steht, hat jeder von uns zu bestimmten Eigenschaften besonderen Zugang und auch ein einzigartiges Geschick, diese zusammenfließen zu lassen und umzusetzen. Jede Seele hat ihren eigenen, individuellen, juwelähnlichen Charakter, ihr eigenes „So-Sein". Und jeder von uns hat seinen eigenen einzigartigen Pfad der Seelenarbeit zu gehen, der ihm zeigt, wie er sich entwickeln muss, um dieses tiefere Potential zu manifestieren. Zwei Liebende, die eine seelische Verbindung haben, erkennen, dass sie sich gegenseitig helfen können, auf diesem Pfad voranzugehen.

Als Kinder strahlten wir unser So-Sein auf eine simple, spontane Weise aus: Wir waren einfach, was wir waren. Aber in dem Maße, wie wir uns mit einem falschen Selbst identifizierten, haben wir uns von unserem umfassenderen Wesen abgetrennt, dem weitläufigen Palast der Mächte und Potentiale, der unser Geburtsrecht ist. Die Seele hört auf, sich zu entwickeln, und wir erleben die schmerzlichen Folgen dieses Verlustes: Einsamkeit, Entfremdung, Ohnmacht, Sinnlosigkeit und die Unfähigkeit, tief zu lieben. Unsere Seele ist es, die unter diesem Verlust leidet und die uns anspornt, uns auf die Suche nach unserem verlorenen Geburtsrecht zu begeben.

Unsere Seele erkennt auch, wer uns bei dieser Suche helfen kann. Aber selbst wenn wir potentielle Seelenpartner erkennen, kann uns etwas an ihnen störend erscheinen. Selbst wenn wir uns sofort wie magnetisch zu ihnen hingezogen fühlen, wühlen sie uns auch auf und rütteln uns durch. Wir spüren intuitiv, dass diese Person uns helfen könnte, ganz wesentliche, vergessene eigene Seiten zurückzugewinnen, aber damit bringt sie uns auch an unsere Grenze, wo wir unsere Heilung fürchten und ihr Widerstand leisten.

Würdige Gegner

Wir sollten also diese Art von Verbindung nicht romantisieren und glauben, dass sie uns nur Schönheit und Licht bringt. In vielerlei Weise ist es eher so, als hätten wir einen würdigen Gegner oder eine würdige Gegnerin gefunden. Wir sind einem ebenbürtigen Menschen begegnet, der uns nichts Falsches durchgehen lässt und auch nichts, was unser Wesen schmälert. Während die Herzensverbindung eines Paares beiden eine freundliche, nährende Wärme schenkt, birgt ihre Seelenverbindung ein intensiveres, wandelndes Feuer. Sie manifestiert sich oft in Form von Reibung, vor allem in den frühen Jahren einer Beziehung, wo die Partner sich gegenseitig in Frage stellen und damit in Wirklichkeit sagen: „Warum bist du da so festgefahren? Ich möchte, dass du dich öffnest und ganz lebendig bist … präsenter, flexibler, realer …“

Wenn zwei Partner sich in dieser Form konfrontieren, um sich zu beweisen, dass sie Recht haben, oder um sich durchzusetzen, führt das lediglich zu einem Machtkampf zwischen ihren Egos. Um über solche Willenskämpfe hinausgehen zu können, müssen sie das tiefere Wesen dieser Streitereien begreifen: Tatsächlich rütteln sie gegenseitig an den Stäben ihrer Seelenkäfige. Diese Reibung kann sie, wenn sie bewusst gehandhabt wird, aus dem Gefängnis ihrer alten Identitäten befreien, die den Lebensfluss in ihnen und ihrer Beziehung behindern.

Immer wenn wir uns von einer Seite in uns abgeschnitten haben, entsteht ein innerer Kampf, der unweigerlich zu äußeren Konflikten mit den Menschen führt, die wir lieben. Wenn ich mich gegen meine Zärtlichkeit sperre, fühlt sich meine Partnerin durch meine Identität als „starker Kerl" verletzt und kämpft dagegen an. Wenn ich meinen Ärger verleugne und mich passiv-aggressiv verhalte, kann sie in Wut geraten. Je festgefahrener ich in einer alten Identität bin, desto unzugänglicher bin ich. All die Strategien, die ich entwickelt habe, um mich von mir selbst abzuwenden, provozieren meine Partnerin, mich zu konfrontieren.

Zwei Wesen, die eine Seelenverbindung haben, möchten sich vollständig und uneingeschränkt miteinander austauschen und sich dabei so tief wie möglich begegnen. Wenn ich Seiten von mir ausgrenze, sage ich im Grunde zu meiner Partnerin: „Ich weigere mich, in diesem Bereich bewusst zu sein. Ich lehne es ab, das in unseren Austausch mit einzubringen. Bis hierher und nicht weiter." Dadurch entsteht bei ihr das Gefühl, dass unsere Verbindung nur bedingt ist; dass ich nicht ganz bei ihr sein kann; und dass sie immer auf der Hut vor Stoppschildern sein muss und riskiert, sich an meinem Stacheldrahtzaun zu verletzen. Wenn ihr unsere tiefere Verbindung wichtig genug ist, wird sie manchmal um diese kämpfen müssen, indem sie es mit dem Ego-Tyrannen in mir aufnimmt, der versucht zu kontrollieren, was mich berührt und was ich zwischen uns zulasse.

Der heilige Kampf

Wenn wir den Angriffen unserer Partnerin oder unseres Partners Widerstand leisten, weil sie den Status quo bedrohen, den unser Ego aufrechterhalten möchte, wird es ernst mit dem Seelenstreit zwischen uns. Wir können versuchen, uns zu wehren, indem wir unser Verhalten rational erklären oder die Beobachtungen des anderen abwerten. Das zwingt unseren Partner jedoch nur dazu, noch lauter zu werden, damit wir ihn hören. Und das wiederum führt dazu, dass wir uns noch tiefer in unseren Schützengraben verziehen. Solche Konflikte werden mit ziemlicher Sicherheit eskalieren und die Beziehung zerstören, wenn wir beide sie nicht als Chance für unsere Seelenarbeit betrachten.

Oft wehren wir uns gegen die Angriffe unserer Partnerin oder unseres Partners, weil sie drohen, unsere Maske zu sprengen und Seiten von uns bloßzulegen, die wir nur schwer an uns akzeptieren können. Aber ein Mensch, der hinter unsere Maske schaut, tut uns in Wirklichkeit einen Gefallen. Denn solange wir uns mit dieser Maske identifizieren – und glauben, sie zu *sein* –, bleiben wir uns selbst und unserem wahren Wesenskern entfremdet.

Es gibt eine Sufi-Geschichte, die von einem Löwen handelt, der bei der Geburt von seinen leiblichen Eltern getrennt wurde und in einer Schafherde aufwächst. Dieses Löwenjunge verhält sich wie ein Schaf, weil es glaubt, eines zu sein. Es lebt in einer ‚Schafstrance'.

Wir alle leiden in ähnlicher Form unter einer falschen Identität: Wir sind die Tiefe der Seele und maskieren uns als harmlose Ichs. Wir sind Löwen, die glauben, Schafe zu sein, und verstecken uns hinter einer Schafsfassade. Solange wir uns jedoch für Schafe halten, müssen wir leiden. Wie kann ein Löwe, der wie ein Schaf lebt, glücklich sein? Wir können in keinem Fall wahre Freude oder Erfüllung finden, wenn wir nicht sind, wer wir wirklich sind.

Ein Mensch, mit dem wir eine Seelenverbindung haben, sieht den Löwen in uns, der sich hinter der Schafsfassade verbirgt. Trotzdem fangen wir oft einen Streit an, wenn unser Geliebter oder unsere Geliebte unsere Fassade durchschaut. Da wir mit unserer Löwennatur nicht mehr in Kontakt sind, können wir von unserer Schafsidentität abhängig geworden sein. Wir befürchten, ohne sie unsere Fassung zu verlieren oder überhaupt niemand mehr zu sein. Ein Mann, zum Beispiel, der das Gefühl für seine grundlegende Güte verloren hat, kann sich damit arrangiert haben, ein „guter Junge" zu sein. Wenn seine Partnerin diese Fassade durchschaut, kann er zunächst in Panik geraten. Sein Schafstrick funktioniert nicht mehr, aber er weiß auch noch nicht, dass er ein Löwe ist.

Solche Augenblicke führen uns auf einen steilen Grat, zu Momenten des Übergangs, in denen eine alte Identität aufzubrechen beginnt, ohne dass sich bereits zeigt, was an ihre Stelle treten könnte. Wenn wir vor dieser Erfahrung voller Angst zurückschrecken, werden wir niemals den Löwen entdecken, der wir in Wirklichkeit sind. Nur wenn wir uns für diesen Grenzgang öffnen und uns unserer Angst vor dem Nichts stellen, können wir die Wahrheit entdecken: dass wir etwas viel Mächtigeres und Realeres sind als all unsere selbst geschaffenen Identitäten.

Wenn jemand, den wir lieben, unsere Fassade in Frage stellt und wir dies als Chance für unsere Seelenarbeit statt als Frage von Sieg oder Niederlage betrachten, schaffen wir einen neuen Kontext für diese Konflikte. *Sie werden zum heiligen Kampf.* Keith hatte sich anfangs zu Melissa hingezogen gefühlt, weil sie sich in allem so großzügig zeigte. Ihre Herzenswärme, ihr Lächeln, ihr verschwenderischer Umgang mit ihrer Zuneigung, ihre reiche Emotionalität und ihre Lockerheit im Umgang mit Geld – all das war Ausdruck dieser Großzügigkeit. Auch wenn Keith diese Züge an ihr liebte, stellte er fest, dass er sich davon bedroht fühlte, weil er erleben musste, dass sie ihm fehlten. Wo Melissa emotional offen war, fühlte Keith sich verschlossen – es war, als kreiste in seinen Adern nicht genug Blut und in seinen Lungen nicht genug Sauerstoff. Tatsache war, dass sein Körper keine heftigeren Emotionen halten und zum Ausdruck bringen konnte, weil Keith diese Kanäle als Kind verschlossen hatte, um von einer emotional aufdringlichen Mutter nicht überrollt zu werden.

Ihr typischer Konflikt sah so aus, dass Melissa sich über Keiths Nüchternheit und Enge beklagte, während er auf Abwehr ging, wütend wurde und versuchte, sie zu kontrollieren. Er versuchte, sie zu dämpfen und ihre Energie einzudämmen, sie fuhr dagegen fort, ihn aufzurütteln. Während sie sich mit ihren verschiedenen Strategien gegenseitig hochschaukelten, wurden ihre Kämpfe immer heftiger.

Als er die tiefere Quelle ihres Konfliktes erforschte, sah Keith schließlich, dass Melissa ihm durch ihre bloße Anwesenheit in seinem Leben zeigte, dass er sich ständig zusammenzog und eng machte. Melissa war für ihn eine wichtige Lehrerin. Allein dadurch, dass sie war, wie sie war, rüttelte sie an den Stäben seines Seelenkäfigs und lud ihn ein, ja drängte ihn, aus sich herauszukommen und lebendiger zu werden.

Ihr Streit barg aber auch für Melissa eine wichtige Lehre. Da sie in ihrer Ursprungsfamilie stark unterdrückt worden war, war sie zu der Überzeugung gelangt, dass jede Form von Selbstbeherrschung oder Distanziertheit einer Art Tod gleichkam. Ihre emotionale Ungezwungenheit kippte oft in Maßlosigkeit um. Wenn sie von ihren Gefühlen überwältigt wurde, gab sie ihnen eine übertriebene Bedeutung, und das führte oft dazu, dass beide verletzt und verwirrt aus den Streitereien hervorgingen. Melissa hatte in dieser Hinsicht etwas Wichtiges von Keith zu lernen – dass sie ihre Emotionen nicht immer ausagieren musste und ihre heftigen Gefühle als solche kein Beweis dafür waren, dass sie immer im Recht war. Indem Keith Melissa mit ihrer emotionalen Tyrannei konfrontierte, holte er sie auf den Boden zurück. Wenn sie lernte, ihre Gefühle zu überdenken, bevor sie übereilt danach handelte, konnte sie zu einer neuen inneren Klarheit gelangen.

Während Keith und Melissa allmählich sehen und schätzen lernten, dass sie sich gegenseitig etwas Wichtiges beibrachten, begannen sie ihre Konflikte in einem neuen Licht zu betrachten – als Teil eines kreativen und fruchtbaren „heiligen Krieges", statt als Streit, der sie lediglich voneinander entfernte. Und darum geht es bei einer Seelenverbindung – zwei Menschen tun sich zusammen, um sich bei wichtigen Schritten auf dem Weg zu ihrer Entfaltung zu unterstützen, anzuregen und zu provozieren.

Weicher werden und Tapferkeit beweisen

Das Leben wäre sicherlich leichter, wenn wir eine Partnerin oder einen Partner wählten, die oder der uns immer nur gefällig wäre oder uns nachgäbe. Aber weil unsere Seele sich von den alten, beengenden Identitäten befreien möchte, suchen wir uns stattdessen oft jemanden, der unsere wunden Punkte berührt, der an den Stäben unseres Seelenkäfigs rüttelt und uns in Kontakt mit den unangenehmen Gefühlen bringt, die wir vor langer Zeit zu verbannen versuchten. Wenn wir in einer Beziehung bewusster werden wollen, müssen wir uns eingestehen, dass etwas in uns wirklich in dieser Form aufgerüttelt werden möchte, selbst wenn unser Ich sich dagegen wehren mag.

Betrachten wir Beziehungen umfassender, können wir in diese Herausforderung hineinwachsen. Sie erinnert uns daran, dass es einem tieferen Zweck dient, wenn unsere Partnerin oder unser Partner anfängt, an unserem Käfig zu rütteln; dass er oder sie uns nämlich dabei helfen, reifer zu werden und uns zu entfalten. Wenn wir diese Reibung als Teil unserer Seelenarbeit betrachten, unseres Kampfes darum, echter und realer zu werden, nimmt sie eher heilige als zerstörerische Züge an. Sie kann zu einem kunstvollen Tanz werden wie Aikido, wo wir den Angriff des Gegners als Gelegenheit nutzen, zu fallen, zu rollen und vor allem aber zu lernen, uns fließender und entspannter zu bewegen. Der Kampf will Ihnen helfen, weicher zu werden – zu entdecken, dass Sie tiefer, reicher und beweglicher sind als sämtliche Ich-Identitäten, an denen Sie festhalten.

Aus dieser Sicht betrachtet ist Ihre Partnerin oder Ihr Partner kein Gegner, sondern jemand, der Ihre Entwicklung fördert. Im Aikido und in anderen östlichen Kampfsportarten verbeugen Sie sich immer vor Ihrem Gegner, um die Absicht Ihrer Seele zum Ausdruck zu bringen: „Ich achte und respektiere dich als würdigen Gegner und schätze die Gelegenheit, durch diesen Kampf mit dir zu lernen und zu wachsen." Es ist kein Zufall, dass wir für Liebe und Krieg oft die gleichen Metaphern verwenden wie zum Beispiel „verfolgen" und „sich ergeben".

Der Gott der Liebe, bewaffnet mit Pfeilen, die unsere harte äußere Schale durchdringen sollen, erschüttert unsere selbstzufriedene Fassade und bohrt sich vor bis zu unserem Kern.

Wenn wir in diesem Geiste an Beziehungskonflikte herangehen, werden sie zur Schulung für die Kriegerin oder den Krieger in uns, im heiligen statt im weltlichen Sinne dieses Begriffes. In *Das Buch vom meditativen Leben* definiert Chögyam Trungpa Krieger als einen, „der furchtlos ist".[31] Furchtlosigkeit beinhaltet die Bereitschaft, unsere Abwehrmechanismen und Verstecke aufzugeben, so dass wir uns dem Leben mehr öffnen können. Kriegerin oder Krieger in einer Beziehung sein heißt, unseren Schmerz und unsere Angst bereitwillig anzuschauen, statt diesen Gefühlen ständig aus dem Weg zu gehen.

Natürlich ist es schwierig, uns in dieser Form zu öffnen oder im Konflikt weicher zu werden, wenn wir nicht auch eine Herzensverbindung zum anderen haben und spüren, dass er uns grundsätzlich liebt und so akzeptiert, wie wir sind. Auf beiden Seiten müssen Vertrauen und guter Wille existieren. Wenn unsere Verbindung auf Vertrauen und Gutwilligkeit beruht, enthält alles, was unsere Partnerin oder unser Partner über uns zu sagen hat, eine Wahrheit, die uns zugutekommen kann. Natürlich können wir zunächst mit Abwehr reagieren: „Ich will das nicht hören." Vielleicht dauert es eine Weile, bevor wir die Wahrheit in dem, was der andere uns sagt, bestätigen, die Botschaft hereinlassen und zugeben können: „Nun, vielleicht hat sie nicht Unrecht."

Anfangs mag es keinen anderen Weg geben, unsere Abwehr fallen zu lassen, als den, unsere Tür immer nur einen kleinen Spalt zu öffnen, statt sie mit Gewalt sofort ganz aufzureißen. Vor allem aber ist es wichtig, dass wir in Augenblicken, in denen wir uns durch die Worte unserer Partnerin oder unseres Partners bedroht fühlen, freundlich mit uns selbst umgehen. Wenn wir uns Vorwürfe machen oder selbst attackieren, sobald unser Partner uns eine unangenehme Wahrheit über uns enthüllt, verschließen und verhärten wir uns nur noch mehr. Freundlich mit uns umgehen heißt, uns dann Unterstützung zu geben, wenn wir sie am meisten brauchen. Und diese innere Unterstützung macht uns Mut, so dass wir unsere Abwehr aufgeben und uns anhören können, was der oder die andere uns zu sagen hat.

So gehen weicher werden und Tapferkeit beweisen Hand in Hand. Mit der Weichheit des menschlichen Herzens arbeiten heißt, die Furchtlosigkeit entdecken. Dann ist unser Mut, mit Trungpas Worten, „wie eine chinesische Lackschale. Lässt man eine solche fallen, dann zerbricht sie nicht, sondern federt zurück."[32] Diese Kombination von Mut und Zärtlichkeit ist für eine bewusste Beziehung ganz wesentlich. Sie macht es uns möglich, uns die schwierigen Dinge anzuhören, die die Menschen, die wir lieben, uns zu sagen haben, und die Seelenlektionen zu lernen, die uns helfen, den Löwen, der wir sind, zu befreien.

5

Den Feind überwinden

Jemanden hassen heißt eine Seite an uns hassen,
die wir in diesem anderen Menschen sehen. Wir erregen
uns nicht über etwas, das nicht auch in uns wäre.

HERMANN HESSE

Vielleicht ist alles Erschreckende in seiner tiefsten
Essenz ein Hilfloses, das unserer Liebe bedarf.

RAINER MARIA RILKE

In ihrer Schilderung der Ehe von Frieda und D. h. Lawrence schrieb deren gemeinsame Freundin Mabel Dodge Luhan einmal: „Was in den ersten Tagen die leidenschaftliche Zugewandtheit der Liebe gewesen sein muss … ist zu Angriff und Verteidigung zwischen Feinden geworden.“ Diese Erfahrung machen viele Paare. Auch wenn meine

Partnerin im einen Augenblick der mir liebste Mensch auf der Welt ist, kann ich sie im nächsten Moment als Attila, den Hunnen, erleben, der mich heftig attackiert. Obwohl unsere Verbindung mit den Menschen, die wir lieben, etwas Heiliges hat, können wir auf sie reagieren, als würden sie unser Leben bedrohen.

Der innere Feind

Diese Reaktion setzt oft dann ein, wenn eine Beziehung Gefühle hochbringt – vielleicht intensive Leidenschaft, Angst, Ärger oder Verletzlichkeit –, die wir nie dulden gelernt haben. Wir alle tun uns mit bestimmten Gefühlen und Erfahrungen besonders schwer. Und wenn wir in einer Familie oder Gesellschaft heranwachsen, die uns nicht beibringt, uns auf das gesamte Spektrum unseres Erlebens zu beziehen und es zu akzeptieren, sondern die bestimmte Gefühle als unwillkommen oder tabu betrachtet, schafft das zusätzliche Schwierigkeiten: Wir nehmen an, dass mit uns etwas nicht stimmt, wenn diese „unerlaubten" Gefühle hochkommen. Dann sind diese Gefühle für uns gleichbedeutend damit, ein schlechter Mensch oder nichts wert zu sein. Und darin bestärkt uns unser „innerer Kritiker", der uns häufig beschimpft, weil wir (den Maßstäben anderer Menschen) nicht genügen. Da es schmerzlich ist, dieses „schlechte Selbst" anzuschauen, wenden wir uns ihm selten direkt zu; es agiert als unbewusste Identität.[33] Mit einer anderen Person intim werden heißt, als der Mensch gesehen zu werden, der wir sind, was unweigerlich die Gefühle hochbringt, die wir versucht haben zu vermeiden oder zu unterdrücken. Wenn wir insgeheim glauben, schlecht zu sein, weil wir solche Gefühle haben, reagieren wir voller Abwehr, sobald unser „schlechtes Selbst" sich in irgendeiner Weise zeigt. Indem wir auf unsere Partnerin oder unseren Partner reagieren, als seien sie eine Bedrohung, verlagern wir jedoch diesen im Wesentlichen inneren Kampf nach außen. Wir behandeln einen Aspekt unseres eigenen Erlebens – den wir als schlecht oder unakzeptabel betrachten – als Feind, gegen den wir uns verteidigen müssen.

Das Gegenmittel für diese innere Spaltung und Kriegsführung, bei der wir ständig nach Feinden Ausschau halten, liegt darin, die Logik der Selbstablehnung umzukehren. Das bedeutet, uns dem zu öffnen, was wir in uns weggesperrt haben, und zu lernen, unsere Erfahrung so, wie sie ist, *anzuerkennen*, *zuzulassen* und uns mit ihr *direkter zu verbinden*.

Angst, zum Beispiel, ist ein Gefühl, das beginnt nachzulassen und sich aufzulösen, wenn wir es uns eingestehen und ihm Raum geben. Aber wenn wir uns gegen unsere Angst verschließen, wird sie komplexer und kann beträchtliche Ausmaße annehmen, weil wir dann darüber hinaus auch noch innerlich gespalten und voller Kampf und Anspannung sind. Immer wenn wir versuchen, schmerzliche oder unangenehme Gefühle wegzuschieben, leisten sie Widerstand und prallen mit noch größerer Wucht auf uns ein. Sie können uns wie eine feindliche Macht vorkommen, die uns angreift oder schwächt.

Der bloße Akt der Zurückweisung eines Gefühls *macht* dieses zum *Anderen*, *macht* es bedrohlich und macht es zum Feind. Da wir nie gelernt haben, uns auf unser Erleben freundlich zu beziehen, leben wir schließlich in einem selbst errichteten bewaffneten Lager. Und wir agieren diese innere Kriegsführung ständig in unseren Beziehungen mit anderen Menschen aus.

Tom war ein Mann, mit dem ich gearbeitet habe und dessen Beziehungen unter seiner tief sitzenden Überzeugung litten, Gefühlen von Verletzlichkeit um jeden Preis aus dem Weg gehen zu müssen. Als Einzelkind mit Eltern aufgewachsen, die ihn beide übermäßig kontrollierten, hatte er eine starke Abneigung gegen Gefühle von Hilflosigkeit entwickelt, die ihn in seinen Augen zum Versager machten.

Da Tom solche Gefühle als feindlich betrachtete, versuchte er sich vor ihnen zu schützen, indem er vorgab, dass er immer alles im Griff hatte und ein Gewinner war. Diese bewusste Identität betrachtete er als sein wahres „Selbst". In allem, was dieses Bild bedrohte, sah er das Andere oder den Feind.

Gefühle von Hilflosigkeit gehören jedoch zu unserem Menschsein. Wir wurden hilflos geboren und werden wahrscheinlich auch hilflos sterben. Und in Beziehungen werden wir uns manchmal zwangsläufig hilflos fühlen, weil wir die Menschen, die wir lieben, nicht kontrollieren können – sie sind, wie sie sind, und berühren uns damit. Wenn wir uns vor solchen Gefühlen schützen müssen, sind wir ständig auf der Hut, und das hindert uns daran, offene, vertrauensvolle Beziehungen mit anderen Menschen einzugehen. Wenn wir uns in unserem Leben eine tiefe, bereichernde Beziehung wünschen, müssen wir uns mit dem gesamten Spektrum unseres Erlebens anfreunden, mit all seinen Schrecken und Freuden.

Tom musste also lernen, Gefühle von Verletzlichkeit zu dulden und mehr und mehr zu akzeptieren. Aber das war so lange unmöglich, wie er sie als Zeichen dafür betrachtete, dass mit ihm grundsätzlich etwas nicht stimmte.

Das schlechte Selbst/das schlechte Andere

Wir alle möchten, dass unsere Partnerin oder unser Partner im Spiegel unserer intimen Beziehung unsere wirkliche Schönheit und unseren wirklichen Wert sieht. Die meisten von uns erkennen ihre grundlegende Güte jedoch selbst nicht oder schätzen sie nicht. Stattdessen sehen wir uns in einem falschen Licht und arbeiten darauf hin, dass andere diese Fassade bestätigen oder bewundern, weil wir glauben, wir würden uns dann gut mit uns fühlen. Aber selbst wenn wir diese Anerkennung bekommen, befriedigt sie uns nicht wirklich, weil sie nicht das ist, was wir uns in unserem Innersten wünschen.[34] Was wir wirklich kennen lernen müssen, ist die Güte, die jenseits sämtlicher bedingter Vorstellungen, die wir oder andere von gut oder schlecht haben mögen, liegt und die unseren Wesenskern ausmacht.

Toms Bemühungen zu beweisen, dass er ein Gewinner war, blieben fruchtlos, da das „gute Selbst“, das er aufzubauen versuchte, nur ein Gedankenkonstrukt war, mit dessen Hilfe er die ebenso illusorische Vorstellung überwinden wollte, dass er ein schlechter Mensch war, weil er sich manchmal hilflos fühlte. Wie konnte er jemals ein für alle Mal beweisen, dass er ein Gewinner war, solange er heimlich fürchtete, ein Versager zu sein? Beide Identitäten – die des Gewinners und die des Verlierers, des guten Selbst und des schlechten Selbst – waren Teil seiner Trance. Sie waren Phantasien in seinem Kopf, die ihn daran hinderten, seinen eigenen Wert grundsätzlicher und bedingungsloser zu erfahren.

Solange Susan Toms Fassade vom guten Selbst bestehen ließ, war er freundlich und entspannt. Aber immer wenn bei ihm Gefühle von Hilflosigkeit hochkamen, die drohten, das schlechte Selbst, den Verlierer, bloßzustellen, wendete er sich gegen seine Partnerin. Susan ihrerseits konnte überhaupt nicht verstehen, warum er plötzlich, ohne jeden offensichtlichen Grund, kalt und kritisch wurde. Sie erkannte nicht, dass er sich in solchen Zeiten von seinem eigenen inneren Erleben abschnitt und sich damit unweigerlich auch von ihr entfernte. Toms Ärger auf Susan war ein äußeres Ausspielen seiner inneren Aggression, da er seine verletzlichen Gefühle wie einen verhassten Feind behandelte.

Indem er sich scharf kritisierte, wenn er sich hilflos fühlte, tat Tom sich selbst an, was er von anderen am meisten befürchtete. Und indem er seine Aggression gegen sich richtete, bewahrte und verstärkte er ein Bild von sich als jemand, der ständig angegriffen wird. Die meisten von uns gehen ähnlich vor, um ihr negatives Selbstbild zu bestätigen und am Leben zu erhalten. So kann es zum Beispiel sein, dass wir unsere Bedürfnisse verleugnen, weil wir glauben, sie würden niemals befriedigt werden. Auf diese Weise aber bleibt unser inneres Mangelgefühl bestehen, unsere Bedürfnisse werden immer maßloser und hartnäckiger, und das wiederum verstärkt das unterschwellige Bild, ein bedürftiger Mensch zu sein.

Da wir nicht sehen, wie wir diesen Schmerz selbst erzeugen, glauben wir, andere Menschen seien schuld an unserem Leiden. So ging Tom ständig davon aus, dass andere – seine Partnerin, seine Arbeit oder die Welt an sich – darauf aus waren, ihn zu kontrollieren. Dieser Mechanismus der Projektion – außerhalb von uns nach der Quelle unserer schlechten Gefühle Ausschau halten, uns auf das Verhalten unseres Partners konzentrieren, um uns von unserem inneren Erleben abzulenken – ist die am meisten verbreitete Abwehrstrategie in Beziehungen. Und sie stellt eine enorme Barriere dagegen dar, einen anderen Menschen wirklich zu sehen, zu hören oder zu verstehen.

Wenn ein negatives Selbstbild in uns aktiviert wird, projizieren wir das schlechte Andere oft auf unseren Partner und nehmen eine Position von Flucht oder Angriff, Verteidigung oder Rückzug ein. Das schlechte Andere ist ein verallgemeinertes Bild von dem, was wir, ausgehend von alten Schmerzen aus der Vergangenheit, an anderen Menschen am bedrohlichsten finden. Wenn Tom also begann, sich hilflos zu fühlen, sah er in Susan seine Unterdrückerin, jemanden, der versuchte, ihn wie seine Eltern zu manipulieren, so dass er das Gefühl bekam, ein schlechter Mensch zu sein.

Erst als Susan schließlich drohte, ihn zu verlassen, begann Tom sich sein Verhalten anzuschauen. Mit meiner Hilfe konnte er allmählich begreifen, wie er sich einen Feind in seinem Leben schuf und wie dies mit seiner Abneigung zusammenhing, sich hilflos zu fühlen. Als er lernte, sich dieses Gefühl zu erlauben, statt sich dafür zu hassen, stellte er fest, dass es gar nicht so schrecklich war, wie er immer geglaubt hatte.Das führte zu einer wichtigen Entdeckung: Diese Hilflosigkeit war nur ein Gefühl. *Sie sagte nichts darüber aus, wer er war* – vor allem nicht, dass er ein Versager war. Solange er keine Identität aus diesem Gefühl ableitete oder entsprechende Schlussfolgerungen daraus zog – wie „Es ist unmännlich, solche Gefühle zu haben“ oder: „Ich könnte an die Wand gedrückt werden“ –, war es durchaus erträglich. Zusammengefasst könnte man sagen, dass Tom erkannte: Wenn ich mich meine Erfahrungen machen lasse, löst sich die Anspannung im Bereich meines Herzens tatsächlich.

Ich werde präsenter in meinem Körper, in meiner Beziehung und in meinem Leben; und damit fühle ich mich eigentlich gut. Auf diese Weise entdeckte Tom, wie es war, „seinen Platz“ zu finden und zu einem Gefühl von Gelassenheit und Zuversicht zu gelangen, das sich einstellte, wenn er mit seiner Erfahrung in Kontakt war. Er beschrieb diesen Zustand mit dem Bild eines Berges, der unerschütterlich bleibt, selbst wenn heftige Stürme ihn umtoben. Je häufiger er sich so in sich ruhend erlebte, desto weniger hatte sein negatives Selbstbild ihn im Griff und das machte ihn frei, in seiner Beziehung und in seinem Leben überhaupt offener zu sein. Das gab ihm ein völlig neues Gefühl von innerer Macht. Er war auf dem Weg, sich von dem Bedürfnis zu befreien, sich einen Feind im Leben zu schaffen.

Die Verantwortung für unser Erleben übernehmen

Immer wenn wir mit einem bedrohlichen oder unerträglichen Gefühl konfrontiert sind, haben wir die Wahl. Wir können es als Teil unseres augenblicklichen Erlebens betrachten und lernen, uns darauf zu beziehen, oder wir können uns dagegen wehren und Ausschau nach einem Menschen halten, dem wir Vorwürfe machen. Wenn wir unsere Partnerin oder unseren Partner beschuldigen – „Warum bereitest *du* mir solche Gefühle? –, sagen wir in Wirklichkeit: „Ich hasse das, was ich gerade fühle. Das ist alles nicht richtig und du bist daran schuld." Dann versuchen wir vielleicht, aus unserer Partnerin oder unserem Partner einen anderen Menschen zu machen, um nicht mit diesen Gefühlen konfrontiert zu werden.

Bei einem Paar, mit dem ich gearbeitet habe, war die Frau ständig unzufrieden mit ihrem Leben; aber statt die Verantwortung dafür zu übernehmen, kritisierte sie verärgert ihren Partner, dass er nicht für sie da sei. Als ich sie fragte, was sie empfinden würde, wenn er ihr mehr Zuwendung gäbe, sagte sie: „Freude". Ihr Partner wiederum warf ihr vor, dass sie ihn ständig kritisierte. Als ich ihn fragte, was er fühlen würde, wenn sie ihn mehr akzeptierte, antwortete er: „Frieden und Selbstsicherheit." In Wirklichkeit sagte die Frau: „Ich kann nur dann Freude empfinden, wenn er mehr für mich da ist", während der Mann sagte: „Ich kann nur in Frieden mit mir sein, wenn sie mich akzeptiert." Die Folge war, dass sie in einem Teufelskreis gefangen blieben:

Sie griff ihn an, wenn er sich zurückzog, und sah in seinem Verhalten die Ursache für ihr Unglück; er zog sich zurück, wenn sie ihn angriff, und sah in ihr den Grund für seinen Kummer.

Nichts konnte sich verändern, solange nicht beide bereit waren, die Verantwortung für ihr eigenes Erleben zu übernehmen: sie für ihre ständige Unzufriedenheit und er für seine Unsicherheit. Als sie bereit war, die Quelle für ihre Freude in sich zu suchen, musste sie ihn nicht mehr angreifen, dass er sie nicht glücklich mache; und als er bereit war, die Quelle für Frieden und Selbstsicherheit in sich zu entdecken, musste er sich nicht mehr distanzieren, weil er sie nicht mehr dafür verantwortlich machte, dass sie ihm diese Gefühle vorenthielt.

Wenn wir unsere Partnerin oder unseren Partner als Quelle für unser Glück oder Unglück betrachten, geben wir die Verantwortung für unser eigenes Erleben ab. Verantwortlich sein bedeutet, „imstande sein zu antworten". Für unser Erleben verantwortlich werden heißt *lernen, darauf so, wie es ist, zu antworten.* Der erste Schritt auf diesem Weg besteht darin, dass uns am Herzen liegt, was wir erleben, und wir es erforschen, statt es zu verurteilen oder wegzuschieben. Wenn wir in dieser Form auf unsere Erfahrungen eingehen, fangen wir an, uns liebende Güte entgegenzubringen und mehr Selbstbewusstsein zu entwickeln.

Bewusstheit und liebende Güte entwickeln

Liebende Güte ist ein Begriff, der in der buddhistischen Tradition oft verwendet wird, um eine innere Haltung von bedingungsloser Freundlichkeit, Mildtätigkeit und Wohlwollen zu bezeichnen.[35] Er entspricht dem christlichen Begriff der *Caritas*, der auf das lateinische Wort *caritas* zurückgeht und die Wurzel für das englische *caring* (sich kümmern) bildet. Wenn wir in dem berühmten Brief des Heiligen Paulus an die Korinther für diese Form der christlichen *Liebe liebende Güte* einsetzen, können wir sehen, wie wichtig diese Eigenschaft ist:

Wenn ich mit den Zungen der Menschen und Engel rede, aber die liebende Güte nicht habe, bin ich ein tönendes Erz oder eine klingende Schelle. Und wenn ich Prophetengabe besitze und alle Geheimnisse weiß und jegliche Erkenntnis habe und wenn ich allen Glauben habe, so dass ich Berge versetze, aber die liebende Güte nicht habe, bin ich ein Nichts. Liebende Güte ist langmütig ...; sie eifert nicht...; sie rechnet das Böse nicht an ...; freut sich aber mit der Wahrheit; ... Liebende Güte höret niemals auf. Ob es Prophetengaben sind, sie werden zu Ende gehen; ob Zungenreden, sie werden aufhören, ob Erkenntnis, sie wird zu Ende gehen. Stückwerk ist unser Erkennen, und Stückwerk ist unser Prophezeien. Wenn aber die Vollendung kommt, wird das Stückwerk zu Ende sein.

Liebende Güte birgt innere Vollkommenheit, wie Paulus ausführt, denn sie ist Ausdruck unserer wahren Natur. Ohne sie ist kein wirkliches Glück möglich.

Liebende Güte beginnt bei uns. Sie äußert sich darin, dass wir liebevoll mit uns umgehen, wenn wir schwere Zeiten haben. Wenn wir diese Form des Mitgefühls erst einmal für uns selbst entwickeln, sind wir auch eher bereit, sie anderen entgegenzubringen. So wirken wir der Tendenz entgegen, andere als potentielle Feinde zu betrachten.

Wenn wir also das Bedürfnis überwinden wollen, uns Feinde zu machen – sowohl im Inneren als auch im Äußeren –, müssen wir anfangen, unserem eigenen Erleben mit bedingungsloser Freundlichkeit zu begegnen. Die meisten von uns haben von Kind an versucht, sich dem Diktat äußerer Ansprüche zu fügen. Da wir gelernt haben, uns auf Kosten unseres eigenen unmittelbaren Selbstgefühls mit den Augen von anderen zu sehen, ist uns die Fähigkeit verloren gegangen, in uns zu ruhen und darauf zu vertrauen, dass wir einfach der Mensch sein können, der wir sind. Das Gegenmittel für unsere Selbstentfremdung besteht darin, dass wir lernen, uns selbst bedingungslos zu akzeptieren.

Uns selbst bedingungslos akzeptieren heißt nicht, unseren Gefühlen oder Impulsen zu unangemessenem Verhalten unüberlegt nachzugeben. Es geht auch nicht darum, dass wir uns mit Bestätigung überschütten oder alles an uns mögen. Wenn wir uns aus einem bestimmten Grund mögen – weil wir ein bestimmtes Verhalten an uns schätzen oder einem bestimmten Maßstab genügen –, akzeptieren wir uns in Wirklichkeit nur bedingt. Bedingungslose Selbstakzeptanz sieht völlig anders aus; sie bedeutet, dass *wir zulassen, was wir erleben, ganz gleich, was es ist.*

Liebende Güte und größere Bewusstheit sind die grundlegendsten Elemente für bedingungslose Selbstakzeptanz sowie für jedes wirkliche Wachsen und Heilen. Wie können wir diese Eigenschaften entwickeln? Durch die Bereitschaft, unser Erleben zu erforschen, einzugestehen, zuzulassen und uns voll dafür zu öffnen.

Zuerst müssen wir willens sein zu erforschen, was in uns vorgeht, statt automatisch davon auszugehen, dass wir wissen, was unser inneres Erleben bedeutet, und entsprechend zu reagieren. Oft glauben wir zu wissen, was wir erleben – „Ich bin einfach wütend, das ist alles" oder: „Das ist einfach eine alte Geschichte aus der Kindheit" –, ohne zu verstehen, was wirklich vor sich geht. Wenn wir gründlicher darüber nachdenken, entdecken wir, dass jede Erfahrung mehr beinhaltet, als wir auf den ersten Blick wissen können. Wir müssen also bereit sein, uns zu fragen: „Was geht hier vor?", und mit einer Haltung geistiger Offenheit wirklich hinschauen, statt davon auszugehen, dass wir bereits wissen, was in uns vorgeht.

Zweitens können wir uns *eingestehen*, was geschieht: „Ja, genau das erlebe ich im Augenblick. Ich fühle mich bedroht … verletzt … ärgerlich … voller Abwehr." Eingestehen heißt, das, was vor sich geht, sowohl erkennen und benennen als auch in unsere Wahrnehmung einbeziehen. Wir sollten niemals unterschätzen, welche Macht im bloßen Eingestehen unseres Erlebens liegt. Wenn wir anerkennen, was geschieht, statt automatisch darauf zu reagieren, gehen wir von einer passiven zu einer aktiven Haltung über und allein das macht uns freier.

Drittens können wir lernen, unsere Erfahrung einfach so, wie sie ist, *zuzulassen*. Uns zu erlauben, was wir innerlich erleben, bedeutet nicht, in Gefühlen zu schwelgen oder sie auszuagieren. Vielmehr geht es darum, dass wir uns selbst den Raum geben, unsere Erfahrung zu machen – unsere Gefühle freundlich wahrzunehmen und weicher für sie zu werden, statt uns gegen sie zu verhärten oder sie zu verurteilen. Das fällt uns oft sehr schwer, weil wir uns im Unterbewusstsein mit unseren Gefühle identifizieren („Dieser Ärger bin ich") oder sie zurückweisen („Dieser Ärger hat mit mir nichts zu tun"). Wir brauchen also wahrscheinlich etwas Zeit und Konzentration, um uns unserem Erleben in dieser Form zuzuwenden.

Wenn ein Gefühl besonders intensiv ist, hilft es oft, tief zu atmen und ihm all den Raum zu geben, den es einnehmen will. Das befreit uns von dem inneren Druck, der sich einstellt, wenn wir unseren Gefühlen Widerstand leisten oder uns ihnen verschließen. Wenn unser Erleben zu bedrohlich ist, um ihm Raum zu geben, ist das meistens ein Hinweis darauf, dass irgendeine *Geschichte* – ein Urteil oder eine Überzeugung im Hintergrund – in uns aktiviert wurde.[36] Die Geschichten, die uns am meisten behindern, äußern sich oft in Sätzen wie: „Wenn ich das fühle, wird etwas Schlimmes geschehen" oder: „Dieses Gefühl bedeutet, dass etwas an mir oder an meinem Leben… oder an dem Anderen … nicht stimmt." Wenn wir uns diese Geschichten eingestehen und sie benennen, hilft uns das, sie loszulassen und mit unserer Aufmerksamkeit zu unserem körperlich empfundenen inneren Erleben zurückzukommen.

Viertens können wir uns für das, was wir erleben, mehr öffnen – was uns auch präsenter macht. Statt unsere Gefühle zu verurteilen, zu rechtfertigen oder zu manipulieren, können wir einfach *offen und präsent* für sie bleiben. Hier geht es weniger darum, was wir fühlen, als um den Prozess, uns dafür zu *öffnen*.

Gefühle als solche machen uns nicht unbedingt weiser, wohl aber der Prozess, uns ihnen zu öffnen. Wenn sich unsere Wahrnehmung von dem Gefühl selbst – als Auslöser von Wohlbehagen oder Schmerz – zu unserer Offenheit für dieses Gefühl verlagert, begeben wir uns vom persönlichen Erleben in den weitläufigeren Raum des Seins. Nur in dieser umfassenderen Präsenz können wir die Hilfsquellen finden, die wir brauchen, um mit unserer Situation umzugehen. Und wenn wir mit einem Gefühl offen in Kontakt sind, statt es als gut oder schlecht zu verurteilen, beginnt sich der innere Krieg – zwischen dem Selbst und dem Anderen, zwischen „mir" und „meinem Erleben" – zu legen. Dann können wir bewusster agieren und deutlicher wahrnehmen, was tatsächlich vor sich geht und was zu tun ist.

Ein so simpler Vorgang wie zulassen, was wir erleben, hat oft einen verblüffenden und unmittelbaren Einfluss auf unser Verhalten in der anstehenden Situation. Als zum Beispiel mein Stiefsohn zum ersten Mal im Sommer aus dem College nach Hause kam, stellte ich fest, dass ich angespannt und verschlossen war. Ich hatte es genossen, meine Frau ganz für mich zu haben, und wollte das nicht aufgeben. Zunächst verurteilte ich mich für meine Eifersucht, aber dadurch wurde ich nur noch angespannter. Es ging also eindeutig etwas in mir vor, was meine Aufmerksamkeit erforderte.

Als ich mir meine Reaktion näher anschaute, entdeckte ich eine Angst, die ich vermieden hatte, indem ich mich verschloss. Sowie ich mir diese Angst eingestand und erlaubte, konnte ich sehen, dass eine alte, aufgebauschte Geschichte aus meiner Vergangenheit meine Wahrnehmung verzerrte: Ich befürchtete, dass meine Bedürfnisse nicht erfüllt und ich abgeschoben werden würde. Solange ich versuchte, meine Angst wegzuschieben, blieb ich angespannt, weil ich damit im Grunde mein eigenes Erleben negierte. Doch sobald ich es aufgab, mit der Angst zu kämpfen, und sie als das sehen konnte, was sie war, begann ich mich zu entspannen und gewann wieder Boden unter den Füßen.

Mit uns selbst Freundschaft schließen heißt erforschen, eingestehen, zulassen, verstehen, was wir erleben, uns ihm öffnen und dann unseren Platz finden, wo wir mehr mit uns eins sind. Diese Form von bedingungsloser Freundlichkeit, geboren aus der Vereinigung von Bewusstheit und liebender Güte, ist das, was wir uns von unseren Eltern am meisten gewünscht haben; was wir bei Lehrern, Therapeuten, Freundinnen und Geliebten suchen; und was wir letzten Endes von uns selbst brauchen. Wenn wir anfangen, uns unserem Erleben in dieser Form zuzuwenden, stellen wir meistens fest, dass auch unsere Partnerin oder unser Partner bewusster auf uns eingeht und sich uns stärker verbunden fühlt.

Über den Feind hinaus

Wenn wir unser Bedürfnis, uns Feinde zu machen, überwinden, gewinnen wir Zugang zu einer tieferen Quelle von Energie und Macht in unserem Leben. Die Tibeter haben ein Wort für diese größere Kraft – *Drala* –, was wörtlich bedeutet „über dem Feind". Chögyam Trungpa beschreibt Drala als „das Magische", als „ungeschaffene Weisheit und Macht des kosmischen Spiegels, die in uns Menschen und in der Wahrnehmungswelt widerscheinen."[37] Wir können die Macht, die den Dingen in ihrem So-Sein innewohnt – den Glanz des Feuers, die Festigkeit der Erde, die Weite der Freude, die Zärtlichkeit des Kummers –, nur wahrnehmen, wenn wir unseren Kampf mit uns und dem, was in uns vorgeht, aufgeben.

Wenn ich auf das schaue, was meine Partnerin „mir antut", bin ich nicht mehr in Berührung mit dem Drala der Liebe, dem Zauber der Liebe. Ich bin damit beschäftigt, Kampflinien zu ziehen und mich gegen das schlechte Andere zu verteidigen. Aber wenn ich die Verantwortung für mein Erleben übernehme, werde ich präsenter, weil ich mich mit mir selbst verbinde – was uns einander nur näher bringen kann. Das ist eine generelle Richtlinie für Beziehungen: Wenn wir den anderen als Ursache oder Lösung für unsere Schwierigkeiten betrachten, verschließen wir uns und werden angespannt; aber wenn wir die Ursache oder Lösung in uns sehen können und uns auf *das* beziehen, fangen wir an, uns zu öffnen, weiter und gelassener zu werden.

Wir erleben in intimen Beziehungen und in unserer heutigen Welt so wenig Frieden, weil wir den Kampf zwischen dem Selbst und dem Anderen, der in uns tobt, ständig nach außen verlagern. Ähnlich wie die Geisteshaltung, aus der heraus Raketensysteme gebaut und Milliarden für die Bewaffnung ausgegeben werden, zur Verarmung unserer Welt führt, verarmt unsere Seele, wenn wir in einer Beziehung den größten Teil unserer Kraft für die Abwehr verwenden.

Bewusste Beziehungen sind ein Weg, Frieden zu schließen und uns innerlich zu versöhnen. Um mit einem anderen menschlichen Wesen in Frieden zu leben, müssen wir aufhören, unser Erleben abzuwehren, und mit allem Frieden schließen, was wir in uns zum Anderen gemacht haben.

Gespräch: Verantwortung für unser Erleben übernehmen

Wenn wir in einer Beziehung etwas Bedrohliches oder Unangenehmes erleben, neigen wir dazu, unsere Partnerin oder unseren Partner dafür verantwortlich zu machen. Aber selbst wenn der andere unsere wunden Punkte berührt, sind es *unsere* wunden Punkte. Das zu begreifen ist außerordentlich wichtig, damit wir uns selbst besser verstehen und auch mit unserer Partnerin oder unserem Partner besser kommunizieren können.

Ein Weg, wie wir anfangen können, mehr Verantwortung für unser Erleben zu übernehmen, ist, unsere Reaktionen und Klagen als Spiegel zu betrachten, der uns zeigt, was in uns geschieht, und uns hilft, damit umzugehen. Der erste Schritt besteht darin, dass Sie sich einmal vor Augen führen, was Sie an Ihrer Partnerin oder Ihrem Partner immer wieder stört – ein Verhalten Ihnen gegenüber oder ein Wesenszug, auf den Sie immer wieder mit Vorwürfen reagieren. (Wenn Sie augenblicklich keine Beziehung haben, erinnern Sie sich an eine frühere Partnerschaft.) Wie sehen oder interpretieren Sie, was der andere tut? Und was stört Sie daran so sehr? Benutzen Sie Ihr Gegenüber als Spiegel. Fragen Sie sich: „Gibt es eine Seite in mir, die ähnlich ist?“ Oder: „Könnte es sein, dass ich mich genauso verhalte oder mich selbst so behandle?“ Wie ist es, wenn Sie sich das eingestehen? Wie gehen Sie gewöhnlich mit diesem Wesenszug von sich um? Und wie könnte stattdessen damit umgegangen werden?

Janet

Am meisten stört mich der Egoismus meines Mannes. Er kommt mir oft so unpersönlich, so sachlich und distanziert vor, dass ich nicht weiß, ob ihm wirklich etwas an mir liegt. Und offensichtlich ist er durch nichts zu verändern.

Ich möchte Ihnen folgende Frage stellen, aber antworten Sie nicht zu schnell: Könnte es sein, dass Sie in irgendeiner Form distanziert oder egoistisch sind?

Als ich mich fragte, was ist an mir egoistisch?, spürte ich eine Übelkeit in mir hochsteigen.

Was löst diesen Zustand bei Ihnen aus?

Nun, ich habe das immer auf Männer abgewälzt, nach dem Motto: „Das ist deren Problem."

Wie ist es, das bei sich zu erkennen?

Ziemlich heftig.

Was ist daran so heftig?

Nun, mir wird klar, dass ich mir auf eine bestimmte Weise nicht viel gebe. An der Oberfläche gebe ich viel, aber auf einer tieferen Ebene wahrscheinlich nicht. Ich kann spüren, wie sich etwas in mir versteckt und sich nicht geben möchte.

Sie müssen sich nicht zwingen zu geben. Das ist, als wollten Sie Ihren Mann bewegen, mehr zu geben. Wenn Sie sich anderen verweigern, haben Sie wahrscheinlich gute Gründe dafür. Sobald Sie anfangen, das zu erforschen – sich anschauen, was da vor sich geht, freundlich damit umgehen –, tut sich ein neuer Pfad für Sie auf, ein Weg nach vorn.

Wären Sie bereit, einfach einmal mit dieser Seite von sich zu sein und nachzuschauen, wie sie sich anfühlt – vielleicht ähnlich wie wenn Sie mit einem Kind zusammen sind, das schüchtern ist und sich verstecken möchte? Nachdem Sie zuerst freundlich mit ihm Kontakt aufgenommen haben, könnten Sie es fragen: „Was ist los? Warum fällt es dir so schwer zu geben?"

Was ich spüre, ist, dass diese Seite in mir unsicher ist. Sie braucht Aufmerksamkeit und Zuwendung. Sie muss wissen, dass sie nicht allein gelassen wird.

Sie braucht Aufmerksamkeit und Zuwendung. Geben Sie ihr diese Aufmerksamkeit in diesem Augenblick, wo wir miteinander reden?

Ja.

Wie fühlt sich das an?

Es fühlt sich gut an.

Schauen Sie einmal, wie Sie jetzt, wo Sie sich selbst diese Zuwendung geben, den Egoismus Ihres Mannes empfinden.

Irgendwie ist das nicht mehr so ein großes Ding.

Sie empfinden weniger Druck, ihn ändern zu müssen?

Ja. Das ist mir vorher auch schon aufgefallen: Wenn ich mir diese Aufmerksamkeit schenke, finde ich, was ich mir von meinem Partner wünsche.

Genau das ist der Punkt.

Das ist wie ein Gesetz, nicht wahr?

Ja, so funktioniert das oft.

Wenn ich mir selbst etwas gebe, werde ich auch offener dafür, anzunehmen, was er mir zu geben hat.

Sie sind offener.

Je mehr ich mir also die Aufmerksamkeit schenke, die ich verdiene und die mir so gefehlt hat, desto mehr verändert sich die Beziehung und ich bekomme mehr von dem, was ich mir von meinem Partner wünsche. Das ist eigenartig und wunderschön.

Ja. Wenn wir von etwas in uns abgeschnitten sind, möchten wir es umso dringender von unserem Partner haben. Oft ist diese Dringlichkeit emotional so stark besetzt, als ginge es um Leben oder Tod. Und wenn wir uns damit an andere wenden, vertreiben wir sie.

Aber wenn Sie sich selbst geben, was Sie brauchen, nimmt das Ihrem Partner etwas von dem Druck und er kann auf Sie zugehen. Die Spiegelung passiert auch von innen nach außen: Je mehr Sie für sich selbst da sind, desto mehr ist wahrscheinlich auch Ihr Partner für Sie da. Andere Menschen behandeln uns meistens genauso, wie wir uns selbst behandeln.

Dan

Was mich am meisten stört, ist die Angewohnheit meiner Partnerin, zu verleugnen, was wirklich los ist, und es zu rationalisieren. Sie erzählt mir oft nicht die wahren Gründe für das, was sie tut.

Sie erzählt Ihnen die eigenen Beweggründe nicht aufrichtig und direkt. Was stört Sie daran am meisten?

Ich fühle mich nicht respektiert. Wenn sie mir wirklich vertrauen und mich respektieren würde, müsste sie ihre Motive nicht verbergen. Für mich ist Respekt der Klebstoff, der eine Beziehung zusammenhält.

Sie fühlen sich also von Ihrer Partnerin nicht respektiert. Gibt es das in Ihnen auch, dass Sie keinen Respekt empfinden?

Sie meinen so etwas wie Selbstrespekt?

Ja. Mit anderen Worten, warum ist Respekt so ein wichtiges Thema für Sie? Jeder von uns hat seine wunden Punkte, die unser Partner berührt. Mangelnder Respekt scheint einer Ihrer wunden Punkte zu sein.

Sie sagen, dass Ihre Partnerin Ihnen nicht erzählt, was wirklich in ihr vorgeht, und empfinden das als respektlos. Aber jemand anderes könnte das völlig anders sehen. Er könnte sagen: „Vielleicht fällt es ihr schwer, selbst mit sich in Kontakt zu kommen oder herauszufinden, was für sie stimmt." Sie aber schließen aus dem Verhalten Ihrer Partnerin, dass sie Sie nicht respektiert. Das ist ein Hinweis darauf, dass in diesem Bereich etwas für Sie passiert. Was könnte das sein?

Ich möchte respektiert werden.

Warum ist das so wichtig für Sie?

Ich bin mit einem Bruder aufgewachsen, der elf Jahre älter war als ich. Ich fühlte mich in unserer Familie also immer als der Jüngste, der nie beschützt wurde, und entwickelte überhaupt kein Selbstvertrauen. Ich nehme an, ich sage der Welt noch immer: „He, respektiert mich."

Richtig. Danke dafür, dass Sie das mitgeteilt haben, das erfordert Mut. Dieses Selbstbild als Mensch, der keinen Respekt verdient, ist eine konditionierte Überzeugung, ein Seelenkäfig, der Sie gefangen hält. Statt sich so sehr darum zu bemühen, dass Ihre Partnerin Sie respektiert, könnten Sie erkennen, dass es zu Ihrem Lebensweg gehört, sich aus diesem ganz speziellen Seelenkäfig zu befreien. Solange Sie in diesem Käfig stecken, interpretieren Sie alles in Ihrer Beziehung auf dem Hintergrund des Themas Respekt. Ich vermute, wenn Sie ständig diesen Blickwinkel einnehmen, hat Ihre Frau das Gefühl, von Ihnen nicht richtig gesehen zu werden. Und wenn Sie das Gefühl hat, dass Sie sie nur nach Ihren Maßstäben beurteilen, fällt es ihr wahrscheinlich schwer, aus sich herauszugehen.

Sobald ich nachfrage, um herauszubekommen, was wirklich los ist, sagt sie: „Ich fühle mich von dir bedrängt." Ich nehme an, sie spürt, dass ich ihr mein Thema aufbürden will.

Genau. Wie fühlt es sich an, einzugestehen und zu spüren, dass etwas in Ihnen Respekt braucht?

Das fühlt sich gut an. Ein wenig unsicher, aber gut.

Weil Sie nach innen gehen und mit sich in Kontakt kommen, statt außen nach einer Lösung zu suchen. Wenn Sie diese Schwierigkeit als Spiegel benutzen, fangen Sie an zu sehen, was in Ihnen Aufmerksamkeit und Heilung braucht. Und damit kann sich eine neue Richtung oder eine neuer Pfad für Sie auftun.

Christinc

Ich wünsche mir immer wieder mehr Leidenschaft und Stärke von Peter, meinem Partner. Ich möchte, dass er entschlossener auftritt und sich mehr einlässt. Ich möchte seinen Ärger spüren und dass er mir Grenzen setzt. Er soll mich herausfordern. Ich fühle mich wie eine hungrige Wölfin – ich muss wirklich wissen: „Bist du hier mit mir in diesem Augenblick?"

Sie möchten, dass er leidenschaftlicher auf Sie zugeht, geht es darum?

Ja.

Könnte es sein, dass Sie in irgendeiner Weise nicht leidenschaftlich und engagiert mit sich sind?

Nein (lacht) … Nun, vielleicht.

Möchten Sie etwas dazu sagen?

Am meisten fällt mir das auf, wenn etwas starke Gefühle in mir weckt. Statt mir meine heftigen Überzeugungen zu lassen, neige ich dazu zu denken: „Warte mal eine Sekunde, das solltest du wirklich nicht sagen. Das steht dir nicht zu." Ich habe das Gefühl, ich habe kein Recht zu sagen: „Das und das ist meine Überzeugung" und wirklich direkt zu sein. Ich schwäche meine spontanen Reaktionen ab.

Ist das nicht genau das, was Sie an Peter nicht leiden können?

Ja. Jedes Mal, wenn er vor einer Konfrontation zurückschreckt oder ewig braucht, um eine Frage zu beantworten, mir nicht in die Augen schaut oder mit seinen Händen herumspielt, während ich mit ihm rede – wenn ich diese Vermeidungsstrategien sehe, könnte ich verrückt werden.

Sie erkennen also, dass Sie sich selbst in ähnlicher Form beschneiden.

Ja.

Wie ist es, sich einzugestehen, dass das Ihr Thema ist?

(Lange Pause) Ich fühle mich irgendwie traurig, als hätte ich etwas verloren … ein Gefühl, unvollständig zu sein, irgendwo tief innen betrogen worden zu sein … Das ist wie ganz ruhig zu spüren, dass ich von meiner Seele getrennt bin.

Ich konnte fühlen, wie Sie gerade in diesem Augenblick mit etwas ganz Essentiellem und Lebendigem in Berührung waren. Es war ganz greifbar. Genau in dem Augenblick, in dem Sie sich eingestehen, dass Sie von Ihrer Seele getrennt sind, beginnen Sie einen Weg zu finden. Indem Sie die Verantwortung für Ihr Erleben übernehmen, fangen Sie tatsächlich an, sich wieder mit Ihrer Seele zu verbinden – was Sie sich am meisten wünschen –, statt zu versuchen, diese Intensität von Ihrem Partner zu bekommen, und dabei nur frustriert werden.

Genau. Das ist ein mühseliger Kampf.

Als Sie diese verletzliche Stelle in sich berührten, sind Sie weicher geworden. Konnten Sie das spüren?

Ja, aber das ist etwas Merkwürdiges. Ich bin in Kontakt damit, wenn ich allein bin, und bin dann auch mit mir in Berührung. Aber das ist ein so empfindsamer Zustand. Es braucht nicht viel, damit ich den Kontakt zu diesen zarten, seelenvollen Räumen in mir verliere oder auch zu dieser Kraft, die ich mich bemühe zu schätzen. Und wenn ich mit Peter zusammen bin und er sich nicht stark genug einbringt, fühle ich mich bei meinen Anstrengungen nicht unterstützt.

Haben Sie ihm jemals gezeigt, wie Sie kämpfen müssen, um sich auf dieser tiefen Ebene mit sich zu verbinden?

Ja … Nun, ich glaube jedenfalls. Ich bin mir nicht sicher.

Wären Sie bereit, das hier und jetzt zu tun? Ihn wissen zu lassen, wie das für Sie ist?

(Zu Peter) In jeder Sekunde meines Lebens besteht die Möglichkeit, dass ich den Kontakt mit meiner Seele verliere. Das fühlt sich für mich an wie eine Frage auf Leben und Tod. Mit mir selbst in Berührung zu bleiben, ist für mich wichtiger als alles andere, aber ein Teil von mir scheint das überhaupt nicht zu schätzen. Ich kämpfe ständig damit. Und wenn ich nicht damit kämpfe, scheine ich einfach einzuschlafen. Und es fällt mir wirklich schwer zuzugeben, dass ein Teil von mir einfach einschlafen möchte.

Wie fühlt es sich an, ihm das mitzuteilen?

Ich fühle mich sehr offen und sehr gesehen.

(Zu Peter). Ich habe das Gefühl, dass du wirklich etwas Wesentliches von mir zu sehen bekommst. Und es ist toll, dass du hier in diesem Augenblick sitzt. Ich spüre, dass du wirklich bei mir bist.

Wissen Sie, warum er so präsent mit Ihnen ist? Den meisten Menschen würde es leichtfallen, hier in diesem Augenblick wirklich bei Ihnen zu sein – weil Sie so präsent mit sich sind.

Es stimmt, Sie müssen sich wirklich anstrengen, um mit Ihrer Seele in Verbindung zu bleiben. Aber in Ihrer Beziehung übernehmen Sie meistens den Part derjenigen, die diese Verbundenheit bereits erlebt, die leidenschaftlich ist und sagt: „Lass uns zusammenkommen, lass uns wachsen, lass uns lebendiger werden." Sie halten sich für die Leidenschaftliche und betrachten Peter als „Aussteiger". Er spiegelt Ihnen aber lediglich Ihre eigene Tendenz wider, auszusteigen, und diese Seite verleugnen Sie meistens an sich, um sie dann an ihm zu bekämpfen.

Peter: Es fühlt sich für mich so viel besser an, wenn sie das zugeben kann. Meistens fühle ich mich angeklagt, weil ich nicht mit meiner Seele in Kontakt bin. Und das verhindert, dass wir uns wirklich begegnen.

(Zu Peter) Sie fühlen sich ihr also stärker verbunden, wenn sie das eingesteht. Und Sie fühlen sich nicht mehr beschuldigt oder weggeschoben.

Peter: *Ja. Es ist eine Erleichterung, denn jetzt sind wir beide am gleichen Punkt und setzen uns mit dem gleichen Thema auseinander, statt dass sie die Expertin ist und ich der Dummkopf.*

(Zu Christine): Wenn Sie die Verantwortung für Ihr Erleben übernehmen und Peter an Ihrem Kampf teilnehmen lassen, öffnet sich etwas zwischen Ihnen und Sie kommen sich näher. Dann kann Ihr Partner Ihnen in diesem Kampf zur Seite stehen und Sie bemühen sich gemeinsam: „Das ist unser Thema – es fällt uns beiden schwer, präsent zu bleiben und real zu sein."

Genau das möchte ich. Aber wenn ich von mir selbst abgeschnitten bin, ist es unglaublich schmerzlich, den Teil von mir zu spüren, der nicht präsent sein will, der aussteigen möchte. Es ist schwer zuzugeben, dass das in mir ist oder Peter oder andere Menschen das sehen zu lassen. Ich schäme mich sehr dafür.

Haben Sie sich gerade eben auch geschämt, als Sie sich damit gezeigt haben?

Nicht so sehr. Ein wenig, aber das stand nicht im Vordergrund.

Ich habe eher Ihren Mut gespürt als Ihre Scham.

Wenn wir uns von unserem inneren Erleben abwenden, projizieren wir es oft auf andere und betrachten sie als Feind, was jedoch den Energiefluss in einer Beziehung blockiert. Wenden wir uns aber dem zu, was in uns vorgeht, werden wir insgesamt offener. Der Trick besteht darin, unsere Kritik am anderen als Spiegel zu benutzen, der uns hilft zu sehen, was wir an uns nicht wahrhaben wollen.

Christine habe ich einfach gefragt: „Gibt es in Ihnen einen ähnlichen Zug wie den, den Sie an Peter ablehnen?“ Daraufhin forschte sie in sich nach und sagte: „Ja, ich *habe* eine bestimmte Art, mich von meiner eigenen Seele abzuwenden.“ In dem Moment, als sie das zugab, begann sie ihre Seele zurückzugewinnen. Das war ein Augenblick von *Drala*, von gewöhnlicher Magie. Es war unmöglich, sich mit ihr in diesem Moment nicht verbunden zu fühlen.

Peter fällt es vielleicht auch schwer, mit sich in Kontakt zu bleiben, aber wenn Christine *ihre* Unzufriedenheit auch auf ihn projiziert, hat er mit einer doppelten Last zu kämpfen. Und dadurch wird es ihm viel schwerer, sich mit ihr zu verbinden. Aber sowie sie zugab, dass sie selbst auch nicht ganz präsent war, fühlte Peter die Last ihrer Projektion von sich genommen. Er wurde sofort präsenter und ließ sich auf sie ein, und genau das möchte sie eigentlich.

Ich will damit nicht negieren, dass unser Wunsch, unsere Partnerin oder unser Partner möge sich anders verhalten, manchmal nicht auch berechtigt sein kann. Dieser Wunsch ist so lange in Ordnung, wie unser Versuch, den anderen zu ändern, kein Ersatz für das Bemühen ist, an uns selbst zu arbeiten.

Roger

Die meisten wirklich schlimmen Auseinandersetzungen mit meiner Frau beginnen damit, dass wir uns über Zeiteinteilung streiten. Ich bin ein sehr organisierter Mensch. Ich bin gern pünktlich oder früh da, aber für sie ist das nicht so wichtig. Wenn wir in die Ferien fahren, werde ich schon eine Woche vorher nervös, wenn ich mir vorstelle, was sie alles noch in letzter Minute wird erledigen müssen – lange nachdem wir meiner Meinung nach bereits unterwegs sein sollten. Wir sind manchmal spät zu Partys aufgebrochen und haben uns darüber so heftig gestritten, dass wir umkehren und wieder nach Hause gehen mussten. Selbst wenn ich nur darüber rede, bin ich gereizt.

Ich kann aber nicht sehen, wo ich ihr in dieser Hinsicht ähnlich sein soll. Ich kann mir nicht vorstellen, dass ich mich zurücklehne und ruhig zuschaue, wie andere sich Sorgen darüber machen, zu spät zu kommen.

Wie sehen oder interpretieren Sie das Verhalten Ihrer Frau?

Ich denke, dass es ihr egal ist, was ich erledigen muss.

Sie haben den Eindruck, dass sie keine Rücksicht auf Sie und Ihre Bedürfnisse nimmt?

Richtig.

Die Frage ist also, ob Sie in irgendeiner Form über Ihre Bedürfnisse hinweggehen.

Vielleicht. Ich gehe nicht auf mein Bedürfnis ein, mich zu entspannen … oder mich von Terminen nicht hetzen zu lassen.

Ja. Wie ist es, sich dieses Bedürfnis einzugestehen?

Das fällt mir ziemlich schwer, denn ich halte diese Bedürfnis für verantwortungslos.

Das ist *Ihr* Urteil. Natürlich muss es Ihnen schwerfallen, Ihr Bedürfnis nach Entspannung wahrzunehmen, wenn Sie es als verantwortungslos verurteilen. Und wenn Ihre Frau sich Ihrer Terminplanung nicht unterwirft, haben Sie für sie das gleiche Urteil parat.

Nun, ich weiß, dass ich mehr ausruhen müsste. Das Problem ist, es auch zu tun.

Wie fühlt es sich an, sich das Bedürfnis nach Entspannung einzugestehen?

Das fühlt sich gut an.

Wie fühlt dieses „gut" sich an?

Ruhiger und gelassener.

Sobald Sie sich dieses Bedürfnis nur eingestehen, beginnen Sie also schon, sich ruhiger und entspannter zu fühlen.

Wenn Sie unter Zeitdruck stehen, sind Sie angespannt, weil Sie über Ihre eigenen Gefühle oder Bedürfnisse hinweggehen. Aber meistens ist Ihnen nicht bewusst, dass Sie sich selbst unter Druck setzen. Stattdessen konzentrieren Sie sich auf die vermeintliche Rücksichtslosigkeit Ihrer Frau. Und dann werden Sie noch angespannter. Sie bekommen also gleich zweimal eins auf den Deckel – es sieht so aus, als ob weder innerlich noch äußerlich auf Sie Rücksicht genommen wird. Kein Wunder, dass Sie schon beim Reden über dieses Thema angespannt werden.

Die Verantwortung für Ihr eigenes Erleben übernehmen heißt nicht, dass Ihre Frau den Machtkampf gewinnt oder dass Sie Ihr Bemühen um Pünktlichkeit aufgeben müssten. Aber wenn Sie anfangen, auf Ihr eigenes Bedürfnis nach Entspannung Rücksicht zu nehmen, wird Ihnen das ganze Thema nicht mehr so viel Stress machen. Sollte es dann immer noch nötig sein, Ihre Frau darauf hinzuweisen, dass sie die Tendenz hat, zu spät zu kommen, kann sie Ihnen wahrscheinlich besser zuhören, weil Sie ihr nicht Ihre eigene innere Anspannung aufbürden.

Ja, das leuchtet mir ein. Danke.

Barbara

Jedes Mal, wenn mein Mann und ich über etwas diskutieren, geht er total logisch an die Sache heran, und das macht mich sauer. Ich weiß nicht genau, warum mich das so sehr stört, aber manchmal ist es mir unerträglich.

Es ist mir nicht klar, inwiefern diese Situation ein Spiegel für mich ist, denn ich kann nicht sehen, dass auch ich diese übertrieben logische Seite hätte.

Was glauben Sie, was er Ihnen antut oder vorenthält, wenn er logisch vorgeht?

Er erkennt mich nicht an.

Was heißt das?

Dass ich Probleme anders angehe und auf meinem Weg zu einer ebenso gültigen Lösung gelangen kann.

Sie denken, er erkennt Ihre Intelligenz nicht an. Gibt es eine Seite in Ihnen, die Ihnen die Anerkennung dafür verwehrt?

O ja, und die ist ganz schön stark.

Sie selbst schätzen also Ihre Intelligenz nicht, aber wenn Ihr Mann die Dinge äußerst logisch angeht, denken Sie nur immer, dass *er* Ihre Intelligenz nicht achtet. Und dann bekommen Sie gleich zweifach eins auf den Deckel: Sie fühlen sich sowohl innerlich als auch äußerlich unter Druck – wie Roger, wenn er sich abhetzt. Kein Wunder, dass Sie das unerträglich finden.

Stimmt, das kann ich sehen.

Wie ist es, sich einzugestehen, dass Sie Ihre eigene Intelligenz nicht schätzen, diese Anerkennung aber brauchen?

Beängstigend. Ich fühle mich ganz schön wackelig damit.

Können Sie diese Angst zulassen? Und ihr ganz viel Raum geben?

Ich wollte immer, dass meine Eltern erkennen, was für ein kluges Kind ich bin, und sagen: „Alle Achtung, du bist aber wirklich schlau!" Ich war das älteste von vier Kindern und kümmerte mich um meine Geschwister, aber um mich hat sich niemand geschert.

Sie wollten sich anerkannt und geschätzt fühlen. Können Sie sich dieses Bedürfnis eingestehen?

Das fühlt sich besser an – als ob ich jetzt in Bewegung gerate, statt festzuklemmen. Es fühlt sich weicher an.

Können Sie Ihre Intelligenz in diesem Augenblick anerkennen?

Ja. Ich fühle, wie ich in mir ruhe.

Wie empfinden Sie in diesem Zustand die logische Art Ihres Mannes?

Nicht mehr so bedrohlich. So denkt er eben, und das ist in Ordnung. So ist er einfach.

Richtig. Das ist nicht so bedrohlich, weil Sie sich selbst anerkennen. Wie könnte seine Intelligenz eine Bedrohung für Sie sein, wenn Sie Ihre eigene Intelligenz anerkennen und schätzen? Wie sollte das möglich sein?

Nein, das geht nicht. Das geht überhaupt nicht.

Seine Intelligenz bedroht Sie nur dann, wenn Sie Ihre eigene Intelligenz nicht schätzen. Und genau das geschieht in all den Situationen, die wir uns hier anschauen. Die mangelnde Anerkennung unseres Partners ist besonders bedrohlich, wenn sie uns spiegelt, in welchen Bereichen wir uns selbst ablehnen. Das Verhalten unseres Partners uns gegenüber wird vor allem dann unerträglich, wenn es uns darauf stößt, wie schlecht wir mit uns selbst umgehen.

Meistens nehmen wir sehr viel bewusster wahr, wie unser Partner uns behandelt, als wie wir uns selbst behandeln. Die Spiegelübung dreht diesen Vorgang um und hilft uns zu sehen, wie wir uns durch unser eigenes Denken genau das schaffen, worauf wir „da draußen" reagieren.

Ein anderer Mensch könnte das logische Denken Ihres Mannes als hilfreich empfinden, aber Sie fühlen sich dadurch abgewertet. Ihre Reaktionen auf ihn spiegeln Ihnen Ihre eigenen wunden Punkte wider. Sonst würden Sie das einfach als seine Sache sehen: „Gut, da ist er also wieder übertrieben logisch. Ich habe Mitgefühl mit ihm und hoffe, er wird lernen, dass das nicht die einzige Form des Seins ist." Es würde Sie nicht weiter aufregen, *weil es über Sie nichts aussagen würde.*

Wenn wir Beziehungen als Spiegel betrachten, kann alles, was uns aufregt, uns nützliche Informationen liefern. Es wird zur roten Fahne, die uns darauf hinweist, dass etwas in uns unsere Zuwendung, Heilung oder Liebe braucht. Wenn das Verhalten unseres Partners uns trifft, könnten wir sagen: „Oh, da hat er mich gekriegt. Mal sehen, was es ist", statt auf ihn loszugehen. Das bedeutet „die Verantwortung für unser Erleben übernehmen".

Lawrence

Ich reagiere äußerst empfindlich auf die Missbilligung meiner Partnerin. Wenn sie etwas Kritisches sagt, werde ich ärgerlich auf sie und fühle mich schlecht. Ich habe den Eindruck, dass sie mich ständig kritisiert, und ich weiß nicht, wie ich damit anders umgehen soll.

Und welches eigene innere Verhalten spiegelt Ihnen das wider?

Ich bin offensichtlich süchtig danach, mich herunterzumachen. Ich habe versucht, Mitgefühl für mich und das Verhalten aufzubringen, das ich an mir nicht mag, aber das scheint nicht zu klappen. Es ist, als müsste ich mich selbst bestrafen.

Denken Sie in irgendeiner Form, dass Sie nicht gut genug sind?

Ja.

Wie ist es, sich einzugestehen, dass Sie von sich glauben, Sie seien nicht gut genug?

Das trifft mich und macht mich sehr traurig.

Können Sie sich diese Traurigkeit spüren lassen?

Ja. Dadurch wird der Wunsch in mir ausgelöst, mir Zuneigung und Respekt entgegenzubringen.

Möchten Sie das?

O ja, auf jeden Fall. Aber die Tatsache, dass es überhaupt so weit gekommen ist mit mir, beunruhigt mich.

Können Sie in diesem Augenblick spüren, wie es sich anfühlt, wenn Sie sagen: „Ich möchte mich lieben und respektieren"?

Das ist ein gutes Gefühl. Ich wünsche mir das.

Können Sie sich das Gefühl, sich dies zu wünschen, in diesem Augenblick spüren lassen? Wie ist das?

Nun, ich muss sagen, ziemlich intensiv. Die bloße Tatsache, dass ich mich auf diese Wellenlänge einstimme statt auf die negative, gibt mir ein Gefühl von Stärke. Das fühlt sich sehr positiv an.

Ja. Weil dieser Wunsch – zu erkennen, dass Sie im Grunde gut sind – Ihrer Seele entspringt. Diesen Wunsch zu spüren heißt, mit Ihrer Seele in Berührung sein.

Es fühlt sich schon gut an, das einfach nur zu denken.

Aber denken Sie es nicht nur.

Richtig. Es fühlen.

Lassen Sie sich diesen Wunsch in Ihrem Körper spüren. Es ist wichtig, das ein wenig zu betonen. Der Wunsch hat seine eigene Energie.

Dieses Wünschen ist eine ganz reale Kraft. Ich bin ein Dichter, und am liebsten möchte ich ein Gedicht darüber schreiben. Bislang habe ich über „Wünschen und Wollen" immer nur negativ gedacht – dass ich irgendwie kein Recht habe, etwas zu wünschen.

Wenn wir unsere Wünsche spüren, schließen wir uns an die mächtigsten Kräfte an, die es gibt, besonders wenn dieses Verlangen unserem eigenen Wesen oder einem Aspekt unseres eigenen Wesens gilt. Wir könnten es als „heiliges Verlangen" bezeichnen, und das ist keinesfalls etwas Banales.

Nein, überhaupt nicht.

Es ist wichtig für Sie, sich die Kraft spüren zu lassen, die Ihrem Verlangen innewohnt. Können Sie zulassen, in dieses Verlangen einzutauchen?

Ja, das kann ich. Ich fühle mich dann insgesamt völlig anders. Das kenne ich gar nicht.

Ja. Statt mit der Kritik zu kämpfen – „Ich sollte mich nicht ständig verurteilen“ oder: „Ich wünschte, ich würde mich selbst mehr lieben“ –, können Sie sich einfach eingestehen, was Sie sich wirklich wünschen, dass Sie nämlich Ihren eigenen Wert erfahren möchten. Sich diesen Wunsch einzugestehen und ihn zu achten, ist das beste Mittel gegen Kritik.

Das kann ich spüren.

Wie fühlt es sich an?

Ich bin bereits mehr mit mir in Kontakt, weniger selbstkritisch.

Ja. Wenn Sie das heilige Verlangen erkennen, kommen Sie bereits in Berührung mit dem, was Sie sich wünschen. Wie der indische Dichter Kabir einmal schrieb: „Die Tiefe des Verlangens ist es, die die ganze Arbeit verrichtet.“

Könnten Sie sich vorstellen, aus diesem Zustand heraus Nein zu sagen, wenn Ihre Partnerin Sie kritisiert?

Ja.

Wie fühlt sich das an?

Wunderbar. Da liegt enorm viel Kraft drin.

Ja. Die Frage ist, warum Sie zulassen, dass Ihre Partnerin Sie ständig kritisiert, und nicht schon längst klargestellt haben, dass das für Sie nicht in Ordnung ist. Sie wehren sich nicht dagegen, weil die Kritik Ihrer Partnerin mit Ihrem eigenen inneren Kritiker in Resonanz steht und ihr entgegenarbeitet. Als Sie sich Ihre selbstkritische Haltung eingestanden haben, löste das Traurigkeit in Ihnen aus. Und aus dieser Traurigkeit heraus entstand ein starkes Verlangen …

Ich möchte zulassen, dass das Verlangen Macht hat … Es hat Macht, aber das einzugestehen …

Ja, es eingestehen und spüren. Dieses heilige Verlangen ist wie eine Flamme. Wenn wir uns nach unserem wahren Selbst sehnen, verbrennen in diesem Feuer all unsere falschen Identifikationen – „Ich bin nicht gut genug. Wie kann ich das verändern?" – und so weiter. Das Geheimnis besteht darin, das Feuer zu schüren, das diese falschen Identifikationen verbrennen kann.

Jetzt schreiben Sie das Gedicht.

Nun, auf diesem Gebiet sind wir alle Dichter.

Sharon

Es ist sehr schwer für mich, wenn mein Mann mich nicht immer wieder wissen lässt, dass er mich liebt. Ich fange dann an, ihn zu drängen und zu bearbeiten, damit er mir sagt, dass er mich liebt, aber ich glaube, er hat Angst, seine Liebe offen einzugestehen. Als ich in den Spiegel schaute, wurde mir bewusst, dass ich mir die Verbundenheit, die ich mir von ihm wünsche, selbst nicht gebe.

In bestimmter Weise haben Sie also das Gefühl, sich selbst nicht zu lieben oder mit sich nicht verbunden zu sein.

Ja. Ich bin wirklich hart mit mir, wenn ich Probleme habe und sie nicht schnell genug lösen kann.

Wie möchte diese Seite in Ihnen, die Ihrer Meinung nach nicht so schnell ist, wie sie sein sollte, von Ihnen behandelt werden? Was braucht sie?

Sie braucht Ruhe.

Ruhe von was?

Ich brauche Ruhe von all diesen Anforderungen an mich.

Ruhe von Forderungen, das stimmt. Schauen Sie, ob Sie sich diese Ruhe in diesem Augenblick gönnen können. Wie ist es, einfach zuzulassen, was Sie hier erleben, ohne zu fordern, dass es oder Sie anders sein sollten?

Genau an diesem Punkt komme ich nicht weiter. Ich habe das Gefühl, nicht gut genug zu sein. (weint)

Und wie wirkt sich das auf Sie aus?

Das ist wie eine Blockade in meinem Herzen.

Schauen Sie, ob Sie diese Blockade einfach spüren und sich eingestehen können, ob Sie sie zulassen, hineinatmen und sich Ihre Tränen erlauben können.

Das fühlt sich beängstigend an und verletzlich. Es bringt mich in Berührung mit dem Ort in mir, wo ich mich nicht geliebt fühle … Normalerweise zeige ich mich nicht so offen. Meistens komme ich da gar nicht ran, aber jetzt bin ich in Berührung damit.

Gut. Wie fühlt es sich an, diese Angst hochkommen und da sein zu lassen?

Alles, was ich sehen kann, ist dieses kleine Mädchen, das sich unter einem Tisch versteckte und nicht hervorkommen wollte, weil es so große Angst hatte. So fühlte ich mich als Kind – ich war wirklich allein und voller Angst und wusste nicht, dass meine Gefühle irgendeinen Wert hatten. Ich fühle ein Zittern im Körper, wie ich es auch als Kind immer erlebte, wenn ich an meine Gefühle herankam.

Das ist die Angst des Kindes. Dieses Mädchen wusste nicht, dass sie ihre Gefühle haben kann und dass sie in Ordnung sind, denn sie bekam keinerlei Unterstützung dafür. Es ist wichtig zu erkennen, dass es das Kind ist, das so denkt.

Gerade jetzt, wo Sie das sagen … Wissen Sie, ich habe meine Geschichte schon einer Menge Leute erzählt, aber ich wollte das nicht wirklich fühlen, weil es mir Angst macht, wenn das alles ganz real wird. Ich befürchtete, wenn ich all das wirklich zuließe, würde ich durchdrehen. Wenn ich an diese Geschichten nur denke, möchte ich am liebsten erstarren und völlig dichtmachen.

Sie sagten eben als Erstes: „Gerade jetzt." Kommen Sie zu diesem „Jetzt" zurück. Sie müssen sich nicht in diese alten Geschichten verstricken. Gerade jetzt sind Sie so in Berührung mit dem, was geschieht, dass Sie sich sowohl Ihre Angst als auch Ihre Tendenz zu erstarren eingestehen. Diese verletzlichen, erschütternden Gefühle sind da, aber es ist auch jemand da, der bereit ist, sich ihnen zu stellen.

Was meinen Sie damit, „es ist auch jemand da …"?

Mit anderen Worten, etwas in Ihnen ist auch bereit, sich anzuschauen, was geschieht. Außer dem verängstigten Kind zeigt sich genau in diesem Augenblick auch eine andere Seite von Ihnen – Ihre innere Kriegerin. Eine Kriegerin sein bedeutet nicht, dass wir immer stark und gesammelt sind, sondern dass wir bereit sind, uns den Themen zuzuwenden, die uns am meisten erschüttern und verunsichern. Und diese Kriegerin in Ihnen zeigt sich gerade jetzt, zusammen mit dem verängstigten Kind.

Ich glaube, die habe ich schon vor langer Zeit verloren.

Ist sie in diesem Augenblick verloren?

Ich weiß nicht genau.

Nun, wie fühlen Sie sich?

Im Augenblick fühle ich mich ganz real mit dem, was ich erlebe. Und das habe ich bislang vermieden – real zu sein mit dem, was ich fühle.

Wie ist das, sich jetzt in diesem Augenblick so real zu fühlen?

Meine Ohren brennen. Ich bin viel empfindsamer … das fühlt sich freundlich an und ganz wohlig.

Als Sie sich mit Ihren Forderungen in Ruhe gelassen haben, empfanden Sie zuerst Angst; aber jetzt, wo Sie sich Ihre Erfahrung machen lassen, fühlen Sie sich realer und nehmen eine Freundlichkeit wahr, eine Wohligkeit. Es ist wichtig, darauf zu achten, wie unser Erleben sich verändert, wenn wir unsere Aufmerksamkeit nach innen richten.

Ja. Ich spüre jetzt auch eine Leichtigkeit und eine gewisse Freude. Ich fühle, dass ich jetzt mehr ich selbst bin.

Sie *spüren sich selbst deutlicher* – da haben wir das Mittel. Das ist ein Mittel, das wirklich immer hilft – uns direkt mit uns verbunden zu fühlen. Die Medizin ist im Gift enthalten. Mit anderen Worten, um sich mit sich selbst zu verbinden, beginnen Sie dort, wo Sie gerade sind, was in diesem Fall bedeutete, dass Sie sich Ihre Angst und Ihre mangelnde Selbstliebe eingestanden haben. Und als Sie sich dafür geöffnet haben, begannen Sie sich realer und mehr in Kontakt mit sich zu fühlen.

Dazu fallen mir Rilkes Worte ein: „Vielleicht sind all die Drachen in unserem Leben einfach Prinzessinnen, die lediglich darauf warten, uns wenigstens einmal anmutig und tapfer handeln zu sehen" – indem wir uns dem stellen, was wir durchleben, und es eingestehen. Diese Freundlichkeit und Präsenz sind Medizin für all unsere alten Gifte. Und durch diese Eigenschaften kann Ihre innere Schönheit nach außen strahlen, wie es gerade geschieht.

Es ist gut, hier zu sein, an einem Ort, wo ich mich so sicher fühle, dass ich meinen Schmerz erleben kann und Mitgefühl dafür finde.

Das ist auch eines der größten Geschenke, das wir den Menschen, die wir lieben, machen können – dieser Raum, in dem sie eingestehen und berühren können, was sie erleben. Das ist eine der großartigsten Möglichkeiten, liebende Güte zum Ausdruck zu bringen.

Statt also Ihren Mann zu drängeln, Ihnen zu sagen, dass er Sie hebt, könnten Sie ihm mitteilen, was für Sie passiert. Und Sie können auch ihn ermutigen und ihm Raum geben, Ihnen zu erzählen, was in ihm geschieht, wenn Sie ihn drängen, seine Liebe zu äußern. Das könnte ihm helfen, mit Dingen in Kontakt zu kommen, die ihn bedrücken, und sich davon zu befreien – vielleicht gibt auch er sich keine Anerkennung. Dann kann dieses scheinbar so schwierige Problem zur Chance werden, sich miteinander auf einer viel tieferen Ebene zu verbinden.

6

Das Prinzip der Koemergenz

Das Elixier ist im Gift verborgen.

RUMI

Tiefe Beziehungen bergen immer ein enormes transformatives Potential, weil sie das Beste und das Schlechteste in uns zum Vorschein bringen. Während die Liebe den Wunsch in uns weckt, die rigiden Abwehrmechanismen schmelzen zu lassen, die uns daran hindern, dem Leben aufgeschlossener zu begegnen, bedroht der Wunsch zu schmelzen zugleich die konditionierte Persönlichkeit, die ihre Verteidigungswälle verstärkt, um den Status quo zu erhalten. Auch wenn wir uns wirklich danach sehnen mögen, uns mit einem anderen Menschen seelisch zu verbinden, möchte unser Ego weiter unser Selbstbild bestätigt wissen und verteidigen. Deswegen fühlen wir uns, wenn wir lieben, oft in entgegengesetzte Richtungen gezogen. Wir sind uns nur allzu bewusst, dass wir eine Bresche zwischen zwei verschiedene Seiten schlagen – bedingungslose Liebe und konditionierte Ängste, unser kleines Ich und unser umfassenderes Wesen –, die in uns gegeneinander zu arbeiten scheinen. Und doch wird genau an dieser Kreuzung, wo wir den scharfen Kontrast zwischen dem Wunsch nach Öffnung und dem Wunsch, uns zu verschließen, spüren, eine wirkliche Wandlung möglich.

Ein Boden, zwei Wege

Die westliche Philosophie und Religion hat die Spannung zwischen unserem umfassenderen Wesen und unserer Tendenz, uns von ihm abzuwenden, oft als Folge zweier unvereinbarer kosmischer Kräfte interpretiert – das Gute gegen das Böse, das Göttliche gegen das Teuflische, der Geist gegen das Fleisch –, die in uns Krieg führen. Aber diese dualistische Sicht verwandelt die polare Spannung im Kern unseres Wesens in eine Gegnerschaft, die uns verkrüppelt. Wenn wir kreativ mit der Herausforderung des Grats arbeiten wollen, auf den die Liebe uns führt, müssen wir unsere inneren Widersprüche neu verstehen lernen und anders mit ihnen umgehen.

Statt in Liebe und Angst, Offenheit und Verschlossenheit, Ja und Nein Kräfte zu sehen, die in uns Krieg führen, könnten wir sie auch so betrachten, dass jeweils beide derselben Quelle entspringen: der grundlegenden Offenheit unseres Wesens. Manchmal erkennen und vertrauen wir dieser Offenheit als einem Reservoir an Liebe, Kreativität und gutem Willen. Dann spüren wir den Impuls, uns nach außen zu wenden und Neues zu riskieren. („Ich fühle mich so offen, ich könnte die ganze Welt umarmen.") Zu anderen Zeiten trauen wir dieser Offenheit nicht, sondern empfinden sie als bedrohlich und sehen darin einen Grund, uns zu ängstigen, zu verschließen und zu verteidigen. („Ich fühle mich so offen, man könnte mich überwältigen.") Trotzdem gilt, dass diese unterschiedlichen Impulse – sich in Liebe öffnen oder vor Angst verschließen, schmelzen oder sich verhärten – beides Reaktionen auf eine einzige Wahrheit sind: Im Grunde unseres Wesens sind wir eher weit und offen als ein verschlossenes Gefäß mit versiegelten Wänden.

Damit haben wir in jedem Augenblick die Wahl – uns unserer wahren Natur zuzuwenden oder uns von ihr abzukehren, in Übereinstimmung zu leben mit dem Wunsch der Seele zu erwachen oder der Tendenz des Egos nachzugeben, das sich hinter seinen Abwehrmechanismen verschanzen möchte. Diese Situation ist gemeint, wenn es in der buddhistischen Tradition heißt, „ein Boden, zwei Wege".

Koemergenz

Im Leben voranzugehen ist für uns jedoch selten so einfach, dass wir uns für einen Pfad entscheiden und den anderen ablehnen, denn meistens haben wir in jeder der beiden Welten einen Fuß stehen: Wir sind zum Teil verschlossen und zum Teil offen, sind hier ängstlich und dort mutig, manchmal verwirrt und dann wieder klar. Während das grundlegende Wesen unseres Bewusstseins offen und durchsichtig wie Wasser ist, wird es häufig getrübt durch den Schmutz erlernter Überzeugungen. Einen Begriff aus dem tibetischen Buddhismus übernehmend, könnten wir sagen, dass unsere natürliche Klarheit und unsere konditionierten Tendenzen dem Prinzip der *Koemergenz* unterliegen: Sie tauchen zusammen auf, Seite an Seite. Unser Erleben ist eine Mischung aus Klarheit und Verwirrung, bewussten Zielen und unbewussten Einflüssen. Meistens sind wir halb wach und schlafen halb.

Selbst wenn wir also lebendiger und präsenter sein wollen, bleiben wir beeinflusst durch unbewusste Faktoren – alte Abhängigkeiten, Identitäten, Ängste und Projektionen –, die unser Erleben verzerren und uns in unseren Fähigkeiten beeinträchtigen. Aber ganz gleich, wie verloren oder verschlossen wir sind, hinter den Wolken unserer Verworrenheit scheint immer die Sonne der Bewusstheit. Selbst in unseren dunkelsten Zeiten ist das Licht der Klarheit und Wachheit ganz nah. Sobald ich erkenne, wo ich stehe – „Ich bin verwirrt, ich bin verloren“ –, beginne ich aus meiner Verwirrung zu erwachen und mich wieder zu finden. Mein Bewusstsein davon, dass ich verloren, verwirrt oder festgefahren bin, ist niemals verloren, verworren oder festgefahren. Indem ich erkenne, wie sehr ich den Kontakt mit mir verloren habe, gewinne ich ihn bereits zurück. Wenn ich meiner Partnerin oder meinem Partner mitteile: „Ich weiß, dass ich dich verletzt habe“, ist das Bewusstsein, das dies erkannt hat, als solches nicht verletzend. Immer wenn wir uns kleinlich oder unbewusst verhalten, können wir uns selbst korrigieren, indem wir uns bewusst machen und zugeben, was wir tun.

Um einen anderen Vergleich zu gebrauchen: Unsere Bewusstheit ist wie eine Leinwand, auf der sich die Dramen unseres Ichs abspielen. Auch wenn wir diesen größeren, offeneren Hintergrund meistens nicht bemerken, weil wir so vertieft in den Film sind, können wir letzteren nur mit Hilfe der Leinwand überhaupt sehen. Außerdem wird die Leinwand durch das, was in dem Film passiert, niemals verfälscht oder beschädigt. Gibt es im Film ein Feuer, verbrennt die Leinwand nicht; spielt ein Mörder mit, wird sie nicht blutig. Ganz gleich, wie sehr wir in unsere Dramen verstrickt sind, wenn wir uns an unsere Bewusstheit anschließen, ist diese immer umfassender als *jedes* Drama, *jede* Emotion, *jeder* geistige Zustand. Wie ein großer indischer tantrischer Yogi, Tilopa, einmal sagte: „Die Natur unseres Geistes ist wie Raum; es gibt nichts, was er nicht umfassen kann.“ Oft entdecken Menschen diese umfassende Eigenschaft der Bewusstheit durch Meditation und lernen sie auf diesem Weg tiefer kennen. Sie ist immer verfügbar als ein Hilfsmittel, das uns aus unserer Trance wachrütteln und uns darin unterstützen kann, präsenter zu werden. Alles, was wir tun müssen, ist, unsere Aufmerksamkeit darauf zu richten.

Für jedes Gift in unserer Psyche ist immer auch das Gegenmittel zur Hand. Tatsächlich verlangt jedes Gift nach einem speziellen Gegenmittel, das wir finden können, indem wir uns bewusst machen und eingestehen, wo wir gerade sind und was mit uns geschieht, ganz gleich, wie unangenehm das sein mag. Wenn wir uns zum Beispiel vor Eifersucht verzehren, müssen wir sehen, was hier geschieht: Wir sind in einer Trance befangen, in der wir uns unsicher fühlen, weil wir glauben, nicht so gut, schön, wertvoll oder liebenswert zu sein wie andere. Wenn wir unsere Unsicherheit sehen und auch den Schmerz, den sie auslöst, wird das Gegenmittel deutlich: Wir spüren, wie ein neuer Wunsch in uns lebendig wird – uns von unserem negativen Selbstbild zu befreien, unseren Wert zu spüren und auf ihn zu vertrauen. So weist unsere Eifersucht in Richtung Vertrauen – das einzige wirkliche Mittel gegen Eifersucht. Auf diese Weise enthüllt jeder geistige Zustand sein eigenes Heilmittel, wenn wir ihn im Raum unserer umfassenderen Bewusstheit betrachten.

Den echten Impuls freilegen

Die Wahrheit der Koemergenz – dass alles zwei Seiten hat und Klarheit und Verwirrung in unserem Erleben meistens miteinander verknüpft sind – hat für Beziehungen noch eine weitere wichtige Folge. Sie bedeutet, dass selbst das wirrste oder abwegigste Verhalten einen echten Impuls in sich birgt.

Wenn wir zum Beispiel ständig darum kämpfen, von anderen anerkannt zu werden, mag unser Verhalten in die falsche Richtung gehen, weist aber auch auf eine tiefere Sehnsucht hin: Wir möchten in unserer grundlegenden Güte bestätigt werden. Ähnlich kann unser Abwehrverhalten, mit dem wir uns verhärten und verschließen und als Person darstellen, an der man nicht vorbeikann, ein Versuch sein, unsere Stärke oder innere Substanz zu spüren. Wenn jemand in sämtlichen Situationen die Kontrolle behalten muss, ringt er vielleicht darum, seinen Willen zu üben. Und hinter dem Bemühen, zu anderen Menschen emotionalen Abstand zu halten, steht oft der fehlgeleitete Versuch, unsere individuelle Integrität zu entwickeln oder zu wahren.

Die schlechte Neuigkeit in Bezug auf Koemergenz ist, dass die falsche Persönlichkeit auftauchen und alles Echte in uns zunichtemachen kann. Aber die gute Neuigkeit lautet, dass selbst unserem abwegigsten Verhalten eine gewisse Intelligenz zugrunde liegt. Statt uns also für unsere vorgeschobenen Spiele und unser Abwehrverhalten zu verurteilen, können wir nachschauen, welches echte Verlangen darin verborgen ist. Wenn wir unseren verworrenen Emotionen und Verhaltensweisen mit einem freundlichen Forschergeist begegnen, können sie uns auf eine authentische Qualität unserer wahren Natur hinweisen, von der sie lediglich ein falscher Abglanz sind.

Das heilige Verlangen neu entdecken

Mark war ein Mann in mittleren Jahren, dem die wachsende Eintönigkeit seines Lebens zu schaffen machte. Er bekam plötzliche Wutanfälle auf seine Frau und ertappte sich bei Phantasien, Affären mit anderen Frauen zu haben. Auch wenn er seiner fünfzehnjährigen Ehe gern die Schuld an seiner Lustlosigkeit gab, war die Beziehung zu seiner Frau nicht das eigentliche Problem.

Im Licht der Koemergenz können wir verstehen, dass Marks Wutanfälle und seine Unruhe nicht einfach neurotisch waren, sondern Symptome für einen authentischen inneren Drang: aufzuwachen, um kraftvoller und vielfältiger mit dem Leben verbunden zu sein. Dieser Drang ist im Grunde ein *heiliges Verlangen*, denn das Ziel ist die Heilung des Wesens und die Botschaft lautet: „Ich möchte der sein, der ich wirklich bin.“ Aber da Mark nicht gelernt hatte, auf die Sehnsüchte seiner Seele zu achten, konnte er seine Fluchtphantasien nur als Zeichen dafür deuten, dass er seine Frau verlassen musste. Das war seine verwirrte und verzerrte Vorstellung – sich von seiner Frau trennen zu müssen, um sich selbst zu finden.

Bevor Mark dieses tiefere Sehnen unter seinem fehlgeleiteten Verhalten erkennen konnte, musste er anfangen, die Verantwortung für sein Erleben zu übernehmen – indem er seine Gefühle der Unruhe als Zeichen dafür erkannte, dass etwas in ihm seine Aufmerksamkeit verlangte. Als er sich das eingestand, konnte er anfangen, seinen Ärger zu erforschen, statt ihn an seiner Frau abzureagieren und ihr Vorwürfe zu machen. Als er lernte, mit seinem Ärger zu arbeiten, half die Schärfe dieser Emotion ihm, seine Verwirrung zu lösen und zu einer wachsenden Klarheit zu gelangen.

In diesen klaren Augenblicken konnte Mark sehen, dass er sich von dem Schmerz über sein eigenes Gelähmtsein abschnitt, wenn er seinen Ärger an seiner Frau abreagierte. Und er entdeckte den wahren Grund dafür, dass er sich so festgefahren fühlte: Er hatte vor langer Zeit den Kontakt zu seiner Seele, seiner Leidenschaft und seiner eigenen Lebensvision verloren. Die Folge war, dass ihm jedes tiefere Gefühl von Sinn oder Stärke abhanden gekommen war und er seiner Frau die führende Rolle in ihrer Beziehung überlassen hatte. Indem er seinem Ärger und seiner Enttäuschung mit einer neuen Aufmerksamkeit begegnete, stieß Mark direkt auf das wirkungsvollste Mittel gegen seine Festgefahrenheit – sein wachsendes Bewusstsein für das, was ihm in seinem Leben wirklich fehlte und was er tun musste, um es zu bekommen. Als er sich sowohl seine Lähmung eingestand als auch seine Sehnsucht, dem Leben aufgeschlossener zu begegnen, wurde in ihm ein neuer Wunsch geboren – sich selbst besser kennen zu lernen und mehr er selbst zu sein. Als er dieses heilige Verlangen erkannte und zu achten begann, verschwand seine Unzufriedenheit allmählich und er gewann ein völlig neues Gefühl für seine Richtung im Leben.

Im Laufe dieses Prozesses kehrte auch sein Begehren wieder, das er in der Beziehung zu seiner Frau schon lange verloren hatte. Indem er lernte, zu erkennen und auszudrücken, was er mit ihr unwirklich wollte, konnte er sich aus seinen alten Mustern, die aus Ärger, Klage und Rückzug bestanden, lösen.

In der Spannung zwischen entgegengesetzten Kräften stehen

Das Prinzip der Koemergenz macht uns auch verständlich, warum uns oft gerade die Menschen anziehen, die unsere wunden Punkte berühren oder uns das Leben schwer machen. Nehmen wir zum Beispiel Eli, einen Mann, der sich immer zu starken Frauen hingezogen fühlte, die ihn mit seiner Verletzlichkeit in Kontakt brachten – obgleich das das Letzte war, was er fühlen wollte, denn es rief all die heftige Scham und Demütigung wach, unter der er als Kind gelitten hatte. Warum reizten ihn Frauen, die seine tiefsten Ängste wachriefen?

Manche Menschen würden Elis Verhalten vielleicht als masochistisch oder selbstzerstörerisch bezeichnen: „Er fühlt den unbewussten Zwang, seine Kindheit zu wiederholen, seine Vergangenheit wieder aufleben zu lassen, indem er ständig Situationen sucht, die an seine alten Wunden rühren." Diese Sicht enthält durchaus Wahres: Die konditionierte Persönlichkeit neigt dazu, alte Kindheitskonstellationen zu wiederholen, selbst wenn sie schmerzlich sind. Aber das ist nur die halbe Wahrheit. Das Prinzip der Koemergenz – das davon ausgeht, dass scheinbar sinnlose Verhaltensweisen einen echten Impuls in sich bergen – ermöglicht uns, diese Situation gründlicher zu begreifen.

Wenn ein Mann wie Eli sein Leben lang vor bedrohlichen Gefühlen wie seiner Verletzlichkeit wegläuft, wird er innerlich zum Sklaven seiner Angst, die ihn ständig belastet. Er lebt in einer Zwangsjacke und kann sich nie entspannen, um einfach offen und präsent zu sein. Elis Tendenz, sich in bestimmte Frauen zu verlieben, war ein Zeichen dafür, dass seine Seele aus diesem Käfig ausbrechen wollte. Auch wenn sein Ich Sicherheit suchte, wollte seine Seele die Freiheit. Sie führte ihn zu Frauen, die ihn auf den Grat und damit in Kontakt mit Gefühlen brachten, die seine Fassade der Gleichgültigkeit brüchig werden ließen. Eine tiefere Intelligenz in ihm wusste, dass das Aufsuchen des Grats und die Konfrontation mit seinen Ängsten der einzige Weg war, sich von der Last seiner inneren Furcht zu befreien.

Statt den Versuch zu unternehmen, sich zwischen Sicherheit und Freiheit – den beiden Seiten seiner inneren Spannung – zu entscheiden, musste Eli sich diese Gratwanderung, die seine Beziehungen zu starken Frauen darstellte, *spüren* lassen. Wenn er mit diesem Gefühl in Kontakt blieb – wo er sich angezogen und abgestoßen, fasziniert und verschreckt zugleich fühlte –, eröffnete sich ihm ein umfassenderes, versöhnliches Bewusstsein, das über die Spannung der Gegensätze hinausreichte. Im Licht dieser Bewusstheit konnte er sehen, dass seine Aufregung und seine Angst denselben Grund hatten: Etwas Neues wollte in ihm geboren werden – wahres Vertrauen, das nur entstehen konnte, wenn er mit seiner Angst, sich anderen zu öffnen, ins Reine kam.

Mit Ängsten und Widerständen arbeiten

Wichtige Beziehungen bringen immer diese Spannung hoch zwischen der Tendenz des Individuums, sich zu verschließen, und der Sehnsucht der Seele, sich zu weiten. Auf der Seelenebene erkenne ich vielleicht, dass meine Partnerin in meinem Leben dafür steht, zu wachsen und mich dem Leben mehr zu öffnen. Aber auf der Ich-Ebene kann ich versuchen, sie zu benutzen, um meine innere Leere zu füllen und nicht zugeben zu müssen, dass ich wichtige Teile von mir vermisse. Wenn ich niedergeschlagen bin, kann ich hoffen: „Vielleicht muntert sie mich auf." Habe ich Angst, kann ich denken: „Vielleicht gibt sie mir Sicherheit." Auf diese Weise versucht mein Ich im heimlichen Einverständnis mit ihrem Ich, ein gemütliches Kuschelnest für uns beide zu bauen. Statt aus meiner Einzimmerwohnung herauszuwachsen, versuche ich meine Partnerin zu überreden, bei mir einzuziehen und hier und da etwas umzubauen: „Hier ist genug Platz – vielleicht bauen wir einfach noch einen Erker an oder setzen ein paar neue Dachfenster ein."

Solange wir unsere Tendenz, uns zu verschließen, bewusst wahrnehmen, stellt sie kein wirkliches Problem dar. Tatsächlich kann die Seele nur erwachen, wenn sie sich den Hindernissen für ihre Entfaltung – der

Tendenz des Ichs, sich zu verschließen und an seiner Abwehr festzuhalten – stellt und damit arbeitet. Wo wir zwei Schritte vorwärts tun, müssen wir, sobald wir auf die alten Widerstände stoßen, oft wieder einen Schritt zurückgehen. Wenn sich die Liebe zwischen zwei Menschen vertieft und sie sich näher kommen, stellen sie vielleicht fest, dass sie sich heftiger streiten als zuvor, weil ihre sämtlichen Ängste und Widerstände auf den Plan gerufen werden. Da Offenheit und Angst, Wachsen und Widerstand gegen das Wachsen immer Hand in Hand gehen, sind diese Rückwärtsschritte kein Grund für Selbstvorwürfe. Stattdessen müssen wir uns unseren Widerständen stellen und sie erforschen.

Die Wahrheit ist, dass ein Teil von uns *nicht* hier sein will – hier in diesem Augenblick, hier in dieser Beziehung oder sogar hier auf diesem Planeten. Wir können unseren Widerstand dagegen, präsent zu sein, nicht durch einen bloßen Willensakt überwinden: Denn je stärker wir unsere Widerstände abwehren, desto gespaltener und unbewusster werden wir. Was wir tun *können*, ist, die dunklen, verschlossenen Bereiche in uns mit freundlicher Bewusstheit zu umgeben. Das hat tief greifende Wirkungen: *Wenn wir unseren Widerstand gegen das Präsentsein spüren und ihn uns eingestehen, werden wir sofort präsenter.* Und schließlich sind wir ganz hier, in diesem Augenblick, und nicht mehr länger gespalten.

Die vierfache Wahrheit

Das Prinzip der Koemergenz ist auch hilfreich bei der Klärung bestimmter Beziehungskonflikte. Wenn zwei Partner sich streiten, versucht meistens jeder der beiden, etwas zu vermitteln, was für ihn wirklich wichtig ist. Die Kommunikation über diese Anliegen wird jedoch oft verzerrt durch alte emotionale Reaktionen und negative Projektionen auf den anderen. Da die Sichtweisen beider Beteiligten sowohl eine echte als auch eine verzerrte Seite haben, kommen bei den meisten Paarkonflikten vier Elemente ins Spiel. Das nenne ich die *vierfache Wahrheit.*[38]

Beziehungskonflikte führen nirgendwohin, solange die Partner sich nur auf ihre eigene Wahrheit und die Verzerrungen des anderen konzentrieren, statt zu erkennen, dass von beiden Seiten Wahres und Verzerrtes eingebracht wird. Paul und Helen zum Beispiel stritten sich immer wieder heftig darüber, dass sie ständig zu spät kam. Beide empfanden das Verhalten des anderen als feindselig. Paul sah in Helens Zuspätkommen einen Ausdruck krasser Missachtung, während Helen Pauls ärgerliche Angriffe als gemein und kleinlich empfand. Beim Streiten versuchte jeder der beiden vergeblich, dem anderen klarzumachen, dass er mit seiner Sicht Recht hatte.

Helen und Paul hatten in ihrem Konflikt beide etwas Wahres vorzubringen, auch wenn keiner von ihnen es klar oder direkt zum Ausdruck brachte. Mit wahr meine ich hier ein echtes persönliches Anliegen, ein Gefühl oder einen Wunsch. Für Paul war Pünktlichkeit ein Zeichen für rücksichtsvolles Verhalten; wenn Helen zu spät kam, zweifelte er daran, dass er ihr wirklich wichtig war oder sie ihn respektierte. Er musste wissen, dass ihr an ihm gelegen war, aber statt das zuzugeben, ging er sofort zum Angriff über. Das war seine Verzerrung: Wenn sie zu spät kam, sah er in ihr das schlechte Andere, jemanden wie seine Mutter, für die seine Bedürfnisse nicht zählten. Und die emotionale Heftigkeit seines Angriffs machte es Helen schwer, sich seinen Standpunkt anzuhören.

Da Helen einen lockeren und entspannteren Lebensstil vorzog als Paul, war ihr strikte Pünktlichkeit nicht so wichtig. Pauls Forderung, sich genau an die verabredete Zeit zu halten, schien ihr rücksichtslos. Und sie fühlte sich durch seine Schimpfkanonaden verletzt und benutzt. Aber statt diese Gefühle zu zeigen, gab sie schließlich sogar den Versuch auf, pünktlich zu sein, um ihm zu demonstrieren, dass er sie nicht kontrollieren konnte. Das war ihre Verzerrung: Auch sie sah in ihrem Partner das schlechte Andere, jemanden, der sie wie ihr Vater nur anerkannte, wenn sie tat, was er von ihr verlangte.

Solange Paul und Helen sich beide nur auf das konzentrierten, womit sie im Recht waren und der andere Unrecht hatte, kamen sie keinen Schritt weiter. Der Ausweg aus dieser Sackgasse bestand darin zu erkennen, dass jeder von ihnen wertvolle Überlegungen mitzuteilen hatte und diese gleichzeitig verzerrt mitteilte.

Helen konnte Paul zuhören, als er seine Wahrheit schließlich direkter aussprach und gleichzeitig auch seine verzerrte Sicht zugab: „Ich möchte dir vertrauen, aber das ist schwer für mich, wenn ich das Gefühl habe, du nimmst keine Rücksicht auf mich. Wenn du zu spät kommst, wird eine alte Wunde in mir berührt, die Furcht, dass andere mich nicht respektieren. Ich glaube dann, dass ich dir nicht wirklich wichtig bin, und deswegen greife ich dich an. Ich gebe zu, das ist keine gute Art, damit umzugehen." Und Helen wiederum konnte schließlich sagen: „Es verletzt mich, wenn du an mir nicht siehst oder respektierst, was anders ist als bei dir. Das ist meine Wahrheit. Meine Verzerrung ist, dass ich immer gleich durchdrehe, wenn ich das Gefühl habe, du versuchst mich zu kontrollieren. Ich sehe dich dann als meinen Vater und bin überhaupt nicht mehr bereit, dir entgegenzukommen. Ich will dir dann nur noch zeigen, dass du mich nicht manipulieren kannst." Als Paul und Helen sich ihr wahres Anliegen erst einmal mitgeteilt und ihre Verzerrungen eingestanden hatten, konnten sie anfangen, mit diesem Thema entspannter umzugehen.

Der Austausch eines Paares wird immer dann problematisch, wenn echte Anliegen vermischt werden mit unbewussten Mustern, denen Angst, Verleugnung oder der Zwang, sofort reagieren zu müssen, zugrunde liegen. Das Eingeständnis, dass es auf beiden Seiten Wahrheiten und Verzerrungen gibt, bringt Klarheit in die Situation. Wenn wir das Prinzip der Koemergenz begreifen, können wir der Tendenz entgegenwirken, mit uns oder unserem Partner Schwarzweißmalerei zu betreiben, und uns gegenseitig mehr Mitgefühl und Verständnis entgegenbringen.

Gespräch: Mit der vierfachen Wahrheit arbeiten

Wenn zwei Menschen miteinander in eine Sackgasse geraten, ist die Arbeit mit der vierfachen Wahrheit eine Möglichkeit, die Situation zu klären. Mit ihrer Hilfe können wir sehen, dass das, was beide zu sagen haben, sowohl eine gewisse Gültigkeit hat als auch verzerrte Sichtweisen enthält. Am besten fangt man an, indem jeder der beiden Partner sein Hauptanliegen mit einfachen Worten vorträgt und dann offenlegt, wo er es verzerrt vermittelt hat. Wenn zwei Partner ihre Wahrheiten *und* ihre Verzerrungen in dieser Form benennen, geht es nicht mehr darum, wer Recht und wer Unrecht hat. Beide sind auf ihre Weise sowohl im Recht als auch im Unrecht. Wenn sie das verstehen, empfinden sie weniger Groll und können klären, was zwischen ihnen wirklich passiert.

Karen und David

Ausgehend von dem toten Punkt, an dem Sie angelangt sind, können Sie anfangen, indem Sie beide sagen, wie Ihre Wahrheit aussieht. Dann werden wir uns anschauen, wie Ihr aufrichtiges Anliegen durch die Art und Weise, wie Sie es dem anderen vermitteln, verzerrt wird.

Karen: *Ich empfinde viel Angst und Wut in Bezug auf unsere Sexualität und fühle mich sexuell ganz unfähig. Wenn David sexuell erregt ist, bin ich oft überhaupt nicht in der entsprechenden Stimmung, und wenn ich mich bemühe, wird alles nur noch schlimmer. Wir haben versucht, darüber zu reden, aber das endet nur damit, dass wir uns streiten und noch weiter voneinander entfernen. Ich verstehe nicht, wie wir körperlich so unterschiedlich reagieren können. Wenn das Thema auf den Tisch kommt, fühle ich mich oft als Versagerin. Manchmal denke ich, ich sollte lesbisch werden, aber das will ich eigentlich gar nicht.*

Sie fühlen sich also nicht erregt, wenn David es ist. Was passiert für Sie in solchen Situationen?

Karen: *Ich würde gern leidenschaftlich und erotisch auf ihn eingehen, aber das kann ich oft nicht. Offensichtlich will ich nicht nur etwas rein Körperliches von ihm.*

Jetzt kommen Sie Ihrer Wahrheit näher: Sie möchten nicht nur etwas Körperliches von ihm. Was ist es, das Sie von ihm wollen?

Karen: *Anteilnahme ... Liebe ... Romantik ... Zärtlichkeit. Das reicht, nicht wahr?*

Da das für Sie wichtig ist, ist es Ihre Wahrheit in dieser Situation. Wie lautet Ihre Wahrheit, David? Wie sieht es von Ihrer Seite aus?

David: *Ich möchte, dass zwischen uns alles ganz wunderbar ist, aber das ist einfach nicht so. Ich möchte mich in meiner Sexualität gern freier fühlen können. Ich empfinde es so, dass sie mir Forderungen stellt, die mich einengen. Das scheint mir Karens Problem zu sein. Ich weiß nicht, was ich damit zu tun habe. Ich empfinde eine Menge Enttäuschung und habe auch Angst, dass uns dieses Thema auseinander bringen könnte.*

Vielleicht sieht es so aus, als sei das Karens Problem, aber lassen Sie uns jetzt einmal Ihre Seite anschauen. Sie sagen, Sie möchten sich in Ihrer sexuellen Beziehung freier und spontaner fühlen können. Stimmt das so?

David: *Ich möchte meine Sexualität so zum Ausdruck bringen, dass ich dabei ich selbst bleibe. Manchmal möchte Karen Nähe, ohne mit mir schlafen zu wollen. Und mir fällt es schwer, auf halbem Wege stehen zu bleiben.*

Karen möchte, dass Sex mit anderen Gefühlen wie Liebe und Zärtlichkeit verbunden sei. Haben Sie das Gefühl, es nimmt Ihnen Ihre Spontaneität, wenn Sie diese Empfindungen ausdrücken müssen?

David: *Nach einem langen Tag fällt es mir oft schwer, solche Gefühle aufzubringen.*

Sie möchten Sexualität, ohne Gefühle fabrizieren zu müssen, die Sie nicht empfinden. Das ist verständlich. Aber was wollen Sie wirklich? Wie würde Ihre ideale sexuelle Beziehung aussehen?

David: *Sie wäre frei.*

Wie würde diese Freiheit für Sie aussehen? Inwiefern nimmt Karens Bedürfnis nach Zärtlichkeit oder Liebesgefühlen Ihnen Ihre Freiheit?

David: *Das ist verwirrend für mich.*

Was ist daran so verwirrend?

David: *Wenn jemand mich um etwas bittet, habe ich das Gefühl, es ihm recht machen zu müssen.*

Sie möchten es Karen nicht immer recht machen müssen. Sie möchten sich frei und uneingeschränkt ausdrücken und Ihre Sexualität von dem Zwang befreit wissen, es Ihrer Partnerin recht machen zu müssen.

David: *Ich nehme an, so ist es …*

Es scheint Ihnen sehr schwerzufallen, sich diese Wahrheit einzugestehen. Versuchen Sie, es jemandem recht zu machen?

David: *Wahrscheinlich meiner Mutter.*

Vielleicht haben Sie als Kind die Erfahrung gemacht, Ihre Mutter zu verärgern, wenn Sie Ihre eigene Wahrheit zum Ausdruck brachten.

David: *Ich glaube, ich wusste noch nicht einmal, wie meine Wahrheit überhaupt aussah, weil ich so damit beschäftigt war, es ihr recht zu machen.*

Wenn Karen also sagt, sie möchte mehr Nähe zu Ihnen, was geht dann in Ihnen vor?

David: *Ich höre, was sie will. Aber wenn ich dann etwas in die Richtung unternehme, klappt es nicht.*

Das klingt so, als ob eine Seite in Ihnen es ihr recht machen will, während die andere dagegen rebelliert. Und dieser innere Kampf macht es Ihnen schwer, frei und spontan auf Karen einzugehen.

David: *Ja. Ich möchte nicht, dass meine Sexualität sich damit vermischt, dass ich es anderen recht machen muss.*

Das ist Ihre Wahrheit.

Karen: *Das wusste ich nicht.*

Richtig. Nun, *er* hat es auch nicht gewusst … jedenfalls bis jetzt nicht.
Als Nächstes können wir uns die Verzerrungen auf beiden Seiten anschauen.

(Zu Karen) Wenn Sie Ihren Wunsch zum Ausdruck bringen, sich David beim Liebesspiel nahe zu fühlen, kann er das hören. Aber wahrscheinlich passiert bei Ihnen an diesem Punkt noch mehr – etwas hindert Sie daran, diesen Wunsch so auszudrücken, dass er gern darauf eingehen möchte. Haben Sie eine Vorstellung, was das sein könnte?

Karen: *Ich glaube, in gewisser Weise zweifele ich an mir als Frau, wenn ich mit einem Mann zusammen bin. Ich weiß, dass ich das, was ich möchte, von einer Frau bekommen könnte, aber bei Männern ist das schwer.*

Es fällt Ihnen schwer, einem Mann gegenüber Ihre Wünsche zu äußern?

Karen: *Manchmal weiß ich gar nicht mehr, um was ich eigentlich bitte. Ich fühle mich so bedürftig, und ich denke, das ist ihm gegenüber nicht fair.*

Vielleicht fällt es Ihnen schwer, Ihre Wünsche auszudrücken, wenn Sie sich so bedürftig fühlen.

Karen: *Ich möchte das Gefühl haben, für David ganz wichtig zu sein, dass ich ihm am Herzen liege und er mich liebt und begehrt. Aber es kommt mir so vor, als ob ich da zu viel verlange. Und dann bin ich mit mir selbst im Kriegszustand, als ob ich und mein Körper in zwei unterschiedliche Richtungen wollen (weint). Und dann bin ich einfach wie betäubt.*

Sie möchten Liebe und Zärtlichkeit – das ist ganz real. Aber die Verzerrung entsteht, wenn Sie diesen Wunsch verurteilen, und damit spalten Sie sich von Ihrem Körper und von sich selbst ab.

Karen: *Und dann fühle ich mich sogar noch bedürftiger. Ich will David dann anders haben.*

Sie denken, wenn David anders wäre, wären Sie nicht so bedürftig oder fühlten sich nicht so abgespalten von Ihrem Körper. Sie erwarten von ihm, dass er die Situation für Sie klärt oder Ihnen hilft, mit sich selbst in Kontakt zu bleiben. Das ist die Verzerrung, weil Ihnen das niemand abnehmen kann. Und das macht die Situation zusätzlich belastend.

(Zu David) Wie ist es für Sie zu hören, dass Karen ihre eigenen Bedürfnisse verurteilt, dass sie den Kontakt zu ihrem Körper verliert und möchte, dass Sie ihr helfen, ihn wieder herzustellen.

David: *Ich kann das, was in ihr vorgeht, jetzt ganz anders sehen.*

Wie fühlt sich das an?

David: *Ich bin im Augenblick nicht so auf Abwehr und fühle mich insgesamt weicher.*

Gut. Lassen Sie uns jetzt schauen, ob Sie Ihr Bedürfnis nach Freiheit und Spontaneität in Ihrer Sexualität in irgendeiner Form verzerrt zum Ausdruck bringen.

David: *Nun, da ich dazu erzogen wurde, es anderen recht zu machen, trage ich in mir viel alten Groll darüber. Vielleicht weigere ich mich, Karen zu geben, was sie sich wünscht, weil ich so ärgerlich darüber bin, dass ich es anderen recht machen muss. Ich glaube, ich kenne den Unterschied gar nicht zwischen echtem Geben und dem Versuch, anderen in allem entgegenzukommen.*

Ja. Könnten Sie versuchen, Karen das zu sagen?

David: *Karen, ich weiß, das ist mein Ding, aber … es fällt mir schwer, auf dein Bedürfnis nach Nähe einzugehen, wenn ich das Gefühl habe, es dir recht machen zu müssen. Dann verschließe ich mich sofort. Ich spalte mich auch von meinem Körper ab.*

Karen: *Ich dachte, ich sei diejenige, die es immer allen recht machen muss … Ja, ich erwarte, dass du mir hilfst, mich mit meiner Sexualität gut zu fühlen, und ich nehme an, das ist meine Verzerrung – dass ich dir diese Erwartung aufbürde. Ich kann sehen, dass das eine Last für dich ist.*

Wie fühlen Sie sich in diesem Augenblick, David?

David: *Ich fühle mich gut. Ich habe das Gefühl, hier einen kleinen Schritt vorwärts gemacht zu haben.*

Kleine Schritte summieren sich.

Karen: *Solange du sie tust, geht es mir gut … Oje, da habe ich's schon wieder getan, stimmt's?* (Gelächter)

Ja, da ist es wieder – die Wahrheit und die Verzerrung kommen zusammen hoch. Sie möchten, dass er liebevoll präsent ist – das ist Ihre Wahrheit. Aber Sie machen daraus auch eine Erwartung. Humor ist hier ganz wichtig: „Oje, da habe ich's schon wieder getan, stimmt's?“ So können Sie freundlich mit sich umgehen, wenn sich diese Tendenz wieder in Ihnen zeigt.

David: *Da ist noch etwas, was ich bei diesem Thema verwirrend finde. Ich kann Karens Wunsch, ich möge emotional einfühlsamer und zärtlicher sein, verstehen. Aber in mir als Mann ist auch etwas, das nicht gefühlvoll und zärtlich ist. Manchmal empfinde ich einfach eine rein körperliche Lust. Meistens fällt es mir schwer, das zu sagen, weil ich Angst habe, sie könnte dann denken, ich sei ein ungehobelter Kerl, ein Hurensohn. Oder sie könnte wegrennen. Manchmal habe ich aber einfach diesen körperlichen Drang, der nicht nur liebevoll und freundlich ist.*

Karen: *Nun, manchmal kann ich damit umgehen.*

David: *Wirklich? Ich dachte, du wolltest, dass ich immer liebevoll und zärtlich bin?*

Karen: *Mir geht es vor allem darum, dass ich mich mit dir verbunden fühle, wenn wir uns lieben.*

Sie können sich sexuell nur miteinander verbunden fühlen, wenn jeder von Ihnen mit sich selbst in Kontakt ist.

(Zu David) Als Sie gerade Ihren Wunsch nach reiner Sexualität geäußert haben – ohne Einschränkungen, voller Kraft und ohne Entschuldigungen –, konnte Karen darauf eingehen, weil Sie so präsent und mit sich im Kontakt waren! Das ist hier das Wichtigste – und nicht, dass Sie immer nur zärtlich und liebevoll sind.

Deutlich wird, dass David und Karens sexuelle Schwierigkeiten lehrreich für sie sind, da sie dadurch aufgefordert werden, präsenter und realer zu sein, sowohl mit sich als auch miteinander. Karen möchte, dass David präsenter ist – mehr da ist mit ihr –, wenn sie sich lieben. Das ist ihre Wahrheit. Und wenn sie ihn das wissen lässt, ist er gezwungen, sich mit dem auseinander zu setzen, was ihn abhält, präsenter zu sein – sein Konflikt um das Bedürfnis, es anderen recht machen zu müssen. Davids Wahrheit ist, dass er sich ihr Liebesleben spontaner wünscht. Und wenn er das zum Ausdruck bringt, ist Karen gezwungen, sich zu fragen, was sie davon abhält, präsent zu sein – ihre Tendenz, sich in Selbstkritik zu verstricken, und ihre Erwartungen an ihn. So ist jeder durch das echte Bedürfnis des anderen aufgefordert, authentisch zu sein.

Gleichzeitig lösen die verzerrten Wahrnehmungen, die jeder der beiden in das Thema Sexualität einbringt, auch die Verzerrungen des anderen aus. Karens Urteile und Erwartungen aktivieren Davids Groll darüber, es anderen recht machen zu müssen, und das erschwert es ihm, präsent zu bleiben. Das führt bei Karen wiederum dazu, dass sie noch bedürftiger, kritischer und fordernder wird. Auf diese Weise wird ihr Streit zum Teufelskreis, in dem jeder durch seinen eigenen inneren Konflikt den des anderen ständig weiterschürt.

Wenn zwei Partner in dieser Form gegenseitig ihre verzerrten Wahrnehmungen auslösen, ist es schwer für sie, klar zu sehen, was da vor sich geht. In dieser Situation kann die Arbeit mit der vierfachen Wahrheit – bei der beide ihr echtes Anliegen *und* ihre verzerrten Wahrnehmungen mitteilen – einem Paar helfen, die Situation zu klären, ohne dass die beiden erneut aneinandergeraten. Auf diese Weise haben Karen und David angefangen, deutlich zu machen, dass hinter ihren scheinbar gegensätzlichen Positionen das gleiche Anliegen steht – beim gemeinsamen Liebesspiel präsenter sein.

7
Chaos und Neugeburt

Nichts in der Welt kann sich von einer Realität in eine andere verwandeln, ohne dass es zunächst zu einem Nichts wird, das heißt, zur Realität des Zwischenstadiums. Und dann wird daraus ein neues Geschöpf, vom Ei zum Küken. Der Augenblick, wo das Ei nicht mehr und das Küken noch nicht ist, ist das Nichtseiende. Das ist der primäre Zustand, den niemand erfassen kann, denn er stellt die Kraft dar, die der Schöpfung vorausgeht; er wird als Chaosbezeichnet.

Aus: Die Erzählungen der Chassidim

MARTIN BUBER

Chaos sollte als äußerst gute Nachricht gelten.

CHÖGYAM TRUNGPA

Wenn die Liebe wie die Sonne ist, deren strahlende Wärme uns in der Samenhülle unserer konditionierten Persönlichkeit wachsen lässt und uns nach draußen lockt, werden wir, wenn diese schützende Schale aufzubrechen beginnt, zwangsläufig Augenblicke der Ungewissheit oder Panik erleben. Denn selbst wenn unsere alten Identitäten unsere Entwicklung behindern, stellen sie eine gewisse Stütze und Sicherheit dar. Beginnen diese Identitäten sich aufzulösen, scheint es oft so, als ob unsere geordnete Welt ins Chaos fällt.

In Augenblicken, wo eine alte Abwehrfassade Risse zu ziehen beginnt, ohne dass wir schon eine neue Möglichkeit des Daseins gefunden haben, die an Stelle des Alten tritt, erleben wir, was der oben zitierte chassidische Weise als „Zwischenstadium" bezeichnet – „wo das Ei nicht mehr und das Küken noch nicht ist".[39] Auch wenn dieses Zwischenstadium bedrohlich erscheinen mag, stellt es zugleich eine einzigartige Gelegenheit dar loszulassen, was bereits gegangen ist, und uns in unserer neuen Situation umzuorientieren. Deswegen ist es wichtig, dass wir lernen, durch diese Zeiten der Unsicherheit und des Umbruchs zu gehen, denn sie können zu bedeutenden Neuanfängen führen – zu einer Neugeburt, wie der Weise sagt.

Anna war eine kompetente Frau Anfang vierzig, die sich aus eigener Kraft hochgearbeitet hatte. Sie hatte eine schwierige Familiensituation durchgestanden, sich selbst das College und die Berufsausbildung finanziert und war aus eigenem Antrieb und durch ihre Intelligenz eine hoch qualifizierte leitende Angestellte geworden. Sie hatte zwei Ehen und zwei Scheidungen hinter sich, aber jetzt erlebte sie zum ersten Mal, wie tief die Liebe sie berühren konnte. Sie hatte schließlich einen Mann kennen gelernt, auf den ihre Seele mit einem uneingeschränkten Ja antwortete.

Gerade weil Anna sich Sean gegenüber so offen fühlte, ging sie auch durch enorme Zweifel und Unsicherheiten. Da sie Angst hatte, sein Zögern, sofort zu heiraten, könne dazu führen, dass er sie verließ und sie dann vor einem emotionalen Scherbenhaufen stand, versuchte sie ihn zu einer Verbindung zu drängen, für die er nicht bereit war. Als sie damit nichts bewirkte, wusste sie nicht mehr weiter. Sie hatte sich halb hinter ihrer kühlen Fassade der Kompetenz hervorgewagt und die Vorstellung, sich weiter so ungeschützt zu fühlen, machte ihr große Angst.

Das Chaos in ihrem Kopf und Körper wurde so intensiv, dass sie sich davonmachte und Sean verkündete, die Beziehung sei beendet.

Zwei Wochen später rief sie mich an und bat um Rat, überwältigt von Schmerz. Die folgende komprimierte Beschreibung ihrer Arbeit mit mir fasst die wichtigsten Themen zusammen, die in diesem Buch bislang besprochen wurden, und zeigt auch auf, wir wir dem emotionalen Chaos begegnen können, das entsteht, wenn wir auf dem Weg zur Wiedergewinnung verlorener Dimensionen unseres Wesens alte Identitäten loslassen.

Emotionale Reaktionen erforschen

Der erste Schritt auf dem Weg durch diese Art von Chaos besteht darin, unsere emotional stark besetzten Reaktionen zu erforschen, um herauszufinden, worauf sie zurückzuführen sind. In Annas Fall beruhte ihre Fluchtreaktion auf ihrer Panik, weil sie sich so stark für einen Mann geöffnet hatte, der sich in seinen Absichten ihr gegenüber unsicher war. Seans Unsicherheit war aber durchaus natürlich, da er immer noch unter den Verletzungen litt, die er in seiner kürzlich gescheiterten Ehe erfahren hatte. Auch wenn Anna das rational verstand, fühlte sie sich bedroht und war voller Angst.

Als sie ihre Fluchtreaktion untersuchte, fand Anna heraus, dass ihr innerer Aufruhr nicht nur durch die Aussicht ausgelöst wurde, Sean zu verlieren, sondern vielmehr durch das Auftauchen einer alten, unbewussten Identität – ein Gefühl von sich als verlorenem Kind, das niemand jemals lieben würde, weil es viel zu bedürftig war. Ihr Leben lang hatte sie diesen Abgrund vermieden, indem sie sich in eine gewisse Trance flüchtete: Sie war vor dieser Identität als bedürftiges Kind geflohen, indem sie versuchte, zu einer Superfrau zu werden – einem Menschen, der sein Leben fest im Griff hatte, der total kompetent war und keinerlei dringende emotionale Bedürfnisse kannte. Aber jetzt, wo ihre Sehnsucht nach wirklicher Liebe zu Tage trat, war ihre bewusste Identität als Superfrau in Gefahr zusammenzubrechen und ihre unbewusste Identität als verzweifeltes Kind drohte sie zu überwältigen.

Den gefühlten Sinn erforschen

Da jedes Selbstbild durch alte Geschichten genährt wird – Vorstellungen vom „So-Sein der Wirklichkeit“, die wir uns selbst einreden –, besteht ein wichtiger Schritt zur Lockerung des Zugriffs einer Identität darin, die entsprechenden Überzeugungen ans Licht zu bringen. Die zentrale Geschichte hinter Annas Identität als bedürftiges Kind lautete: „Ich habe nicht das Vertrauen, dass irgendjemand mich jemals *wirklich* sehen oder lieben könnte.“ Solange sie glaubte, dass auf die Liebe kein Verlass war und sie auch keine Liebe verdiente, hielt sie sich selbst davon ab, das Einzige zu empfangen, was ihr Misstrauen hätte auflösen können – Liebe.

Als Anna erkannte, dass ihr Misstrauen Teil einer Geschichte war, die sie sich selbst einredete, statt eine zutreffende Einschätzung der Wirklichkeit zu sein, war sie bereit, den nächsten Schritt zu tun – sich diesem Misstrauen direkt zu stellen. Ich ermutigte sie, nachzuschauen, wie dieses Misstrauen sich in ihrem Körper anfühlte, und ihm dort Raum zu lassen, ohne es zu verurteilen oder sich dagegen aufzulehnen. Dies brachte sie mit dem in Berührung, was der Psychologe Eugene Gendlin als gefühlten Sinn bezeichnet – eine körperlich wahrgenommene Empfindung, die ihre eigene Gefühlsnuance und -beschaffenheit hat.[40] Wenn wir einen *gefühlten Sinn* freundlich erforschen, ohne ihm eine vorgefertigte Interpretation überzustülpen, kann er uns wichtige Informationen über das liefern, was in uns vorgeht und was uns durch den rationalen Verstand nicht zugänglich ist.

Als Anna sich ihrem Misstrauen stellte, erlebte sie es als ein Gefühl von schmerzender Leere im Bauch. Dieser hohle, trockene Schmerz hatte nicht die gleiche emotionale Intensität wie ihre anfängliche Panik, war aber ein tieferes, wesentlicheres Gefühl. Von Kindheit an hatte sie dieses Gefühl der Leere gekannt, das von der Vorstellung begleitet war, dass es ihr an wirklicher innerer Substanz fehle. Dies war ihr Abgrund – das, wovor sie in Wirklichkeit weglief, als sie versuchte, die Beziehung zu Sean zu beenden. Da sie ihr ganzes Leben so angelegt hatte, dass sie diesem Gefühl aus dem Weg gehen konnte, war es zu einem Angelpunkt geworden, um den sich ihre sämtlichen Täuschungs- und Ablenkungsmanöver drehten.

Als sie mit diesem Gefühl der Leere im Bauch dasaß, erkannte Anna, wie ausgehungert sie sich innerlich fühlte. Als Kind hatte sie all ihre Kräfte zusammengenommen, um die emotionale Vernachlässigung durch ihre Familie zu überwinden und mit ihrem Leben fortzufahren. Und sie hatte sich behauptet – sie war eine äußerst erfolgreiche Frau. Aber um dorthin gelangen zu können, hatte sie ihr unterschwelliges Gefühl von Leere und Mangel verleugnen müssen. Jetzt jedoch, wo sie durch ihre Liebe zu Sean wacher und feinfühliger geworden war, konnte sie nicht mehr umhin, sich dem zu stellen, was ihrem Weiterwachsen im Weg stand. Um für einen Menschen, den sie liebte, ganz präsent und offen zu sein, musste sie sich ihrer Angst stellen, nichts zu sein, und sich damit ebenso auseinandersetzen wie mit den begleitenden Gefühlen von Bedürftigkeit, Scham, Unzulänglichkeit und Misstrauen.

Am Rande des Abgrunds

Die Begegnung mit bedrohlichen Gefühlen, die lange Zeit hinter einer Fassade verborgen wurden, bringt uns an den Rand unseres Abgrunds, wo wir beginnen, unbekanntes Gelände zu betreten.

Als Anna an diesem Rande stand, schrien ihre inneren Dämonen auf: „Geh besser nicht so nah an diese Leere heran, sonst werden wir dich bei lebendigem Leibe fressen. Dann wird deine schlimmste Angst wahr werden – du wirst feststellen, dass du gar nicht wirklich existierst."

Den Schmerz, die Angst oder die Leere zu fühlen, vor denen wir unser Leben lang weggelaufen sind, ist das Letzte, was auch nur einer von uns jemals möchte. An diesem Punkt hilft es, unsere Flucht vor diesen Gefühlen als alte Abwehr aus der Kindheit zu erkennen, die auf der Überzeugung des Kindes beruht: „Dieses Gefühl ist größer als ich. Wenn ich es zulasse, könnte es mich vernichten." Das mag für uns als Kinder gestimmt haben, wo unser Nervensystem zu zart war, um intensive schmerzliche Gefühle verarbeiten zu können, schon gar nicht ohne die Unterstützung und Anleitung durch die Erwachsenenwelt. *Aber heute ist das nicht mehr der Fall.*

Je mehr wir solche Gefühle unter Verschluss halten, desto stärker brennt die schwelende Wunde in unsere Psyche, und wir müssen enorm viel Energie aufbringen, um sie zu verbergen und nicht zu spüren. Und schließlich ist unser Leben eine Lüge, wie bei Anna, die vorgab, eine Superfrau zu sein, während sie unterschwellig voller Selbstzweifel war. Wenn wir uns von dieser anstrengenden Farce befreien wollen, *müssen wir bereit sein, uns dem Gefühl zu öffnen, das wir am wenigsten fühlen wollen.* Wir müssen unser Leiden schließlich bewusst erfahren. Das ist etwas völlig anderes, als uns dahinter zu verschanzen und uns mit schmerzlichen Gedanken und Geschichten zu quälen. Es erfordert, dass wir aktiv und doch entspannt präsent sind.

Verlorenes Sein zurückgewinnen

Wenn wir uns unserem Schmerz schließlich öffnen und ihm viel Raum geben, statt dass wir versuchen, ihn in eine dunkle Ecke wegzustopfen, zeigt sich, dass er niemals so beängstigend oder überwältigend ist wie in unserer Vorstellung. Durch diese Entdeckung – dass wir den gefürchteten Ärger, die Angst, den Kummer oder die Leere, die wir verleugnet haben, tatsächlich ertragen können – bekommen wir die Möglichkeit, uns mit unserem Erleben anzufreunden und uns auf neue Weise mit uns selbst zu entspannen. Dann kann sich unsere Fähigkeit, authentisch präsent zu sein, vertiefen und weiterentwickeln.

All diese Jahre war Anna vor diesem Gefühl der Leere geflohen, weil sie dachte, es sei der Beweis dafür, dass mit ihr auf schreckliche Weise etwas nicht stimme und sie von einem schwarzen Loch verschlungen würde, wenn sie sich ihm stellte. Doch als sie lernte, sich ihre Leere einzugestehen und sie zuzulassen, ohne sich die damit einhergehenden alten Geschichten abzunehmen, stellte sie fest, dass sie schließlich doch nicht verschwand. Im Gegenteil, da sie bereit war, in ihren Abgrund zu schauen – den Ort, wo sie die Berührung mit ihrer eigenen Substanz und ihrem eigenen Wert verloren hatte –, wurde sie präsenter und war stärker mit sich verbunden.

Das geschah nicht sofort; wir mussten oft zu diesem Gefühl der inneren Leere zurückkehren, bevor Anna damit in Kontakt bleiben konnte, ohne sich davon abzuspalten oder sich zu betäuben. Ein wichtiger Wendepunkt war die Entdeckung, dass sich im Kern ihrer Leere eine tiefe Sehnsucht nach Liebe verbarg. Als Anna sich eingestand, dass Liebe wichtiger für sie war als all ihre Fassaden und Abwehrstrategien, schien die Leere nicht mehr so bedrohlich zu sein; sie wurde geräumiger und stiller, wie ein weiter Sternenhimmel. Indem Anna sich mit dem Gefühl konfrontierte, das sie am meisten fürchtete, hatte sie begonnen, dort lebendig zu werden, wo sie sich bislang innerlich tot gestellt hatte.

Und genau das geschieht meistens, wenn wir schließlich standhalten und in den Abgrund schauen, den wir unser Leben lang zu vermeiden suchten. Wenn wir weiterhin davor weglaufen, bleibt er in der Psyche totes Gebiet, dem die Wärme menschlicher Präsenz fehlt. Und er nährt weiterhin unser Gefühl von Unzulänglichkeit, die uns verfolgende Überzeugung, dass mit uns *tatsächlich* etwas nicht stimmt.

Die Wahrheit ist, dass wir uns nicht deswegen innerlich leer fühlen, weil wir unzulänglich wären, sondern weil wir von der Fülle unseres eigenen Wesens abgeschnitten sind. Wir können niemals wirklich innerlich verarmen, weil unsere wahre Natur – dieser „wunscherfüllende Diamant“, der sämtliche Hilfsmittel birgt, die wir brauchen – immer mit uns ist. „Du kannst niemals verlieren, was dir gehört, selbst wenn du es wegwirfst“, heißt es im uralten chinesischen Buch der Weisheit, dem *I Ging*. Aber ohne die Entdeckung, dass wir an dem Ort, wo wir uns vor langer, langer Zeit aufgegeben haben, immer noch lebendig sind, gelangen wir vielleicht niemals zu dieser Erkenntnis.

Aufrichtig trauern und sehnen

Als Anna erkannte, wie weit sie in all diesen Jahren von sich entfernt gewesen war, bereitete ihr das großen Kummer. Diese Trauer birgt immer eine enorme Intelligenz. Sie ist der Schrei, den die Seele ausstößt, weil sie so lange in einer falschen Identität gefangen war. Wenn wir uns für diese Traurigkeit öffnen können, kommen wir in unmittelbare Berührung mit unserer Seele. Und darin liegt ein unerwarteter Segen, der unser Leben durch und durch verändern kann: der echte Wunsch, auf völlig neue Weise zu leben.

Als Anna erkannte, dass ihr Hunger und ihre Leere auf ihrer Selbstablehnung beruhten, war es für sie, als fände sie den Schlüssel für ihre Gefängnistür. Aus dieser Erkenntnis entstand ein neuer Wunsch ihn ihr – sich selbst freundlich zu behandeln und die Zuwendung anderer anzunehmen. Schon das bloße Eingeständnis dieses Wunsches eröffnete ihr den Zugang zu der Freundlichkeit und Zuwendung, die sie selbst für sich hatte. Sie fühlte sich unterstützt, und Wärme strömte in ihren Bauch, wo sie vorher den trockenen Schmerz empfunden hatte.

Annas bewusste Identität als Superfrau war – um auf die chassidische Metapher zurückzukommen – die Schale, die aufbrechen musste, bevor sie „zu einem neuen Geschöpf werden" konnte. Auf diesem Weg musste sie durch das Chaos des „Zwischenstadiums" gehen, wo sie sich der gefürchteten Identität – das unzulängliche Kind – stellte, vor der sie ihr Leben lang weggelaufen war. Das „neue Geschöpf", das geboren wurde, war von einer Tiefe der Seele, einer inneren Wärme und Vitalität, die in gewisser Weise gar nicht „neu" waren. Es erschloss ihr die Quelle für eine innere Nahrung, zu der Anna vor langer Zeit den Zugang verloren hatte.

Diese innere Quelle anzuzapfen, half Anna, sich wieder für Sean zu öffnen und sich von seiner Liebe trotz ihrer Unsicherheit, wie es mit ihnen weitergehen würde, nähren zu lassen. Das wiederum hatte tief greifende Auswirkungen auf ihn. Früher hatte sie auf eine verbindliche Zukunft mit ihm gedrängt, ohne seine Liebe in der Gegenwart zu empfangen – was verwirrend und beunruhigend für ihn gewesen war. Aber jetzt, wo sie seine Liebe schließlich hereinließ, stellte er fest, dass er sich auf neue Weise zu ihr hingezogen fühlte.

Die Fülle des Seins

Annas Reise zeigt uns, wie wir die chaotischen Emotionen, die in Beziehungen aufkommen, als Zugang für eine tiefere Verbindung zu uns selbst und unserem Partner oder unserer Partnerin nutzen können. Der erste Schritt besteht darin, das Selbstbild ausfindig zu machen, das hinter unseren Reaktionen steht und diese auslöst, sowie uns die Geschichten und Überzeugungen zu verdeutlichen, die dieses Selbstbild am Leben erhalten. Dann müssen wir uns die Gefühle eingestehen, die wir mit dieser Identität vermeiden wollten. Das bringt uns meistens an den Rand unseres Abgrunds, wo wir mit Gefühlen wie Angst, Unsicherheit oder Verlust, die wir seit langer Zeit verleugnen, konfrontiert sind.

Der nächste Schritt besteht darin, sich diesem Abgrund zu stellen, wo wir den Zugang zu wesentlichen Aspekten unseres Seins verloren haben – unsere Weisheit, Stärke und grundlegende Güte. Unsere Bereitschaft, an diesem Punkt offen und präsent zu bleiben, führt dazu, dass wir weicher werden und die verhärteten Strukturen der alten Identität sich aufzulösen beginnen. Wie Eis, das sich wieder seiner wahren Natur als Wasser annähert, beginnen unsere erstarrten Fassaden zu schmelzen und die offene, empfängliche Lebendigkeit zu enthüllen, die dahinter eingesperrt war. Dieses Schmelzen ersehnt sich die Seele von der Liebe am meisten – sie möchte sich selbst wieder als lebendige Präsenz erfahren, die nicht mehr in den Grenzen der konditionierten Konstruktionen aus der Vergangenheit gefangen gehalten wird. Selbst wenn wir uns also innerlich absolut tot oder von uns abgeschnitten fühlen, können wir wieder Zugang zu den nährenden Eigenschaften unseres Wesens gewinnen, *indem wir mit dem Gefühl des Mangels in*

Kontakt bleiben. Unseren Mangel an Stärke zu erleben erfordert zum Beispiel Stärke und aktiviert diese. Unseren fehlenden Mut einzugestehen verlangt Mut.

Wenn wir sehen, dass es uns an Mitgefühl und Großzügigkeit fehlt, werden wir bereits mitfühlend und großzügig. Indem wir uns für die Wahrheit unseres augenblicklichen Erlebens öffnen, ganz gleich, wie schmerzlich sie zu sein scheint, beginnen wir uns dort wieder mit uns selbst zu verbinden, wo wir den Kontakt zu uns verloren hatten.

Und genau hier kann eine Beziehung uns so tief greifend lehren: Indem sie uns an die Grenzen der Gebiete bringt, die wir zu betreten fürchten, lehrt sie uns, dort präsent zu werden, wo wir bislang am meisten abwesend waren. Die Herausforderungen der Liebe drängen uns zu entdecken, was wir am dringendsten brauchen, um mit uns und unserer Partnerin oder unserem Partner aufrichtig zu sein – die verlorene Fülle unseres Seins. Wenn wir Zugang zu dieser mächtigen Präsenz in uns gewinnen, sind wir imstande, mit jeder Situation umzugehen, die auf uns zukommt. Das ist die einzig wahre und dauerhafte Lösung für die Schwierigkeiten, denen wir in unserem Leben und in unseren Beziehungen begegnen.

8

Aus Blei wird Gold

Negativität, klar betrachtet, wird zu Intelligenz.

CHÖGYAM TRUNGPA

Wenn die Liebe, die zwei Menschen füreinander empfinden, die harte Schale ihrer Abwehr durchdringt, bringt sie verborgene Negativität ans Licht – wunde Punkte in ihrem eigenen Inneren und in ihrer Beziehung, die sie lieber im Dunkeln ließen. Wenn wir alleine leben, entwickeln wir bestimmte Strategien, um diese wunden Punkte zu ignorieren. Aber wenn wir unser Leben mit einem Menschen teilen, den wir lieben, können wir uns nicht mehr vor uns selbst verstecken.

Es ist wichtig, diese Negativität offen zu legen, so dass wir im Licht von Bewusstheit und Mitgefühl damit arbeiten können. Nur dann kann ihr ängstlicher Zugriff gelockert und der Zugang zu verborgenen Hilfsquellen freigelegt werden, den sie bislang blockiert hat. Wenn wir versuchen, unsere dunklen Seiten ständig zu vermeiden, bleiben sie im Untergrund und entwickeln sich niemals in eine positivere Richtung. Noch schlimmer ist, dass sie anfangen, zu gären und sich auszubreiten, so dass sie unsere Beziehung oder unser Leben schließlich ganz durchdringen, wie Gift, das ins Grundwasser sickert. Wenn wir mit Negativität direkt arbeiten lernen, ist das ein ganz wesentlicher Schritt auf dem Weg zu bewussten Beziehungen.

Negative Negativität

Wenn unsere Schattenseiten ans Licht kommen, kritisieren wir uns oder unseren Partner oft dafür, dass das Schlimmste in uns hervorgezerrt wird. Vorwürfe aber sind eine weitere Form von Negativität und verschärfen die Situation nur.

Immer wenn wir uns gegen etwas Negatives in uns oder unserem Partner auflehnen, verstärken wir damit im Grunde unsere Verhärtung und binden den Knoten noch fester, statt zuzulassen, dass er sich entwirrt. Tatsächlich birgt unsere Aversion gegen ein negatives Gefühl oft genau die Eigenschaft, die wir wegdrängen möchten, und gibt ihr neue Nahrung. Wenn wir unseren Ärger zensieren, ist das zum Beispiel ein weiterer Akt von Aggression, und unsere Furcht verleugnen ist ein Ausdruck von Angst. Wenn wir uns Vorwürfe machen, weil wir geizig sind, werden wir eng und halten noch stärker fest. Wie Brer-Hases Angriffe auf Tar-Baby in der Geschichte von Onkel Remus hält unsere Abwehrreaktion gegen unsere dunklen Seiten uns genau in den persönlichen Neigungen gefangen, die uns am meisten Schmerz bereiten. Aus diesem Grund bezeichnete Chögyam Trungpa diese Reaktionen einmal als „negative Negativität“.[41]

Mit Negativität arbeiten

Oft ist es die Angst, verurteilt zu werden, die uns davon abhält, unsere negativen Züge einzugestehen. Vielleicht glauben wir, dass unsere Partnerin oder unser Partner uns nicht mehr respektiert, wenn wir unsere Schwachstellen oder Grenzen zugeben. Aber das ist meistens eine

Projektion: Wir sehen unsere eigene Kritik an uns – die Seite in uns, die uns dafür verdammt, menschlich, allzu menschlich zu sein – in unserem Partner gespiegelt. Bevor wir kreativ mit Negativität arbeiten können, müssen wir erst einmal lernen, die Angriffe unseres inneren Kritikers zu neutralisieren.

Ein wichtiger Schritt in diese Richtung besteht darin, einen ganz wichtigen Unterschied zu machen – nämlich den zwischen *erkennen* und *verurteilen*. Wir müssen erkennen können, welche Wahrheit die Botschaft der Kritik birgt – die uns zum Beispiel sagen kann, wo wir aus der Bahn geraten sind –, und uns zugleich abgewöhnen, uns für unsere Fehler zu *verurteilen*. Das bedeutet, wir müssen lernen, uns gegen die Angriffe der Kritik aufzulehnen, und ihrer Zensur ein festes „Nein" entgegenhalten, während wir gleichzeitig erkennen, worauf sie uns aufmerksam machen will: „Ja, es stimmt ... ich bin oft verwirrt und nicht im Kontakt mit mir ... Es fällt mir schwer, wirklich zuzuhören ... Ich versuche meine Partnerin dazu zu benutzen, meine Leere zu füllen und mich aufzuwerten ... Wenn ich gebe, will ich dafür oft etwas wiederhaben ..." Wenn wir uns freundlich eingestehen können, dass wir aus der Bahn geraten sind, entschärfen wir die Kritik.

Wenn die Verhärtung gegen Negativität nur zu weiterer Negativität führt, ist auch das Gegenteil wahr – Negativität eingestehen heißt, ihr ihre Macht nehmen und die positiven Impulse freilegen, die sie birgt. Vielleicht bringt Ihre Beziehung zum Beispiel ans Licht, dass Sie zum Egoismus neigen. Wenn Sie sich dafür Vorhaltungen machen, verschanzt dieser Charakterzug sich lediglich im Untergrund und wagt sich nur verstohlen ans Licht. Eigentlich aber müssten Sie diesen Egoismus genauer begreifen lernen – worin besteht er und woher stammt er? In Wirklichkeit wissen Sie wahrscheinlich gar nicht, warum Sie egoistisch sind oder was diesen „Egoismus" überhaupt ausmacht. Vielleicht haben Sie Ihre Theorien darüber, aber wahrscheinlich haben Sie sich diesen Egoismus niemals genauer angeschaut. Und solange Sie das nicht tun, kann er sich niemals wirklich verändern oder sich in eine andere Richtung entwickeln. Der Schlüssel liegt wieder im Erlauben und Erforschen. Zulassen bedeutet nicht, jeden Impuls blind auszuagieren, sondern ihn erleben und in direkten Kontakt damit kommen. Sowohl das Zulassen als auch das Kontaktmachen sollten freundlich geschehen. Das erfordert eine gewisse Übung sowie Standhaftigkeit und Mut.

Wenn Sie sich den egoistischen Impuls, während er aufkommt, einfach erleben lassen – das heißt, darauf achten, wie er sich im Körper anfühlt –, stellen Sie vielleicht fest, dass bestimmte Empfindungen damit einhergehen, wie eine Verkrampfung in Bauch oder Brustkorb. Weiter könnten Sie entdecken, dass diese Verkrampfung ein Hinweis auf etwas ist, woran Sie verzweifelt festzuhalten versuchen; und dass sich unter diesem Festhalten ein enormer Hunger verbirgt. Wenn Sie sich das eingestehen, kann es sein, dass sich die Anspannung zu lösen beginnt. Bei der Erforschung des unterschwelligen Hungergefühls kann Ihnen klar werden, dass Sie nicht sehr großzügig mit sich sind – was ein Gefühl von innerer Armut nach sich zieht. Die Folge ist, dass Sie ständig versuchen, „zu nehmen, was sie kriegen können".

Wenn Sie erkennen, dass Ihr Festhalten ein Versuch ist, dem Gefühl von innerer Armut abzuhelfen, können Sie Ihrem Egoismus mit Mitgefühl begegnen, statt sich dafür zu verurteilen und gespalten zu bleiben. Dann können Sie sich dem eigentlichen Thema widmen – dem Bedürfnis, großzügiger mit sich zu sein –, statt den inneren Hunger unbewusst durch egoistisches Verhalten auszuagieren.

Selbst wenn wir zu negativen Tendenzen nicht immer so schnell und direkt Zugang bekommen, zeigen sie sich uns doch allmählich immer deutlicher, wenn wir sie ohne Vorwurfshaltung beständig erforschen. Sämtliche Negativität ist die Folge eines Seinsverlustes. Wenn wir entdecken, wie abgeschnitten wir von uns sind, können wir unsere Negativität als das sehen, was sie wirklich ist – ein Schrei um Zuwendung von den Seiten in uns, die wir vergessen haben und nur zurückgewinnen können, wenn wir erkennen, dass sie uns verloren gegangen sind.

Den Beziehungsschatten ans Licht bringen

So wie jedes Individuum einen unbewussten Schatten entwickelt – eine Reihe von verleugneten Gefühlen, Wahrnehmungen und Reaktionen, die nicht mit dem idealisierten Selbstbild vereinbar sind –, entwickelt auch jedes Paar einen Beziehungsschatten. Robert Bly verglich diesen Schatten einmal mit einem langen Sack, voll gestopft mit unerwünschten Erfahrungen, der uns, während wir ihn mit uns herumschleppen, zu Boden zieht. Auch Beziehungen werden von ihrem Schatten erdrückt – all den Verleugnungen, Ausflüchten, Vorwürfen und Unzufriedenheiten, die ein Paar monate- oder jahrelang weggesteckt hat.

Wenn die Unzufriedenheit zweier Partner anwächst, wird ihre Angst, den Sack zu öffnen, immer größer, denn sie befürchten, dass ihre Beziehung von einem Strom von Negativität überschwemmt wird. Die Folge ist, dass der Sack immer schwerer und die Distanz zwischen ihnen immer größer wird, während die Anzeichen für ihre aufgestauten negativen Gefühle – Misstrauen und Ärger, Rückzug und Distanziertheit, abnehmendes sexuelles Interesse, extreme Härte im Umgang miteinander und mangelndes Verzeihen – anfangen, die Atmosphäre zu vergiften.

Paare können dieses Anwachsen des Schattens niemals ganz vermeiden. Selbst in der bewusstesten Beziehung bauen sich zwangsläufig Spannungen und Reibungen auf. Je mehr Liebe zwei Menschen füreinander empfinden, desto weniger sind sie oft geneigt, sich Konfliktbereichen zuzuwenden. Deswegen müssen Paare eine bewusste Übung daraus machen, den Sack gelegentlich zu leeren, indem sie sich Zeit dafür nehmen, die Unzufriedenheiten und den Groll zu erforschen, die sich unter der Oberfläche angesammelt haben.

Nach dem Prinzip der Koemergenz, das im sechsten Kapitel erläutert wurde, enthalten sämtliche Formen von Negativität eine gewisse Intelligenz. Wenn also zwei Menschen über ihre negativen Gefühle in einem Geist liebevoller Offenheit sprechen können, entdecken sie dabei auch wichtige Botschaften, die ausgesprochen werden müssen, damit sie sich mit sich und der Beziehung wohlfühlen können. Und wenn sie erkennen, dass sie offenlegen können, was sie glaubten verbergen zu müssen, wächst ihr Vertrauen und die Beziehung als „haltende Umgebung“ wird gestärkt, da sie sämtliche verschiedenen Seiten der beiden Partner einschließen kann.

Diese Form von Klärung, die zunächst so bedrohlich erscheint, erweckt den Funken, der durch Verleugnung und Ausflüchte erstickt wurde, erneut zum Leben und setzt einen Strom von positiven Kräften frei. Und wenn die Liebe zwischen ihnen zurückkehrt, fühlt sie sich besonders mild an, wie die frische Luft nach einem Sturm.

Ein schwaches Kettenglied in ein starkes verwandeln

Wir müssen nicht nur mit der Negativität in uns und unseren Beziehungen arbeiten, sondern auch lernen, uns auf die unterentwickelten Seiten unseres Partners oder unserer Partnerin zu beziehen. Wie gehen wir mit den menschlichen Zügen um, die wir an den Personen, die wir lieben, am wenigsten mögen – ihrer Angst, ihrer Rigidität, ihrer mangelnden Selbstachtung, ihrer Depression, ihrem Ärger und ihren blinden Flecken? Oft versuchen wir, einen Kreuzzug gegen diese negativen Eigenschaften zu führen. Oder wir ignorieren sie und hoffen das Beste. Es kann auch sein, dass wir resignieren, stumm für uns leiden und daran denken, uns zu trennen.

Die Bereiche, in denen Liebende an ihre wunden Punkte stoßen, sind meistens die schwächsten Kettenglieder ihrer Beziehung. Hier scheuert das Band zwischen ihnen am schnellsten durch und reißt auseinander. Und zugleich wird hier ihre Liebe einer wirklichen Prüfung unterzogen. Wenn sie lernen, sich bewusster auf die negativen Züge des anderen zu beziehen, können daraus unerwartete Wohltaten erwachsen.

Für den einen kann das heißen, aufzustehen und den scharfen Urteilen des Partners ein Nein entgegenzuhalten – und auf diesem Wege vielleicht verborgene Stärken in sich zu entdecken. Dadurch wiederum gewinnt er an Selbstachtung, so dass auch der Partner ihn mehr respektieren kann. Für eine andere kann es wichtig sein, den inneren Konflikten des Partners mit liebender Güte zu begegnen – so dass ihre eigene Liebesfähigkeit wächst, während sich zugleich mehr Vertrauen und Freundschaft zwischen ihnen entwickelt. Und wieder ein anderer kann sich durch die Auseinandersetzung mit den Verhaltensweisen, die ihn an seiner Partnerin am meisten stören, gezwungen sehen, mit Seiten in sich ins Reine zu kommen, die er sich niemals eingestanden hat. Wenn seine Partnerin zum Beispiel eine Tendenz zu Traurigkeit oder Niedergeschlagenheit hat, kann er sich dadurch bedroht fühlen, weil er vor den eigenen bedrückenden Gefühlen bislang immer weggelaufen ist. Indem er lernt, sich auf diese Seite seiner Partnerin zu beziehen, kommt er mit den eigenen dunklen, tiefen Seelenqualitäten in Kontakt, so dass er fester auf dem Boden steht und sich von seiner kindischen Illusion, das Leben sei ein einziger Ikarusflug, verabschieden muss.

Lehrer füreinander sein

Kein Freund, keine Therapeutin und kein spiritueller Lehrer bekommt die Auswirkungen meiner negativen Tendenzen so lebhaft zu spüren wie mein Partner. Und niemandem ist so viel daran gelegen wie mir, dass er sich dort öffnet, wo er verschlossen ist. Wollen wir also beide wachsen, ist es nur weise, wenn wir uns gegenseitig um Hilfe bitten. Eine Seelenverbindung bedeutet, dass beide sich gegenseitig um Unterstützung oder Anleitung in den Bereichen bitten können, in denen der andere stärker oder weiter entwickelt ist.

Ein Paar, das diesen Weg gehen möchte, könnte damit beginnen, indem beide sich fragen: „Bin ich bereit, in diesem Bereich, der mir wirklich zu schaffen macht, die Hilfe meines Partners (oder meiner Partnerin) anzunehmen? Und bin ich auch bereit, ihm (oder ihr) diese Hilfe zukommen zu lassen?“ Wenn beide diese Fragen bejahen, können sie sich als Nächstes gegenseitig formal um Unterstützung oder Anleitung bei bestimmten Schwierigkeiten bitten und sich mitteilen, was hier am hilfreichsten wäre. Ein Mann zum Beispiel, dem es schwerfällt, sein Herz zu spüren oder seine Gefühle zu zeigen, könnte seine Partnerin um Hilfe dabei bitten, wenn hier ihre Stärke liegt. Er könnte sie auch wissen lassen, was ihm am meisten helfen würde, zum Beispiel: „Es nützt mir nichts, wenn du mir Vorträge hältst oder mich ablehnst, sobald mein Herz verschlossen ist. Am meisten würde mir helfen, wenn du dir anhörst, wie ich zu kämpfen habe, dein Wissen oder Verständnis in diesem Bereich mit mir teilst und mir Mut machst."

Wenn die Menschen, die wir lieben, uns in Bezug auf einen ihrer schwachen Punkte um Hilfe bitten, ist das eine Gelegenheit, uns auf diese Seite von ihnen bewusst und überlegt zu beziehen, statt uns einfach damit abzufinden. Wir werden feststellen, dass unser Bemühen darum, mit den eigenen rauen Ecken und Kanten präsent zu sein, die beste Übung dafür ist, die Menschen, die wir lieben, zu unterstützen. Auch ihnen können wir am besten so helfen, wie wir uns selbst helfen, wenn wir uns festgefahren fühlen: Statt dass wir versuchen, aus ihnen bessere Menschen zu machen, können wir ihnen Raum geben, sie ihre Erfahrung machen zu lassen und für sie da sein, indem wir präsent sind und freundlich in Kontakt mit ihnen bleiben.

Wenn zwei Partner lernen, in dieser Form füreinander da zu sein, vertieft sich ihre Seelenverbindung und die Schwachpunkte zwischen ihnen werden zu einer Quelle unerwarteter Stärken.

9

Die Macht der Wahrheit

Die Fähigkeit eines Paares, bewusst mit seinen rauen Ecken und Kanten zu arbeiten, kommt da an ihre Grenzen, wo die beiden in ein unbewusstes Ringen miteinander verfallen, das sich ständig wiederholt und das wir ihren „Streit" nennen könnten.[42] Dieser Streit setzt sich zusammen aus einer scheinbar endlosen Reihe von Gefechten um ein zentrales Thema, das in zahlreichen Fortsetzungen und Variationen immer wieder auftaucht, wobei die beiden sich ständig im Kreis drehen, ohne jemals eine Lösung zu finden.

Manche Beziehungskonflikte können, wie bereits früher besprochen wurde, zu einem heiligen Kampf werden, in dem unsere Fassade erschüttert wird und wir herausgefordert sind, authentischer präsent zu sein. Durch andere Konflikte ist ein Paar gezwungen, sich Problembereichen zuzuwenden, die sie bislang verleugnet oder ignoriert haben. Der wiederkehrende Streit hingegen – in Form von ständigen

Zankereien, Angriffen aus dem Hinterhalt oder emotionalen Ausbrüchen – bewirkt nichts, als dass zwei Partner sich am Ende missverstanden, entmutigt und erschöpft fühlen. Wir haben bereits gesehen, wie alte Konstruktionen des eigenen Selbst und des anderen aus der Kindheit die Wurzel dieser Konflikte bilden. Hier werden wir uns darauf konzentrieren, wie zwei Menschen den Teufelskreis durchbrechen und den Streit beilegen können.

Der Grund dafür, dass Paare ihren Streit meistens nicht lösen können, ist ganz einfach: Sie wenden sich nicht dem eigentlichen Thema zu. Sie *glauben*, es ginge um bestimmte Unterschiede zwischen ihnen – im Umgang mit Geld, Haushaltsdingen, dem Ausdruck von Gefühlen oder im sexuellen Verhalten. Aber das ist selten das Hauptproblem. Zwei Menschen können für ihre Unterschiedlichkeiten immer eine Lösung finden oder zumindest lernen, damit zu leben, wenn sie das wirklich wollen. Das eigentliche Thema ist, dass sie mit ihren Verschiedenheiten gegenseitig alte wunde Punkte berühren – Bereiche, wo sie sich verletzlich, unsicher, isoliert oder ängstlich fühlen. Im Verlauf ihrer fortgesetzten Streitigkeiten werden diese empfindlichen Stellen immer wieder berührt, bis sich die ganze Auseinandersetzung schließlich wie eine einzige große Wunde anfühlt.

Wenn zwei Partner nicht wissen, wie sie über die unterschwelligen Verletzlichkeiten sprechen können, die durch ihren Konflikt angerührt werden – oder ob es überhaupt möglich ist, über solche Dinge zu sprechen –, können sie sich den tiefer liegenden Themen, die ihren Streit ständig weiterschüren, niemals zuwenden. Und folglich wird ihr Konflikt nie gelöst. Stattdessen fahren sie fort, sich um das falsche Thema zu streiten: *Wer tut wem was an.*

Dem Streit Einhalt gebieten

Um ihrem Streit Einhalt zu gebieten, müssen zwei Menschen lernen, miteinander über ihre wunden Punkte zu sprechen, statt an den Inhalten ihres Streites festzuhalten. Ein solches Gespräch ist für die Entwicklung einer bewussteren Beziehung ganz wesentlich. Laut Aussage des Psychologen James Hillman ist Bewusstheit „eigentlich nichts weiter als Pflege des Gesprächs“, und Unbewusstheit ist nichts weiter als „ein Herausfallenlassen von Dingen aus dem Gespräch“.[43] Denken Sie einmal an Ihre Ursprungsfamilie: Bestimmte Themen, über die nie gesprochen wurde, verwandelten sich in Dämonen, die die Familie verfolgten, weil niemand sich ihnen zuwenden wollte. Ähnliches gilt, wenn wir bei einem Beziehungsgespräch unsere Bedenken und Vorbehalte ausklammern. Verletzungen und Ärgernisse, an denen wir festhalten, Zweifel und Ängste, die unser Partner in uns weckt, Wünsche, die wir nicht zuzugeben wagen – das alles lebt im Schatten verborgen, um uns von dort in Form dieser sinnlosen Streitereien zu verfolgen, die nirgendwo hinführen.

Es ist also wesentlich, dass Paare lernen, Gespräche zu führen, die sie niemals führen zu können glaubten – nämlich über das, was wirklich in ihnen vorgeht. Intime Gespräche sind ein Wagnis und ein Erforschen. Sie erfordern, dass wir ein Risiko eingehen – indem wir offenlegen, was hinter unserer Fassade in uns vorgeht. Dadurch erschließen sich zwischen zwei Menschen neue Möglichkeiten, so dass sie sich auf einer viel tieferen Ebene miteinander verbinden können.

Gale und Patrick waren seit einem Jahr zusammen. Ihr Streit kreiste um das Thema Monogamie. Patrick wollte die Freiheit haben, sich gelegentlich mit anderen Frauen zu treffen, während Gale eine verbindlichere Beziehung brauchte. Jeder Streit über dieses Thema endete damit, dass beide sich vom anderen missverstanden und manipuliert fühlten.

Als ich Patrick zum ersten Mal fragte, was für ihn passierte, konnte er nur sagen: „Ich möchte das aber so. Ich will nicht, dass irgendwer mir erzählt, wie ich zu leben habe.“ Aber als er genauer erforschte, was geschah, erkannte er, dass er Angst hatte, eingesperrt zu werden. Immer wenn er glaubte, in seiner Freiheit eingeschränkt zu werden, hatte er das Gefühl, es ginge um sein Leben. Und dann musste er seiner Partnerin beweisen, dass er frei blieb, indem er sich mit anderen Frauen traf. Auf diese Weise hatte er bereits zwei Ehen zerstört.

Die Frage der Monogamie berührte also für Patrick ein viel tieferes Thema. Sein Vater hatte die Familie rücksichtslos beherrscht und Patrick ständig gesagt, was er zu tun und zu lassen hatte. Und immer wenn Patrick die Dinge auf seine Weise angehen wollte, hatte sein Vater ihm vorgeworfen, er sei egoistisch. Als er sah, wie sich diese Dynamik mit seinem Vater in ihm fortsetzte, begann Patrick zu begreifen, dass Monogamie nicht das eigentliche Thema war, sondern lediglich der Inhalt des Streites.

Die eigentliche Frage lautete für Patrick, wie er mit den beiden kriegsführenden inneren Stimmen umgehen konnte: dem verinnerlichten Vater, der ihm ständig sagte, was er zu tun hatte, und dem rebellischen Jugendlichen, der immer beweisen musste, dass er verdammt noch mal tat, was ihm gefiel. Keine dieser beiden Seiten hatte ihm jemals Glück oder Erfüllung gebracht, und der ständige Kampf in ihm bewirkte lediglich, dass er sich innerlich zerrissen fühlte. Indem er das alles sah, hatte Patrick den ersten Schritt getan, um dem Streit Einhalt zu gebieten – er hatte sich nach innen gewandt und das eigentliche Thema entdeckt.

Wahrheit als Selbstdarlegung

Der nächste Schritt besteht darin, unserem Partner aufrichtig darzulegen, was wirklich in uns vorgeht. Der Streit ist wie ein öffentlicher Boxkampf zwischen zwei Egos, deren Hauptinteresse ist, sich zu verteidigen und gut dazustehen. Der beste Weg, diesen Machtkampf zu beenden, besteht darin, unseren Partner einzuladen, aus dem Rampenlicht zu treten und mit uns hinter die Bühne zu gehen. Wenn zwei Menschen zulassen, dass der andere sieht, was hinter der Bühne vor sich geht, wird eine tiefere, innigere Verbindung zwischen ihnen möglich. Und das hilft ihnen, den Ringkampf ihrer Egos zu beenden.

Zuerst fiel es Patrick schwer, seinen Kampf offen zuzugeben. Wie viele Männer glaubte auch er, dass seine inneren Gefühle nicht weiter interessant oder wichtig seien. Wie sollte ein Gespräch über sein Innenleben helfen können, seinen Konflikt mit Gale zu lösen? Es überraschte ihn zu erleben, dass sie wirklich an dem interessiert war, was in ihm vorging, und dass ihr seine Mitteilungen halfen, sein Verhalten und seine Einstellungen, die ihr sonst völlig unbegreiflich waren, zu verstehen.

Als Patrick Gale an dem schmerzlichen Kampf teilhaben ließ, der hinter seiner abwehrenden Fassade vor sich ging, war ihre erste Reaktion: „So etwas habe ich dich noch nie sagen hören." Sie war erleichtert, weil er ihr schließlich von seinem Kampf erzählte und ihr Einblick in sein inneres Erleben gewährte, statt es weiter vor ihr zu verbergen. Sie empfand auch Mitgefühl für ihn und seine inneren Auseinandersetzungen. Gales Anteilnahme und Erleichterung waren nicht überraschend; die meisten von uns reagieren ähnlich, wenn der Mensch, den wir lieben, uns seine tiefsten Anliegen offen mitteilt.

Nachdem sie auf Patrick mitfühlend reagiert hatte, begann Gale sich wieder zu verschließen, als sie sich ihrer Seite des Streits zuwandte: „Aber ich komme nicht klar damit, dass du dich mit anderen Frauen triffst. Ich will das einfach nicht aushalten ..." Ich bat sie dann, genauso vorzugehen wie Patrick – nachzuschauen, welchen empfindlichen Punkt dieser Konflikt bei ihr berührte.

Gale war als Wildfang in der City einer Großstadt aufgewachsen, in der es viele Banden gab und wo die Kinder oft bedroht und in den Korridoren ihrer Schule sogar mit dem Messer angegriffen wurden. Die Folge war, dass sie sich eine harte Fassade zugelegt hatte, hinter der sie sich ängstlich und unsicher fühlte. Der Streit um Monogamie berührte diese ungeschützte, verletzliche Seite in ihr, die sie kaum jemandem zeigte.

Also gab es auch für Gale Themen, die dem Streit um Monogamie zugrunde lagen: Wenn sie ihre Schutzwälle fallen ließ und ihre weibliche Weichheit spürte und zeigte, konnte sie dann in dieser Welt überleben? Konnte sie ihre Empfindsamkeit einem Mann zeigen und darauf vertrauen, dass er sie nicht ausnutzte? Wenn Gale sich verletzlich fühlte, bestand ihre übliche Strategie darin, sich Mut zu machen, indem sie Patrick angriff: „Was ist los mir dir? ... Immer soll es nach deiner Nase gehen ... Ich traue dir nicht ... Ich kann mich nicht auf dich verlassen ..." Unsere Partnerin oder unseren Partner in der Hitze des Gefechts in dieser Form negativ anzugehen, ist das Unproduktivste, was wir tun können. Wir lösen dadurch beim anderen nur Gegenreaktionen aus und bewirken, dass er in eine abwehrende Trance verfällt. Wenn Gale Patrick angriff, sah er in ihr das schlechte Andere – den kontrollierenden Elternteil, der ihn beschämen und zurechtweisen wollte. Das weckte Panik in ihm und provozierte seine Abwehr, wodurch nur noch mehr Abstand zwischen ihnen entstand.

Von mir ermutigt, war Gale jetzt imstande, einen anderen Kurs einzuschlagen. Sie begann, Patrick an ihrer inneren Wirklichkeit teilhaben zu lassen: „Ich musste schon als Kind immer stark sein. Ich fürchte mich sehr, meine Schutzwälle fallen zu lassen und weich und verletzlich mit dir zu sein. Ich habe große Angst, angegriffen und ausgenutzt zu werden." Patrick, der das alles zum ersten Mal von ihr hörte, reagierte, indem er sichtbar weicher wurde und nach ihrer Hand griff.

Zu ihrer Überraschung stellten Gale und Patrick fest, dass sie sich beide in einer ähnlichen Situation befanden. Das geschieht oft, wenn zwei Menschen die Themen ans Licht bringen, die ihrem Streit zugrunde liegen: Sie finden gemeinsamen Boden, wo sie sich vorher uneins waren. Jeder von beiden hatte auf seine Weise das Gefühl, dass die Nähe in der Beziehung sein emotionales Überleben bedrohte. Beide hatten ein zentrales Bedürfnis, das der andere nicht zu erkennen schien: Für Patrick ging es um Autonomie und für Gale darum, sich sicher fühlen zu können, wenn sie sich öffnete und weicher wurde.

Und beide fühlten sich zutiefst bedroht, weil sie geglaubt hatten, dass der andere dieses zentrale Anliegen nicht respektierte.

Als ich Patrick fragte, wie er sich an diesem Punkt fühle, sagte er: „Ich weiß nicht ... irgendwie ziemlich im Niemandsland." Nachdem er Gale jetzt an seinem Kampf hatte teilhaben lassen und ihr gegenüber weicher geworden war, wusste er nicht weiter. Da es nichts mehr gab, wogegen er rebellieren musste, war seine übliche Abwehrstrategie hinfällig. Das brachte ihn an eine neue Grenze.

Da er sich dort unwohl fühlte, war Patricks erster Impuls zu fragen: „Gut, und was jetzt? Wie sieht die Lösung aus?" Ich begriff, dass er vom Grat herunterspringen wollte, weil er sich entwaffnet und unsicher fühlte. Aber ich wollte auch, dass er spürte, wie es war, sich an dieser neuen Kreuzung präsent und offen zu fühlen. Ich sagte also: „Es ist noch zu früh für Lösungen. Pläne machen und Strategien entwickeln, das kennen Sie. Können Sie stattdessen einfach einmal spüren, wie es ist, unsicher zu sein und nicht zu wissen, wie es weitergeht? Wenn Sie mit diesem Gefühl in Kontakt bleiben können, ergibt sich der nächste Schritt vielleicht ganz organisch von selbst."

Nach einer langen Pause sagte Patrick: „Wissen Sie, ich habe wirklich nicht das Vertrauen, dass ich eine Beziehung leben kann, ohne mich zu verlieren." Als er dieses Misstrauen eingestand und sah, wie es sein ganzes Leben durchdrang, wurde er lebendiger. Beide Arme hebend, sagte er: „Das habe ich einfach noch nie erlebt." „Wie würde es denn sein, in einer Beziehung bei sich zu bleiben?" fragte ich. Er lehnte sich in seinem Stuhl zurück, atmete mit einem Seufzer aus und sagte nach einer Weile: „Frei ... viel Raum ... ich könnte mich einfach entspannen. Das wäre großartig!" Als er erkannte, wie wichtig es für ihn war, sich im Zusammensein mit dem Menschen, den er liebte, nicht zu verlieren, gestand sich Patrick die Wahrheit ein, die seinem Wunsch, andere Frauen zu treffen, eigentlich zugrunde lag. Die Folge war, dass dieser Wunsch an Dringlichkeit verlor.

Auch Gale überschritt eine neue Grenze, indem sie mit ihrer Unsicherheit in Kontakt blieb und mit ihrem Zweifel daran, ob sie jemandem so weit vertrauen konnte, dass sie ihre Schutzwälle fallen ließ. Und das führte dazu, dass auch sie ihre tiefere Wahrheit aussprach: Sie wollte in der Liebe weicher werden können, ohne überrannt zu werden.

Interessant ist, dass Patrick und Gale sich beide ein Gegenüber gesucht hatten, das sie dort erreichte, wo alte Abwehrstrategien nicht mehr funktionierten und sie tiefer graben mussten, um herauszufinden, was sie wirklich wollten. Offensichtlich gab es hier etwas Wichtiges zu erforschen. Indem sie sich gegenseitig ihre tiefsten wunden Punkte zeigten, nahmen sie ihre Masken ab und machten sich verletzlich. Dadurch kamen sie sich näher und fühlten sich nicht mehr gezwungen, verzweifelt um ihre Positionen zu kämpfen. So entstand ein völlig neuer Rahmen für ihre Gespräche über Monogamie.

Im Verlaufe ihrer weiteren Verhandlungen über das Thema Monogamie stellten sie fest, dass beide ständig einen Schritt weiter gehen mussten, als sie für möglich gehalten hatten, und das betraf sowohl die Kommunikation über ihre unterschiedlichen Wahrheiten als auch das gegenseitige Verstehen. So wurde genau das Thema, das sie auseinander zu bringen drohte, zur Brücke zwischen ihnen, über die sie sich näher kamen. Es war klar, dass ihr Konflikt ihnen beiden geholfen hatte, sich in eine neue und bedeutsame Richtung weiterzuentwickeln, was auch seine Gültigkeit behielt, wenn sie nicht zusammenbleiben sollten.

Die wunden Punkte bloßlegen

Konventionelle soziale Beziehungen bauen darauf auf, dass die Fassade gewahrt und ein Selbstbild verteidigt wird, das unserem wahren Wesen nicht entspricht. Das ist typisch für unbewusste Beziehungen – sie beruhen auf Verheimlichung und Selbstverteidigung. Eine *bewusste Beziehung* hingegen gedeiht auf dem Boden der *Selbstdarlegung*. Eine Seelenverbindung kann nur dann wachsen und sich vertiefen, wenn zwei Menschen das Risiko eingehen, ihre Fassaden fallen zu lassen und sich so zu zeigen, wie sie sind.

Meistens haben wir Angst, unsere wunden Punkte zu entblößen, weil wir uns hier verletzlich, unsicher und alles andere als perfekt fühlen. Da wir glauben, unsere Schwächen seien ein Hinweis dafür, dass mit uns etwas nicht stimmt, befürchten wir, dass sie gegen uns verwendet werden, wenn wir sie zeigen. Also versuchen wir, sie zu verbergen und unser Sonntagsgesicht aufzusetzen, vor allem in der Anfangsphase einer Beziehung.

Allmählich jedoch drängt uns das Bedürfnis, wirklich wir selbst zu sein, aufrichtig mit unserem inneren Erleben und unseren Verletzungen umzugehen. Einen wunden Punkt offenlegen heißt nicht, sich im Schmerz zu suhlen oder unsere psychischen Schäden exhibitionistisch vorzuführen. Das läuft meistens auf eine Form von Manipulation hinaus. Wenn wir uns wirklich offen mitteilen, hat das etwas Zartes, Behutsames. Solche Augenblicke können eine tiefe Heilung möglich machen – wenn wir entdecken, dass wir mit einem Menschen, den wir lieben, wir selbst sein können und unsere Bindung tiefer wird.

Meistens gehen wir davon aus, dass genau das Gegenteil der Fall ist: Wir schämen uns unserer wunden Punkte und glauben, dass niemand, der sie zu sehen bekommt, uns lieben kann. Wir gehen davon aus, dass es ein Zeichen von Schwäche ist, diese Seiten zu zeigen, also versuchen wir, sie zu verstecken und so zu tun, als gäbe es sie nicht. Das ist vielleicht das richtige Verhalten auf einem Schlachtfeld. In einer intimen Beziehung gilt genau das Gegenteil: Wenn wir unser inneres Erleben mitteilen, ist das ein Zeichen von Stärke und das Mutigste, was wir tun können.

Das bedeutet nicht, dass wir unsere Seele auf einem Tablett vor uns hertragen oder uns immer ernst nehmen müssen. Wenn zwei Partner lernen, die Menschlichkeit hinter ihrer Fassade zu enthüllen, fördert das vielmehr ihren Sinn für Humor, der ihnen helfen kann, schwierige Zeiten in ihrer Beziehung durchzustehen. Viele Worte über Humor machen oder ihn gar vorschreiben wollen hieße, ihm die Spontaneität nehmen, die seine Essenz ist. Trotzdem muss ich sagen, dass in meiner Ehe die ausgelassene Albernheit – deren ungeplantes Auftauchen auf der Bildfläche alles Schwere sofort leichter macht – uns manchmal ebenso gekonnt durch angespannte und schwierige Situationen geholfen hat wie all die formalen kommunikativen Fähigkeiten. Selbst von den großen Bodhisattvas, deren edle Aufgabe in der buddhistischen Tradition darin besteht, allen fühlenden Wesen zu dienen, ist bekannt, dass sie ihre Mission nicht erfüllen konnten, wenn es ihnen an Sinn für Humor fehlte.

Vorwurfsfrei zuhören

Vorwürfe bereiten sowohl jedem Humor als auch der aufrichtigen Selbstmitteilung sofort ein Ende. Deswegen ist es wichtig, dass zwei Partner übereinkommen, nichts gegen sich zu verwenden, was sie sich in Augenblicken der Wahrheit mitgeteilt haben. Das ist der Grund dafür, dass bei der Beratung von Paaren das *vorwurfsfreie Zuhören* als wichtigste Grundregel und Praxis gilt. Wenn zwei Partner sich offen und voller Vertrauen zuhören können, schaffen sie durch das Mitteilen ihrer inneren Erfahrungen eine tiefe Verbindung zwischen sich. Sie stellen fest, dass sie trotz ihrer Unterschiede schließlich doch nicht so verschieden sind. Und die Erinnerung daran, dass sie in ihren dunkelsten und beängstigendsten Augenblicken füreinander da waren, hält sie in den Zeiten zusammen, wo Konflikte sie zu entzweien drohen.

Paare glauben oft, sie brauchten ausgefeilte kommunikative Fähigkeiten oder Problemlösungsmethoden, um wieder ins Lot zu bringen, was zwischen ihnen falsch gelaufen ist. Ihnen ist nicht klar, wie einfach es sein kann, *nur* die Wahrheit zu sagen; welch tief greifende Wirkung es haben kann, wenn sie nur ihre wunden Punkte bloßlegen oder sagen, was sie wirklich wollen; und dass oft nichts anderes erforderlich ist, um Heilung, Verständnis und Versöhnung zu bringen. Ein Paar, das ich kennen lernte, war dafür ein besonders verblüffendes Beispiel. Im Rahmen ihrer ersten neunzigminütigen Sitzung beendeten die beiden jahrelange Streitigkeiten voller gegenseitiger Anschuldigungen und begannen eine neue Grundlage für gegenseitiges Vertrauen und Respekt zu schaffen.

Als Eric und Caroline zum ersten Mal in meine Praxis kamen, waren sie kurz davor, ihre Beziehung zu beenden, die zwei Jahre unter Ärger, Verletzungen und sexueller Frustration gelitten hatte. Damals hatte Caroline Eric gestanden, dass sie ihm in ihrem ersten gemeinsamen Jahr kurze Zeit untreu gewesen war. Stundenlang sprachen und stritten sie über diesen Vorfall und jeder arbeitete für sich daran, dennoch hatten sie keinen Weg gefunden, den Riss zu kitten und zu überwinden, was geschehen war. Obgleich beide sehr gebildet waren und viel Erfahrung mit den verschiedensten Formen von psychologischer und spiritueller Arbeit hatten, gelang es ihnen nicht, sich zusammen dem Schmerz, den dieser Konflikt auslöste, zu stellen. Trotzdem spürte ich, dass sie aufgrund all der Arbeit, die sie bereits selbst geleistet hatten, mit etwas Hilfe direkt zum Kern des Problems vorstoßen konnten. Statt mich auf all die komplexen emotionalen Abläufe zwischen ihnen einzulassen, fragte ich: „Wären Sie bereit, sich gegenseitig zu sagen, was in diesem Augenblick in Ihnen vorgeht?"

Nachdem Eric auf mehrere Schichten Schmerz und Ärger stieß, fand er schließlich heraus, was Carolines Betrug in ihm berührt hatte – einen Zweifel, der auf seine Beziehung mit seinen Eltern zurückging: „Ich habe Angst, dir nicht zu genügen." Als er ihr das sagte, war er total aufrichtig und präsent und ganz in Kontakt mit sich und ihr. Er hatte Caroline zwar bereits Ähnliches mitgeteilt, dabei aber niemals so viel von sich gezeigt. Er kommunizierte also mit ihr auf völlig neue Weise.

Erics wiederkehrender Ärger und seine ständigen Vorwürfe hatten tiefe Spuren bei Caroline hinterlassen, die mit einem Gefühl von Niedergeschlagenheit, Hoffnungslosigkeit und innerer Verschlossenheit in die Sitzung gekommen war. Als Eric jedoch seinen wunden Punkt offenbarte, sprach er so präsent und echt, so aufrichtig und unverstellt, dass sie sofort wach wurde. Zum ersten Mal seit langer Zeit war sie nicht in der Defensive. Nach einer langen Stille, in der die beiden ständig Augenkontakt hielten, sagte sie: „Ich habe mich am ganzen Körper völlig entspannt, als du das gesagt hast. Etwas in mir hat sich wirklich geöffnet und losgelassen. Ich schätze es sehr, dass du so aufrichtig bist."

Dann legte Caroline ihre Wahrheit offen: „Ich bin schrecklich ärgerlich und traurig über das, was mit dir, mit mir und mit unserer Beziehung in diesen letzten beiden Jahren geschehen ist. Ich versuche ständig, diese Gefühle wegzudrücken, aber das macht mich nur depressiv. Auch ich habe mich in unserer Beziehung zurückgenommen – wie damals als Kind, wo mich meine Eltern nicht geschätzt haben –, weil ich Angst hatte, du würdest mich nie wirklich lieben können." Die letzten Worte standen im Raum wie eine elektrische Ladung. Und wieder versuchte keiner der beiden, auf das, was gesagt worden war, zu reagieren. Eric ließ Caroline wissen, dass er sie gehört hatte, und sie saßen wieder still zusammen, wobei ihre offenen Blicke sich trafen.

Diese Augenblicke der Stille, die auch während der restlichen Sitzung immer wieder auftauchten, waren mächtiger als alles, was einer der beiden hätte tun können, um die Dinge in Ordnung zu bringen. Es war, als würden sie sich auf einer viel tieferen Ebene als der sprachlichen hören und verstehen. Jeder von ihnen hatte eine Wunde bloßgelegt und völlig unverstellt eine Kernwahrheit über die eigene Person mitgeteilt: Eric seine Angst, nicht zu genügen, und Caroline ihre Angst, nicht wirklich liebenswert zu sein. Indem sie sich gegenseitig ihre unterschiedlichen Wahrheiten zugestanden und die Darlegung des anderen mit höchstem Respekt empfingen, bereiteten sie den Boden dafür, dass die liebende Güte und die aufrichtige Präsenz zurückkehren konnten, die die Grundlage ihrer Verbindung waren. Auf diese Weise fand zwischen ihnen eine tiefe Heilung statt. Auch wenn sie noch viel Arbeit vor sich hatten, konnten sie jetzt beim Weitergehen neue Wege einschlagen.

Wahrheit und heiliger Raum

Wenn wir uns unserer Partnerin oder unserem Partner offen zeigen und erleben, wie heilsam das ist und dass wir nicht verletzt werden, machen wir eine wichtige Entdeckung – eine intime Beziehung kann inmitten dieser Welt voller Fassaden ein Heiligtum sein, ein Raum, wo wir wir selbst sein können. Die meisten Religionen haben erkannt, wie wichtig die Selbstdarlegung ist, und ihr mit dem Ritual der Beichte einen besonderen Platz eingeräumt. Ich schlage hier nicht vor, dass eine Beziehung in einem formalen oder religiösen Sinne konfessionell werden sollte. Und doch ist es wichtig zu begreifen, dass diese Form von Demaskierung – die Wahrheit sagen, über unseren inneren Kampf sprechen und unsere wunden Punkte bloßlegen – eine heilige Handlung ist, durch die zwei Seelen sich tiefer begegnen und berühren können.

Wenn wir uns weigern, unsere Wahrheit offenzulegen, bleibt unsere Beziehung auf der Ebene der Persönlichkeiten stecken und die tieferen Ströme der Lebenskraft versiegen. Der beste Weg, die Dinge ins Lot zu bringen, wenn unsere Verbindung unlebendig geworden ist, besteht also darin, uns zu fragen: „Wo bin ich mit mir und meiner Partnerin (oder meinem Partner) nicht aufrichtig?" Die Wahrheit sagen ist ein wunderbares Heilmittel – das Belebendste, was es für eine Beziehung gibt.

Gespräch: Ohne Vorwürfe zuhören – Die Wahrheit sagen und hören

Der Streit eines Paares führt nirgendwohin, solange die beiden sich nicht den tiefer liegenden Themen zuwenden, sondern sich lediglich auf die trennenden Punkte konzentrieren oder sich beweisen müssen, dass sie Recht haben. Die beste Möglichkeit, solche Themen ans Licht zu bringen, besteht darin, einen *Raum* zu schaffen, *wo Sie sich ohne Vorwürfe zuhören*, sich gegenseitig aufrichtig mitteilen, was Sie innerlich empfinden, oder darüber sprechen, was Ihnen an der Beziehung Schwierigkeiten bereitet. Während einer von Ihnen spricht, versucht der andere einfach zuzuhören und das Gesagte zu verstehen. Am wichtigsten ist, dass Sie dem anderen möglichst keinerlei Vorwürfe machen.

Da es fast unmöglich ist, in der Hitze eines Streites an das eigentliche Thema heranzukommen, können Sie sich für diesen Schritt extra Zeit nehmen, vielleicht nachdem die Auseinandersetzung abgekühlt ist. Wenn es um ein besonders schwieriges Thema geht, ist es hilfreich, sich am Anfang gegenseitig Ihre Absichten mitzuteilen. Vielleicht bestätigen Sie sich, dass Sie sich zum Wohle der Beziehung anhören werden, was der andere zu sagen hat, auch wenn es schmerzlich sein mag. Oder Sie kommen überein, sich nicht in die emotionalen Reaktionen zu verstricken, die beim Zuhören aufkommen können, und diesen auch nicht Ihre primäre Aufmerksamkeit zu geben. Ihr Ziel ist vielmehr, präsent zu bleiben und mit einer offenen Haltung zu sprechen und zuzuhören.

Es ist wichtig, dass Sie sich beim Sprechen an die Wahrheit dessen halten, was Sie erleben, und primär darüber reden. Wenn Sie anfangen, Ihren Partner oder Ihre Partnerin negativ darzustellen, geht er oder sie auf Abwehr und kann Ihnen nicht mehr gut zuhören. Dann wächst das Risiko, dass der Streit darüber, *wer wem was antut*, erneut ausbricht.

Wenn Sie Ihrer Partnerin oder Ihrem Partner zuhören, müssen Sie die geäußerten Schwierigkeiten nicht lösen helfen und auch nicht mit dem übereinstimmen, was gesagt wird. Schauen Sie, ob Sie einfach zuhören und Verständnis für das innere Erleben des anderen aufbringen können: „Oh, *das* stimmt für dich also, das kommt bei dir hoch, *so* siehst und empfindest du das." (Wenn Sie feststellen sollten, dass Sie *nicht* zuhören oder verstehen können, geben Sie das am besten zu und gehen dem nach – vielleicht müssen Sie zuerst Ihre eigene Wahrheit aussprechen, bevor Sie sich wirklich anhören können, was Ihre Partnerin oder Ihr Partner zu sagen hat.)

Sylvia und Dan

Wollen Sie anfangen, indem Sie sich gegenseitig bestätigen, dass Sie gemeinsam einen Raum schaffen wollen, in dem Sie sich beide zuhören?

Sylvie (zu Dan): *Ich würde gern mein Anliegen vortragen und auch dir bei dem zuhören können, was du zu sagen hast, zum Wohle unserer Beziehung.*

Dan (zu Sylvia): *Ich möchte den Dingen auf den Grund gehen, damit wir uns nicht ständig verletzt fühlen oder unsere Probleme Abstand zwischen uns schaffen.*

Gut. Welches Thema möchten Sie sich gern näher anschauen?

Sylvia: *Es gibt da etwas, worüber wir uns das ganze erste Jahr unseres Zusammenlebens gestritten haben, ohne jemals zu einer Lösung gekommen zu sein: Ich habe das Gefühl, dass ich diejenige bin, die ständig daran erinnert, dass der tägliche Haushalt erledigt werden muss. Wenn ich Dan nicht darauf hinweise, bleibt alles an mir hängen. Ich kann mich nicht darauf verlassen, dass er Verantwortung übernimmt.*

Und wie ist das für Sie?

Sylvia: *Ich fühle mich irgendwie verloren und alleingelassen, ab ob Dan gar nicht da wäre und ich immer alles selbst erledigen muss. Und ich scheine ihn überhaupt nicht zu erreichen, was mein Gefühl des Alleinseins noch verstärkt.*

Gut. Sie machen wirklich deutlich, wie Sie das innerlich erleben. Sie fühlen sich allein und …

Sylvia: *Und verloren, ohne jeden Kontakt. Ich fühle mich, als wäre ich völlig am Schwimmen.*

Geben wir Dan Gelegenheit, darauf einzugehen. Es wäre hilfreich, wenn Sie dabei zunächst formal vorgingen und Sylvia sagen würden, wie Sie ihre Worte verstanden haben, damit Sie nicht einfach automatisch reagieren.

Dan (zu Sylvia): *Was ich gehört habe, ist, dass du dich, wenn du mich an die täglichen Aufgaben oder andere sachliche Dinge erinnern musst, wirklich allein fühlst. Du hast das Gefühl, dass ich gar nicht mehr da bin, dass ich nicht anwesend bin.*

Was passiert mit Ihnen, wenn Sie Sylvia das sagen hören?

Dan: *Es macht mich wirklich traurig, dass du dich so alleine und verloren fühlst, wenn ich nicht helfe oder du mich daran erinnern musst, etwas zu erledigen. Obwohl wir oft darüber gesprochen haben, war mir nie klar, dass du dich im Stich gelassen fühlst. Jetzt, wo ich das begreife, könnte ich fast anfangen zu weinen.*

Mir fiel auf, dass sich etwas in Ihrem Gesicht verändert hat, Sylvia, als Dan das gerade sagte. Möchten Sie Dan antworten auf das, was er Ihnen eben gesagt hat?

Sylvia: *Ich habe mich gefühlt, als ob ich bei mir selbst angekommen wäre. Es fühlte sich so erleichternd an, ja, eine wirkliche Erleichterung ist das, und ich fühle mich Dan verbunden.*

Gut. Können Sie Sylvia jetzt erzählen, wie Sie die Sache sehen, Dan?

Dan (zu Sylvia): *Ich fühle mich durch die Art und Weise, wie du mich an die Dinge erinnerst, kontrolliert. Es würde mir leichter fallen, diese Sachen zu erledigen, wenn du mich nicht immer in so einem kontrollierenden Ton darauf hinweisen würdest.*

Schauen Sie mal, ob Sie Sylvia sagen können, wie es für Sie ist, sich kontrolliert zu fühlen, statt darauf zu schauen, was Sylvia falsch macht.

Dan (zu Sylvia): *Es ist frustrierend. Ich möchte dich am liebsten schütteln und sagen: „Moment mal! Hör auf damit!“*

Jetzt konzentrieren Sie sich wieder auf sie. Woher kommt Ihre Frustration?

Dan: *Ich bin nicht sicher, aber irgendwie fühle ich mich dabei wie ein Kind.*

Können Sie mehr darüber sagen, wie das für Sie ist?

Dan: *Das ist so ein Gefühl wie, ich möchte mehr spielen können; ich möchte meiner eigenen Zeit folgen und nicht aus meinem Spiel herausgerissen werden. Ich kann es wirklich nicht besser ausdrücken.*

Sie kommen Ihrem Thema näher. Können Sie für ihn wiederholen, was Sie von ihm gerade gehört haben, Sylvia?

Sylvia: *Es hört sich so an, dass du dich wie ein Kind fühlst, das spielen will, aber wenn ich möchte, dass du im Haushalt hilfst, komme ich dir vor wie deine Eltern.*

Dan: *Ja, und ich habe Angst, dass die Tür zuklappt und ich nicht mehr spielen kann.*

Was ist daran für Sie so schwer?

Dan: *Ich habe nicht die Kontrolle. Ich kann nicht tun, was ich will.*

Es klingt so, als hätten Sie das Gefühl, dass Sylvia Sie klein macht, wenn sie Sie bittet, im Haushalt zu helfen.

Dan: *Ja. Und dann möchte ich mich noch mehr gegen sie auflehnen.*

Richtig. Das Gefühl, klein gemacht zu werden, ist ein wichtiges Thema. Der Abwasch ist keine große Sache, aber dieses Gefühl schon.

Dan: *Mich wie ein Kind fühlen, dem man sagt, was es zu tun hat, und das sich nicht frei entscheiden kann – das ist ein wichtiges Thema für mich.*

Wie üblich ist das wirkliche Problem nicht das, was es auf den ersten Blick zu sein scheint. Sie streiten sich um den Haushalt, aber das führt nirgendwohin, weil das nicht das eigentliche Thema ist.

(Zu Sylvia) Sie haben angefangen, Ihre Wahrheit mitzuteilen, als Sie, statt zu sagen: „Dan, du bist verantwortungslos", zugegeben haben: „Ich fühle mich in dieser Situation verloren und alleine und im Stich gelassen."

(Zu Dan) Sie haben angefangen, Ihre Wahrheit mitzuteilen, als Sie, statt zu sagen: „Sylvia, du kontrollierst mich ständig", zugegeben haben: „Ich fühle mich wie ein ohnmächtiges Kind." (Zu Sylvia) Wie ist es für Sie, wenn Dan Sie wissen lässt, wie er sich in diesen Situationen fühlt? Was passiert dann bei Ihnen?

Sylvia: *Nun, ich habe wirklich gefühlt, was du gesagt hast, Dan. Als du gesprochen hast, habe ich gedacht: „Ja, das ist es, ohnmächtig. Das stimmt. So fühle ich mich auch." Das ist neben „verloren" und „im Stich gelassen" ein weiteres passendes Wort, das mir sehr hilft, dich zu verstehen. Wir waren da schon einmal nahe dran, aber ich habe dich nie so gut verstanden wie jetzt.*

Dan: *Das kann ich für mich auch sagen.*

Wenn Sie sich streiten – „Nie wäschst du ab" oder: „Hör auf, mir zu sagen, was ich tun soll" –, stoßen Sie einfach nur mit den Köpfen zusammen. Aber jetzt haben Sie einen gemeinsamen Boden, um über dieses Thema zu sprechen, statt sich in gegnerische Positionen aufzuspalten. Wie so oft liegt diesem Streit, bei dem Sie entgegengesetzte Standpunkte vertreten, ein Gefühl zugrunde, das Sie beide empfinden: Sie fühlen sich verloren und ohnmächtig.

Zweifellos ist das Streiten ein Versuch, sich dem anderen gegenüber zu behaupten und die eigene Wahrheit zu vertreten. Aber da Sie sich meistens auf das Verhalten Ihres Gegenübers konzentrieren, statt zu klären, was für Sie stimmt, führt der Streit zu nichts.

Lassen Sie uns nachschauen, was in Bezug auf Ihr Ohnmachtsgefühl passieren muss, damit Sie hier einen Schritt weiterkommen. Sie können damit anfangen, indem Sie mit dem wunden Punkt, Ihrer Ohnmacht oder dem Gefühl, im Stich gelassen zu werden, Kontakt aufnehmen und sehen, was Sie brauchen.

Sylvia: *Für mich wäre es hilfreich, für die Arbeiten, die erledigt werden müssen, so etwas wie einen Plan aufzustellen, damit wir uns hier nicht ständig reiben.*

Dan: *Das ist wahrscheinlich eine gute Idee, damit wir darüber nicht immer wieder aneinandergeraten.*

Sylvia: *Ich würde mir auch wünschen, dass du sensibel dafür bist, wie das alles für mich ist.*

Sie möchten, dass er weiß, wie sehr diese Sache Ihnen am Herzen liegt.

Sylvia: *Genau. Ich brauche es, dass du weißt, wie sehr mir dies am Herzen liegt.*

Dan: *Ich höre das. Und das Gleiche gilt für mich: Wenn wir beide den Plan machen, fühle ich mich von dir nicht unter Druck gesetzt. Mir ist auch klar geworden, dass ich dieses Kind in mir, das sich klein gemacht fühlt, bewusster wahrnehmen muss, statt es einfach wegzuschieben. Und ich möchte dich wissen lassen, dass ich mich nicht gegen Haushaltspflichten auflehne, weil du mir nicht wichtig bist, sondern weil dann dieses alte Thema hochkommt.*

Sylvia: *Es ist wichtig für mich, das zu hören.*

Hier sehen wir, wie selbst ein alltäglicher Streit über Haushaltsdinge tiefere Themen birgt, deren Klärung für die Beteiligten wohltuend sein kann. Der Grund für Sylvias Reaktion auf Dan war, dass sie das schlechte Andere auf ihn projizierte: Sie hatte das Gefühl, dass er sie im Stich ließ. Dan sah in ihr ebenfalls das schlechte Andere, die kontrollierenden Eltern, die ihm keine Freiheit gewährten und ihn nicht spielen ließen. Und doch liegt ihrem Kampf ein ähnliches Erleben zugrunde: Beide fühlen Sie sich bedroht und ohnmächtig und wollen die eigene Integrität schützen.

Wenn sie verstehen, was für sie beide passiert, und darüber kommunizieren, können sie das Problem bewusster und mitfühlender angehen. Und das mildert die emotionale Geladenheit, die auf den unbewussten Konstruktionen beruht, welche ihr Streit aktiviert.

George und Kate

George: *Kate und ich haben ein ganz aktuelles Problem. Einer meiner Söhne steckt in einer finanziellen Krise, und ich möchte ihm mit einem Darlehen aushelfen. Ich habe diese Entscheidung im Alleingang getroffen, weil ich nicht wollte, dass Kate mein Vorhaben ablehnt. Ich wollte nicht, dass sie auf die Gefühle reagiert, die ich für mein Kind habe, und wollte auch ihre Missbilligung nicht. Als sie herausfand, was ich beabsichtige, hatten wir einen heftigen Streit, und das alles ist noch ganz schön am Kochen zwischen uns.*

Wie empfinden Sie das alles in diesem Augenblick?

George: *Ich fühle mich wirklich festgefahren und bin frustriert und ärgerlich – alles durcheinander. Ich fühle mich, als ob ich unterginge und gerettet werden möchte.*

Sie stecken fest und möchten da heraus.

George: *Ja, und zwar schnell.*

Richtig. Aber lassen Sie uns zuerst einmal schauen, wie es dort ist, wo Sie sich gerade befinden.

George: *In meinem Sumpf bleiben, stimmt's?*

Vielleicht gibt es dort Blumen – Sumpfblüten. Wären Sie bereit, sich für die Gefühle zu öffnen, die in diesem Sumpf hochkommen? Wie geht es Ihnen dort?

George: *Ich bin traurig. Ich bin eigentlich ein Denker, aber hier kann ich noch nicht mal denken. Das ist ein scheußliches Gefühl.*

Schauen Sie, ob Sie bewusst offen bleiben können für das, was Sie fühlen. Erlauben Sie sich, ganz genau zu spüren, wie sich diese Erfahrung anfühlt und wie sie beschaffen ist, ohne sie zu verurteilen oder mit dem Kopf darauf zu reagieren. Versuchen Sie nicht, die Traurigkeit herunterzuspielen, sondern geben Sie ihr so viel Raum, wie sie braucht, und bleiben Sie in dieser Traurigkeit präsent.

(Lange Pause)

George: *Während es schlimmer wurde, wurde es besser. Ich hatte das Gefühl, wirklich mit der Traurigkeit zu sein.*

Gut. Sie haben an diesem Ort Kontakt mit sich selbst aufgenommen.

(Zu Kate) Was passiert für Sie?

Kate: *Als George anfing zu reden, fühlte ich mich in die Ecke gedrängt, als wäre mein Körper zu eng für all die Gefühle, die ich habe.*

Was fühlen Sie im Augenblick?

Kate: *Da ist diese gewaltige Schwere. Ich fühle mich wirklich traurig, klein, ohnmächtig und ängstlich. Und ganz allein.*

Sie haben beide viele Gefühle, aber jeder von Ihnen ist eingekapselt und isoliert damit. Ist das etwas, das Sie gut kennen?

George: *Ja. Ich möchte mit diesen Gefühlen immer noch allein sein. Ich möchte Sie Kate nicht zeigen.*

Wir haben also hier ein Fass voller Gefühle und da drüben ein anderes volles Fass. Wie möchten diese beiden sich im Augenblick aufeinander beziehen? Vielleicht möchten sie weiter Abstand halten, vielleicht aber auch nicht.

Kate: *Ich möchte weglaufen und alleine sein.*

Können Sie George das sagen?

Kate: *Ich fühle mich nicht sicher, wenn wir uns streiten. Ich möchte irgendwo hinlaufen, wo ich mich sicher fühlen kann.*

(Zu George) Wie ist es für Sie, das zu hören?

George (zu Kate): *Ich kann hören, wie du dich fühlst. Aber ich bin immer noch in meinem Kokon, weil ich mich schützen muss.*

Ja, Sie sind in Ihrem Kokon, aber Sie geben auch zu, wo Sie sind, und nehmen Kontakt auf, indem Sie ihr das erzählen. Können Sie Kate noch mehr darüber sagen, wie das für Sie ist?

George: *Ich fühle mich immer noch getrennt von dir. Da ist etwas in mir, das sagt: „Ich muss mich vor dir schützen."*

Wie ist es, das Kate gegenüber zuzugeben?

George: *Es fühlt sich gut an, weil es ehrlich ist und real. Ich liebe dich, und trotzdem bin ich immer noch ängstlich und fühle mich von dir getrennt.*

Kate: *Es ist für mich beängstigend zuzugeben, dass auch ich von dir weg möchte. Es gibt eine Seite in mir, die möchte nicht, dass du das weißt.*

(Zu Kate) Können Sie George sagen, was für Sie passiert, wenn Sie für sich sein möchten? Woher kommt das? Spüren Sie erst in sich nach.

Kate: *Ich möchte selbst bestimmen können, was ich erlebe. Und ich habe das Gefühl, wenn ich für mich bin, kannst du mich nicht verletzen, denn dann habe ich die Kontrolle.*

Können Sie fühlen, wie bei jedem von Ihnen im Augenblick beides da ist – der Wunsch, für sich zu bleiben, und der beginnende Versuch, Kontakt aufzunehmen? Diese beiden Fässer voller Gefühle sagen beide das Gleiche: „Ich habe Angst, verletzt zu werden, wenn ich mich dir wirklich öffne." Wie ist es, sich das gegenseitig einzugestehen?

George: *Wir sind beide Trottel – wir wollen das Gleiche für uns und für den anderen, aber wir verstecken das hinter so viel Streitereien und hochgeschraubtem Zeugs, dass …*

Wie ist es, all das im Augenblick nicht zu verbergen? „Hier ist sie, unsere Angst, verletzt zu werden. Die haben wir beide." Schauen Sie, ob Sie sich etwas sagen möchten, nachdem Sie sich diese Angst eingestanden haben.

George: *Ich wünschte, wir könnten hier bleiben. Es fühlt sich gut an.*

Was ist dieses „Hier", das sich gut anfühlt?

George: *Ehrlich sein.*

Es geht also nicht darum, dass Sie Ihre Angst überwunden hätten, sondern dass Sie sich ehrlich eingestehen, was für Sie passiert: „Ich habe Angst, mich dir zu öffnen, weil ich verletzt werden könnte."

George: *Genau.*

Kate: *Mir dämmert allmählich, dass ich mich meistens fühle, ab sei ich das kleine Kind und du der große Vernünftige, wenn wir in dieser Form getrennt sind. Aber wenn du zugibst, dass du ebenfalls für dich bleiben möchtest, weil du Angst hast, verletzt zu werden, hilft mir das wirklich. Ich fühle mich dann nicht mehr so allein.*

Wenn George Ihnen zeigt, was für ihn passiert, sehen Sie ihn nicht mehr als das große schlechte Andere. Das hilft Ihnen, sich von dem Gefühl zu befreien, ein hilfloses Kind zu sein.

George: *Genauso fühle ich mich auch – wie ein kleines Kind.*

Kate: *Ich höre das wirklich, wenn du das so offen sagst. Und ich fühle mich dir näher.*

(Sie umarmen sich.)

Das Problem mit dem Darlehen ist noch immer nicht gelöst, aber wie stellt es sich Ihnen aus Ihrer jetzigen Sicht dar?

George: *Anders. Ich empfinde es nicht mehr als eine so große Sache.*

Dieses Thema hat in Ihnen beiden einen wunden Punkt berührt. Wenn Sie entdecken, wie Sie innerlich darauf reagieren, und darüber miteinander sprechen, beginnen Sie den Boden für gegenseitiges Verständnis und Mitgefühl zu bereiten. Und auf dieser Basis können Sie das Problem des Darlehens betrachten, ohne in Opposition zu gehen. Sie werden trotzdem noch über Ihre unterschiedlichen Einstellungen verhandeln müssen, aber Sie können das jetzt in einem neuen Geist tun. Sie haben einen Rahmen für eine mögliche Lösung geschaffen. Wenn Sie in Ihrer Partnerin oder Ihrem Partner nur das schlechte Andere sehen, ist keine Lösung möglich.

Kate: *Statt mich auf meine Angst zu konzentrieren, dass ich in dieser Situation nicht bekomme, was ich will, empfinde ich mehr Bereitschaft, mir anzuschauen, womit George sich hier auseinandersetzt.*

Das wichtigste Wort, das Sie gerade benutzt haben, war Bereitschaft. Wenn Sie beide Ihre Wahrheit aussprechen und sich auf einer tieferen Ebene miteinander verbinden, entsteht die Bereitschaft, Ihre Probleme gemeinsam zu bearbeiten. Wahrscheinlich müssen Sie aushandeln, wie Sie die Probleme mit Georges Kindern angehen wollen. Die Frage ist: Sind beide Parteien bereit, diese Verhandlungen mit gutem Willen zu führen? Das ist wie bei zwei Krieg führenden Ländern: Wenn sie nicht bereit sind, eine Lösung zu finden, können sie zehn Jahre am Verhandlungstisch reden, ohne jemals irgendwo hinzugelangen.

Wenn zwei Menschen durchschauen, dass Sie das schlechte Andere aufeinander projizieren – die Haltung, die besagt: „Ich bin verletzt, und du bist daran schuld" –, und sich gegenseitig ihren Schmerz eingestehen, sehen sie, dass sie beide verletzt sind und dass sie sich beide in derselben Situation befinden. Dann sind sie schon auf halbem Weg zur Lösung ihrer Probleme, ganz gleich, worum es geht.

Mary und Stephan

Über welches Thema würden Sie gerne sprechen?

Mary: *Ich fühle mich nicht frei, Stephan zu erzählen, was mir wirklich am Herzen liegt. Mir kommt es so vor, dass er mich oft gar nicht wirklich sieht oder hört, wenn ich versuche, mich mitzuteilen.*

(Zu Stephan) Wie sehen Sie das?

Stephan: *Ich fühle mich kritisiert. Ich erlebe oft, dass Mary nur auf das schaut, was ich nicht richtig mache, und dann werde ich wirklich ärgerlich.*

(Zu Mary) Sie haben das Gefühl, mit Stephan nicht über Herzensdinge sprechen zu können.

(Zu Stephan) Und Sie fühlen sich, was das betrifft, beschuldigt und kritisiert.

Wir können hier daran arbeiten, dass Sie sagen und hören lernen, was in Ihnen unter der Oberfläche dieses Konfliktes vorgeht. Schauen Sie, ob Sie nachspüren können, wie sich diese Situation innerlich auf Sie auswirkt. Wo berührt sie schwierige Punkte? Schauen Sie, ob Sie beschreiben können, wie Sie diese Schwierigkeiten innerlich erleben. Vielleicht könnte Mary anfangen. (Zu Stephan) Und Sie könnten versuchen, einfach zuzuhören und zu verstehen, was für Mary passiert.

Mary: *Nun, das Erste, was mir auffällt, ist so ein Flattern in meinem Bauch, wenn ich anfange, über dieses Thema zu sprechen. Ich bin von Natur aus eigentlich neugierig und an der Außenwelt interessiert. Ich stelle viele Fragen und habe daran eine ganz unschuldige Freude. Aber als ich Kind war, haben meine Eltern mir nie zugehört und mich nicht akzeptiert. Und die Situation mit Stephan erinnert mich daran.*

Was geschieht mit Ihnen, wenn Sie sich nicht gehört fühlen?

Mary: *Ich fühle mich dann klein und wertlos, als wäre alles, was ich auszudrücken versuche, bedeutungslos oder unwichtig. Und das macht mich traurig.*

Sind Sie mit dieser Traurigkeit im Augenblick in Berührung?

Mary: *Ja.*

Können Sie Stephan das sagen?

Mary (zu Stephan): *Wenn ich mich dir mitteile und du auf Abwehr gehst, fühle ich mich ganz klein. Ich weiß dann gar nicht, ob dir etwas an mir liegt. Und das macht mich ganz traurig.*

(Zu Stephan) Können Sie das Wesentliche von dem wiederholen, was Mary gesagt hat?

Stephan: *Wenn ich dir nicht zuhöre, fühlst du dich klein und nicht geliebt. Und du bekommst Angst.*

(Zu Mary) Haben Sie das Gefühl, dass er Sie hört und versteht?

Mary (zu Stephan): *Ich denke, dass du mich hörst; aber ich weiß nicht, ob du mich verstehst.*

Inwiefern versteht er Sie nicht? Vielleicht müssen Sie noch etwas deutlicher werden.

Mary: *Ich weiß nicht. Mir fällt dazu nichts ein.*

Könnte es sein, dass es Ihnen schwerfällt zu vertrauen, dass Sie wirklich gesehen und verstanden werden? Ist das richtig?

Mary: *Ja.*

Statt das auf Stephan zu projizieren, könnten Sie eingestehen, dass es Ihnen schwer fällt zu vertrauen, dass Sie gesehen und gehört werden, und sagen, wie das für Sie ist.

Mary: *Es ist oft schwer für mich zu glauben, dass ich geliebt oder verstanden werde. Und das ist sehr schmerzlich für mich.*

Stephan: *Ich kann spüren, dass das für dich wahr ist.*

(Zu Mary) Haben Sie jetzt das Gefühl, dass er Sie hört und versteht?

Mary: *Ja, das habe ich.*

Können Sie sich einen Augenblick Zeit nehmen, um das wirklich in sich aufzunehmen? Sie öffnen sich ihm hier an einem sehr verletzlichen Punkt.

Mary: *Hm, ja.*

(Zu Stephan) Jetzt wollen wir uns Ihre Seite anhören. Was passiert bei Ihnen, wenn es um dieses Thema geht?

Stephan (zu Mary): *Wenn du sagst, du fühlst dich nicht gehört, bekomme ich das Gefühl, ein schlechter Mensch zu sein oder nicht zu genügen. Ich glaube dann, dass es meine Aufgabe ist, dir deinen Schmerz zu nehmen, und dass ich Vorwürfe zu hören bekomme, weil ich nicht richtig zuhöre und nicht liebevoll genug bin.*

Wie ist es für Sie, wenn Sie das Gefühl haben, nicht zu genügen?

Stephan: *Es fällt mir im Augenblick schwer, da hinzuschauen.*

Was passiert?

Stephan: *Ich bekomme an dem Punkt etwas Angst.*

Könnten Sie Mary davon erzählen?

Stephan: *Wenn ich das Gefühl habe, du wirfst mir vor, dass ich nicht für dich da bin, liegt mir das wie ein Stein im Bauch. Als ob ich feststecke und überhaupt nicht weiterweiß. Ich kann mich weder für mich noch für dich öffnen. Und am Ende möchte ich dich einfach nur angreifen oder weglaufen.*

Lassen Sie uns zu der Angst zurückkehren. Ich glaube nicht, dass die Angst selbst der Stein in Ihrem Bauch ist. Der wird durch etwas anderes ausgelöst, irgendeine Verkrampfung oder Reaktion. Lassen Sie uns sehen, was es ist.

Stephan: *Das fühlt sich an wie etwas ganz Verletzliches, wie eine offene Wunde. Ich habe das Bild von einem Regenwurm, der berührt wird und zurückschreckt.*

Da ist ein Wundsein und dann ein Zurückschrecken. Können Sie dieses Bedürfnis, zurückzuschrecken, näher beschreiben?

Stephan: *Ich fühle mich so schrecklich mit mir. Das ist eine richtige Qual.*

Da sind also nicht nur die Angst und das Wundsein, sondern Sie verurteilen sich auch.

Stephan: *Ich sollte doch imstande sein …*

Richtig. „Ich sollte imstande sein … Ich sollte imstande sein, etwas zu tun, damit ich mich nicht so fühle." Ist es das?

Stephan: *Es ist schwer, so wund dazusitzen, wie ich mich fühle, wenn Mary und ich über dieses Thema sprechen.*

Es ist schwer, sich so wund zu fühlen und mit Mary in Kontakt zu sein.

Stephan: *Mit mir selbst in Kontakt zu sein.*

Ja. Es ist schwer für Sie, in Kontakt mit sich zu bleiben, wenn es scheint, dass Mary nicht bekommt, was Sie von Ihnen will.

Stephan: *Ja.*

Weil Sie sich Selbstvorwürfe machen.

Stephan: *Das tue ich fast ständig.*

Ich bin sicher, Sie haben ihr gesagt, dass sie Ihnen zu viele Vorwürfe macht. Aber wie wäre es, ihr zu erzählen, dass Sie sich selbst Vorwürfe machen?

Stephan (zu Mary): *Wenn es dir nicht gut geht, fällt es mir schwer, mir keine Vorwürfe zu machen. Ich tue das ständig. Und am Ende hasse ich mich. Damit ist für mich viel Traurigkeit verbunden.*

Können Sie diese Traurigkeit jetzt zulassen und mit ihr in Kontakt sein?

Stephan: *Ich kann sie nicht ausstehen. Und das passiert mir ständig. Ich fühle mich fast immer ängstlich … Im Augenblick spüre ich ein richtiges Brennen in meinem Brustkorb. Ich sehne mich danach, und es macht mir schreckliche Angst.*

Wonach sehnen Sie sich?

Stephan: *Nach diesem Brennen, dieser Kraft in meinem Herzen.*

Wie ist es, diese Energie in Ihrem Herzen zu spüren, die in dem Augenblick aufsteigt, wo Sie sich öffnen und zeigen?

Stephan: *Wunderschön.*

Ja, wunderschön.

Stephan: *Ich komme in Berührung damit, und dann renne ich weg, komme in Berührung damit und renne weg.*

Ja.

Stephan: *Aber das ist in Ordnung.*

Richtig, das ist in Ordnung. Das machen wir alle. Es gibt keinen Grund, sich dafür zu verurteilen.

Stephan: *Ich sehe, wie du ständig in Berührung damit bist, Mary, aber ich komme noch nicht einmal in die Nähe.*

Mary: *Ich renne auch weg. Meistens bleibe ich dort auch nicht.*

(Zu Stephan) Im Augenblick bleiben Sie, und das ist das Wichtigste. Es ist wichtig, dass Sie sich das spüren lassen, weil es neu für Sie ist: Sie sind ganz präsent; Sie gestehen sich ein, was für Sie geschieht; Sie sind mit offenem Herzen hier, obwohl es sich beängstigend anfühlt und Sie Urteile dafür parat haben. Im Augenblick sind Sie mit alldem hier. Lassen Sie sich spüren, wie es ist, hier zu sein, während Sie Mary ebenfalls daran teilhaben lassen.

Stephan: *Ich sehne mich danach und zugleich macht es mir schreckliche Angst.*

Mary: *Ich weiß, wie sich das anfühlt.*

Stephan: *Kannst du sehen, wie viel Angst mir das macht?*

Mary: *Hm, ja.*

(Zu Mary): Können Sie ihm noch etwas zu dem sagen, was er innerlich erlebt?

Mary: *Ich höre, dass du dir selbst Vorwürfe machst, weil du mir meinen Schmerz nicht nehmen kannst. Und dass du schreckliche Angst hast, wenn du mit deinem Herzen in Berührung kommst. Ich höre das wirklich und verstehe es.*

Und haben Sie auch gehört, dass er von seiner Sehnsucht gesprochen hat?

Mary: *Ja, das habe ich auch gehört. Ja, es war wunderbar für mich zu hören, dass du diese Süße empfindest.*

(Zu Stephan) Spüren Sie, dass Mary versteht, was in dieser Situation für Sie passiert?

Stephan: *Ja.*

Schauen Sie einmal für einen Moment, wie es ist, sich so nackt und ungeschützt zu begegnen, ohne dass es etwas anderes zu tun gibt, als einfach miteinander hier zu sein.

Mary: *Nun, für mich ist das beängstigend … und wunderbar … voller Freude … und ein Teil von mir möchte sich zurückziehen. Alles gleichzeitig.*

(Zu Stephan) Und wie fühlt sich das für Sie an?

Stephan: *Wie Kontraktionen, die in Wellen kommen. Ich bekomme eine Ahnung davon, wie es ist, sich zu öffnen, und dann laufe ich weg; bekomme eine Ahnung … und laufe.*

Ja. Und was Sie im Augenblick tun, ist, dass Sie aufrichtig darüber sprechen, statt tatsächlich wegzulaufen. Sie teilen Ihren Impuls, weglaufen zu wollen, ehrlich mit. Das ist ein großer Schritt.

Stephan: *Und ich muss nicht alles verderben, indem ich sage, ich mache es nicht gut genug.*

Das stimmt. Sie können sogar voller Mitgefühl sehen, wie oft Sie sich fragen: „Mache ich das auch gut genug?"

Stephan: *Und dass ich Marys Schmerz als Maßstab benutze.*

Ja. Diese Selbstverurteilung hat Ihnen wie ein Stein im Magen gelegen.

Hier können wir wieder sehen, wie schnell der Streit sich auflöst, wenn zwei Menschen ihre Vorwürfe beiseite lassen, sich mit ihrem inneren Erleben verbinden und sich mitteilen, was sie wirklich empfinden. Marys Vorwurf lautete: „Du hörst und siehst mich nicht." Aber ihre tiefere Wahrheit war: „Es ist schwer für mich, darauf zu vertrauen, dass ich gehört oder gesehen werde." Das ist eine völlig andere Aussage. Und Stephan warf seiner Partnerin vor: „Du machst mich schlecht, wenn ich nicht richtig für dich da bin." Aber seine tiefere Wunde ist: „Ich mache mich selbst schlecht, wenn ich glaube, für dich nicht richtig da zu sein." Diese Verlagerung von der Projektion zur Wahrheit ist ausschlaggebend dafür, dass dem Streit ein Ende bereitet werden kann.

10

Die innere Hochzeit

Alles Leben ist ein Pulsieren, das sich ständig in Wellen zwischen entgegengesetzten Polen bewegt; ansteigend und fallend, zunehmend und abnehmend, Gestalt werdend und sich wieder in Raum auflösend. Die Leben spendende Energie der Sonne wird geboren aus dem Zusammenspiel zentrifugaler und zentripetaler Kräfte. Und auf ähnliche Weise erhält unser Herz uns am Leben durch den zyklischen Fluss, mit dem es das Blut ansaugt und wieder durch den Körper pumpt. In jedem Aspekt der Schöpfung zieht sich der Puls des Lebens abwechselnd zusammen und dehnt sich wieder aus, *sammelt sich* und *strahlt aus.*

Die beiden Pole des Lebens sind in beiden Geschlechtern als weibliches und männliches Prinzip vorhanden. *Männlich* und *Weiblich* sind viel weiter gefasste Begriffe als *Mann* und *Frau.* Der maskuline Pol – den die Chinesen *Yang* nennen – entspricht dem Prinzip der zentrifugalen Kraft von Expansion, Getrenntheit und Individuation. Das weibliche Prinzip des *Yin* manifestiert sich als zentripetale Kraft des Sammelns und Erdens, des Zusammenhaltens und Sich-Beziehens.

In der Sicht der uralten chinesischen Philosophie der Geschlechter verkörpern Männer im Allgemeinen einen größeren Anteil an Männlichkeit oder Yang-Energie, während Frauen meistens mehr Yin-Energie besitzen.[44] Ein chinesischer Text aus dem frühen Mittelalter formuliert dieses Grundprinzip mit den Worten: „Als männliches Wesen gehört der Mann zum Yang, und als weibliches Wesen gehört die Frau zum Yin. Und doch sind sowohl der Mann als auch die Frau Geschöpfe dieser beiden grundlegenden Elemente, so dass beide Geschlechter beide Eigenschaften besitzen."

Da die maskulinen und femininen Energien gleiche und grundlegende Hälften des Lebens sind, muss jeder von uns sie beide verkörpern und in sich vereinen, um ein vollständiges menschliches Wesen zu sein. Viele heilige Traditionen betrachten diese innere Hochzeit als größte Errungenschaft im Leben eines Menschen.

Äußerlich betrachtet ist eine Hochzeit ein konventionelles Arrangement, um soziale und sexuelle Beziehungen zu regeln.[45] Auf der inneren Ebene jedoch kann die Hochzeit als Bund zweier Seelen gelten, die sich gegenseitig helfen, sich zu entwickeln, und somit zum Katalysator für die Vereinigung des Männlichen und des Weiblichen in jedem von uns werden. So betrachtet ist die äußere Form der Ehe sowohl Symbol einer inneren Alchemie als auch der Schmelztiegel, in dem sich diese Alchemie vollziehen kann. Während eine Hochzeitszeremonie nur wenige Minuten dauert, braucht der Bund zweier Seelen Jahre, um zu reifen und sich zu entwickeln. Und darüber hinaus kann die Vereinigung von männlichen und weiblichen Kräften in jedem Individuum ein ganzes Leben erfordern.

Zwei Liebende, die sich einander zuwenden und spiegeln, schenken sich damit enorm viel Wissen, Inspiration und Anleitung, die jedem der beiden helfen kann, an dieser inneren Hochzeit zu arbeiten. Was ich an meiner Partnerin zum Beispiel am anziehendsten finde, sind die positiven weiblichen Eigenschaften, die auch in mir schlummern oder überhaupt noch nicht ausgebildet sind. Aber wenn ich es einfach ihr überlasse, diese Eigenschaften stellvertretend für mich zu leben, wird sich meine eigene innere Weiblichkeit nicht entwickeln und damit ist auch eine innere Hochzeit unmöglich. Wenn sich jedoch durch meine Zuneigung zu ihr diese Eigenschaften in mir erschließen, wird unsere Verbindung für mich zum Lehrmeister und hilft mir, verlorene oder vergessene Seelenbereiche wieder zu finden. Die Prinzessin mit den goldenen Haaren lebt in mir, und es ist an mir, sie wachzuküssen.

Und umgekehrt gilt, dass das, womit ich mit meiner Partnerin am meisten zu kämpfen habe, oft auf ein negatives, verzerrtes Bild des Weiblichen hinweist, an dem ich in meiner eigenen Psyche festhalte. Dieses negative Bild blockiert meinen Zugang zum positiven Weiblichen in mir. Deswegen kann ich lernen, meine Widerstände gegen meine Partnerin als Lehrmeister zu nutzen – zeigen sie mir doch die Hindernisse auf dem Weg zur inneren Hochzeit der beiden Hälften des Lebens in mir.

Auf diese Weise liefert uns sowohl der Tanz als auch der Krieg der Geschlechter wichtige Informationen über den Stand ihrer Vereinigung in unserem Inneren. Sie zeigen uns, was wir entwickeln und woran wir arbeiten müssen, um unsere innere Spaltung zu überwinden und unsere Kraft aus beiden Seiten des Lebens in uns zu schöpfen.

Die Essenz des Weiblichen und des Männlichen

Um an dieser inneren Hochzeit zu arbeiten, müssen wir uns das Wesen des Männlichen und des Weiblichen gründlicher anschauen und uns deutlich machen, wie ihre fruchtbare Vereinigung im Laufe unserer Entwicklung gestört wird.

Unsere feminine Natur oder unser Yin-Wesen ist das Grundlegende im Leben: das Wasser des Lebens, der Einatem, das Ei im Mutterleib, die Quelle aller Nahrung. Die tibetischen Traditionen betrachten die

Weite des offenen Raumes als kosmische Mutter. Aus dem Schoß des Raumes gehen alle Dinge hervor. Dieses Hervortreten ist das maskuline Prinzip. So, wie durch die Kontraktionen des Herzens Blut in sämtliche Arterien gelangt, gebiert das weibliche Prinzip des Sich-Zusammenziehens und Sammelns die äußere Aktion. Wenn wir uns für die Nahrung des Weiblichen nicht öffnen, haben wir wenig Substanz, die wir nach außen geben können.

Mit diesem weiblichen Boden kommen wir immer dann in Berührung, wenn wir uns für das Leben öffnen oder uns ohne Ziel und Absicht einfach sein lassen. Immer wenn wir zulassen, dass das Leben uns ungehindert durchströmt, bekommen wir einen Geschmack von der Süße unserer Yin-Natur. Wir erleben, wie es ist, innerlich zu strahlen oder weicher zu werden, was sich ziemlich leidenschaftlich, ja, sogar köstlich und sinnlich anfühlen kann. Diese Art, sich zu öffnen, ist ganz wesentlich dafür, dass wir großartige Ideen, tief greifende Einsichten oder spirituelle Botschaften empfangen können. Als Moses mit Gott Zwiesprache hielt und auf dem Berg Sinai die Gebote übermittelt bekam, war er in einer empfänglichen Yin-Haltung.

Nachdem er sich Gott hingegeben hatte, konnte Moses die Gebote zu den Menschen tragen, seine Weisheit verströmen und sein Volk führen – und darin kommt die archetypische Yang-Kraft zum Ausdruck. Er konnte nur deswegen spirituelle Kräfte ausstrahlen, weil er sich zuvor hingegeben hatte, um sie zu empfangen. Auch Künstlerinnen und Künstler gehen so vor, wenn sie zunächst Eindrücke oder Ideen aufnehmen, die in ihnen reifen, bevor sie in neue Arbeiten umgesetzt werden. Das Weibliche ist eine offene, empfängliche, nährende Präsenz, das Männliche hingegen strahlt nach außen, dehnt sich aus und durchdringt.

Die beiden Seiten echter Macht

Wirkliche Macht und Kreativität entstehen aus der Vereinigung des Weiblichen und des Männlichen, die wie zwei Flüsse sind, welche zu einem viel größeren Energiestrom zusammenfließen. Der Zugang zu dieser Macht erschließt sich uns primär durch die Offenheit und Rezeptivität unserer Yin-Seite, wie D. h. Lawrence ausführt: „Wenn ein Mann oder eine Frau, eine Rasse oder eine Nation überhaupt etwas darstellen wollen, müssen sie die Großzügigkeit besitzen, zuzugeben, dass ihre Stärke ihnen aus dem Jenseitigen zufließt. Sie gehört nicht ihnen, wird nicht von ihnen selbst erzeugt. Sie kommt zu ihnen wie Elektrizität, aus dem Nichts … Damit wir leben können, muss das Leben zu uns kommen … und wir dürfen nicht versuchen, es in den Würgegriff zu nehmen. Aus dem Jenseitigen kommt die Kraft des Lebens zu uns, die Macht zu leben, und wir müssen unser Herz weise offen halten."[46]

Wenn Lawrence beschreibt, wie uns wahre Macht aus Bereichen jenseits der Persönlichkeit zufließt und wie wir unser Herz öffnen müssen, wenn wir sie empfangen wollen, spricht er von der femininen Seite unserer Natur. Als Nächstes wendet er sich der maskulinen Seite zu: „Aber das Leben kommt nicht zu uns, solange wir nicht leben." Wir empfangen nur dann neues Leben, wenn wir ausstrahlen oder weitergeben, was wir empfangen haben.

„Zweierlei wird dadurch deutlich", fährt Lawrence fort und liefert die wunderbarste Definition von Macht, auf die ich je gestoßen bin: „Erstens *ist Macht Leben, das auf uns einstürmt.*" Hier betont er den Vorrang des weiblichen Aspekts von Macht, das Rezeptive. „Zweitens heißt Macht ausüben, Leben in Bewegung setzen. Macht ist *Können*: imstande sein zu tun. Macht: die Fähigkeit zu machen, hervorzubringen, was sein könnte." Nachdem wir Leben empfangen haben, müssen wir Leben geben, Leben in Bewegung bringen, uns daran machen, unser Samenpotential zu verwirklichen. Das ist der männliche Aspekt von Macht.

Lawrence fährt fort: „Aber in einem Zeitalter wie dem unseren, dem das Mysterium der Macht und die Ehrerbietung vor Macht verloren gegangen ist, wird Macht durch falsche Macht ersetzt." *Das Mysterium der Macht* – wie merkwürdig diese Formulierung in einer Kultur klingt, in der Autorität denen zugeschrieben wird, die Geld, Technologie oder Waffen benutzen, um andere zu beherrschen und auszubeuten. Wahre Macht ist ein Mysterium, „weil sie uns aus dem Jenseitigen zufließt". Leider hat unsere Kultur wenig Verständnis für den Yin-Aspekt von Macht – dafür, dass echte Autorität nur daraus entspringen kann, dass wir uns für das Leben öffnen und uns ihm hingeben.

Falsch ist Macht da, wo sie auf Herrschaft aus ist und das Leben nicht fördert. Dann entspringt sie einer Haltung des Egos, das das Leben in seinen Würgegriff nimmt, um es zu kontrollieren, und sagt: „Ich bin der Meister meines Schicksals, der Herr meiner Seele." Yang-Macht, die sich auf diese Weise manifestiert, wird giftig, verschmutzt und zerstört.

Lawrence schlägt eine ganz simple Unterscheidung zwischen diesen beiden Arten von Macht vor: „Wahre Macht unterscheidet sich von falscher Macht dadurch, dass *sie uns niemals gehört*" (Hervorhebung von mir). Die Heiligkeit anerkennend, die dieser umfassenden Kraft zu Eigen ist, schließt Lawrence mit einer Segnung: „Gesegnet seien die Mächtigen, denn das Königreich der Erde gehört ihnen."

Dieses „Königreich der Erde", das aus der Hochzeit von Männlichkeit und Weiblichkeit geboren wird, ist eine begründete Macht, deren Quelle unsere Fähigkeit ist, Leben zu empfangen, und die sich darin ausdrückt, dass wir Leben zu geben vermögen. Die beiden Hälften unseres Wesens treffen und vereinen sich im Herzen, dem offenen Tor, wo wir am berührbarsten sind und auch am meisten zu geben haben.

Verzerrte Prägungen

In einer idealen Welt würden unsere Eltern oder die Ältesten der Gemeinschaft diese beiden Dimensionen von Macht in sich vereinen, manifestieren und deren Essenz an uns weitergeben. Unsere Mutter oder die weiblichen Ältesten würden sowohl das kosmische weibliche Prinzip als auch bestimmte Yang-Fähigkeiten verkörpern. Sie würden Vorbilder sein für die unterstützenden, Raum gebenden, nährenden Eigenschaften, durch die ein Kind lernt, zu vertrauen und zu empfangen. Unser Vater oder die männlichen Ältesten würden die nach außen strahlende Männlichkeit zum Ausdruck bringen und gleichzeitig Zugang zur Yin-Rezeptivität haben. Ihr wichtigster Beitrag bestünde darin, dem Kind Anleitung und Weitblick zu vermitteln, die auf einem Verständnis für den umfassenderen Sinn des menschlichen Lebens beruhten. Sie würden Kindern ein System von Werten und ein Gefühl von Schutz mit auf den Weg geben und damit einen Rahmen, um sich voll Vertrauen und Neugier in die Welt hinausbegeben zu können. In einer gesunden Gesellschaft würde auch das Zusammenspiel von Männern und Frauen als Vorbild dafür gelten und gefeiert werden, wie die beiden Hälften des Lebens sich gegenseitig zum Wohle der Gemeinschaft dienen und zusammenarbeiten können.

In Gesellschaften, die nach Stämmen oder Familienclans organisiert sind, haben Kinder oft mit den unterschiedlichsten Erwachsenen zu tun, so dass sie auch dann Vorbilder für diese Eigenschaften haben, wenn ihre Eltern diese nicht besitzen. Wir jedoch, die wir in isolierten Kleinfamilien aufwachsen, verinnerlichen unweigerlich die Einseitigkeit, mit der unsere Eltern männliche und weibliche Prinzipien leben. Unsere weiteren Vorbilder stammen meistens aus dem Fernsehen und aus Kinofilmen, wo nur selten Männer und Frauen auftreten, die diese beiden Seiten in sich vereinen oder in ihrem Austausch zum Ausdruck bringen.

Wenn unsere Mutter ein kalter Mensch ist und uns manipuliert oder total vereinnahmt, entwickeln wir wahrscheinlich ein verzerrtes Bild vom Weiblichen – und das macht es uns schwer, in unseren Beziehungen zu vertrauen, loszulassen und Liebe und Zuwendung anzunehmen. Ähnliches gilt, wenn unser Vater distanziert ist, uns missbraucht, keine geistige Ausstrahlung hat oder uns keinen Weitblick vermittelt. Dann werden wir, wie so viele Menschen heute, dem männlichen Drang und Behauptungswillen mit großem Misstrauen begegnen. Wahrscheinlich fällt es uns auch schwer, innere Stärke oder Zuversicht zu empfinden oder beherzt und entschieden zu handeln.

Diese verzerrten Bilder vom Männlichen und Weiblichen machen es uns auch schwer, uns in intimen Beziehungen aufeinander einzulassen. Da es uns an Vertrauen fehlt, haben wir Probleme damit, unsere Abwehr aufzugeben und Liebe anzunehmen. Weil wir keine Zuversicht entwickelt haben, verlieren wir schnell den Boden unter den Füßen und zögern, uns offen und ohne Wenn und Aber mitzuteilen und zu geben.

Selbst wenn wir einen gewissen Zugang zu den echten männlichen und weiblichen Eigenschaften haben, kann es uns schwerfallen, die beiden Seiten zusammenzubringen, weil wir beim Aufwachsen kein Vorbild dafür hatten, wie sie dynamisch und fruchtbar zusammenwirken. Wenn Yin und Yang in uns geschieden sind, nehmen beide verzerrte Formen an und wir werden zu Karikaturen des Weiblichen und Männlichen: die hilflose Frau und der höhnische, anmaßende Mann, die vereinnahmende Mutter und der distanzierte Vater, die nörgelnde Ehefrau und der Schwächling von Ehemann. Unsere ganze Gesellschaft leidet unter diesen Verzerrungen. Weil wir kaum Vorbilder für eine gesunde, lebendige Ehe haben, wachsen auch nur wenige Menschen mit einem klaren Gefühl für das positive Zusammenspiel von männlichen und weiblichen Kräften auf.

Und weil das Weibliche Tausende von Jahren abgewertet wurde, hat diese Seite unseres Wesens in uns allen Schaden genommen – bei Männern und Frauen gleichermaßen.[47] Frauen, die sich von Männern schlecht behandelt oder gesellschaftlich als Menschen zweiter Klasse fühlen, können Schwierigkeiten haben, ihrer Weichheit zu vertrauen und diese zuzulassen. Und damit schneiden sie sich von ihrer Yin-Macht ab. Männer, die das Weibliche fürchten und sich dagegen panzern, haben Schwierigkeiten, die lebensbestätigende Yang-Stärke zum Ausdruck zu bringen. Sie wollen dominieren, statt Kraft auszustrahlen.

Mit dem inneren Mann und der inneren Frau arbeiten

Aber auch wenn wir während unseres Heranwachsens nur wenige Vorbilder für positive Männlichkeit und Weiblichkeit vor Augen hatten, können wir diese Kräfte in uns entdecken, denn es handelt sich dabei sowohl um kosmische Energien als auch um Aspekte unserer grundlegenden Natur. Zunächst einmal müssen wir jedoch die negativen Prägungen aus der Vergangenheit überwinden. Dabei können intime Beziehungen uns helfen, weil sich im Austausch zwischen zwei Menschen stets ganz deutlich zeigt, wo die innere Männlichkeit und Weiblichkeit blockiert sind oder frei fließen.

Eine Möglichkeit, diese beiden Energien zu erforschen, besteht darin, sie als inneren Mann und innere Frau zu personifizieren. Nehmen wir einmal an, ich bin empört, wenn meine Partnerin nicht liebevoll auf mich zugeht und sich mir uneingeschränkt zuwendet. Sehe ich darin eine Widerspiegelung meiner inneren Dynamik, wird deutlich, dass ich von meiner eigenen, bedingungslos gebenden weiblichen Seite abgeschnitten bin. Dann kann ich mir anschauen, was mit dieser Seite in mir los ist. Ist meine innere Frau in irgendeiner Weise verletzt oder blockiert? Welche Beziehung hat mein innerer Mann zu ihr? Heißt er sie willkommen oder lehnt er sie ab? Tut er sich mit ihr zusammen oder wendet er sich von ihr ab? Hat sie Angst vor ihm oder fühlt sie sich von ihm nicht geschätzt? Was müssen diese beiden Seiten in mir tun, bevor sie sich kreativ miteinander verbinden können? Vielleicht müssen sie miteinander sprechen, sich besser kennen lernen und ihr gegenseitiges Misstrauen oder ihren Groll aufeinander bearbeiten.

Natürlich ist diese Personifizierung der weiblichen und männlichen Kräfte in uns metaphorisch zu verstehen. Wir können mit diesen Vorstellungsbildern wie mit einem Märchen arbeiten, das Teile unserer Psyche enthüllen und uns tief berühren kann, auch wenn wir wissen, dass es erfunden ist. Diese Methode erlaubt uns, unsere Vorstellungskraft einzubringen, statt mit dem nüchternen Verstand an das Thema heranzugehen. Dann können wir statt einen einzigen inneren Mann oder eine einzige innere Frau ein ganzes Pantheon an weiblichen und männlichen Energien entdecken, die in uns am Wirken sind.

Lisa war eine kreative und intelligente Frau, aber es fiel ihr schwer, ihre Kräfte auf ein Projekt zu konzentrieren und es zu Ende zu bringen. Ihr Mann hingegen war ein äußerst fähiger Workaholic. Auch wenn sie ihn kritisierte, weil er sich nicht entspannen und sich keinen Spaß gönnen konnte, beneidete sie ihn heimlich darum, dass er Dinge zustande brachte. Und obwohl er ihr vorwarf, sie nähme das Leben nicht ernst genug, war er insgeheim neidisch darauf, dass sie einfach loslassen und sich entspannen konnte. Diese äußere Polarisierung verwies auf eine entsprechende innere Spaltung bei jedem von ihnen.

Um Lisa bei ihren Schwierigkeiten zu helfen, bat ich sie zu überlegen, ob sich in der Polarisierung mit ihrem Mann eine innere Gespaltenheit zeigen könne. Daraufhin sah sie vor ihrem inneren Auge das Bild eines unerbittlich vorwärts drängenden Mannes und einer zusammengebrochenen Frau. Der aggressive Mann entsprach ihrem Vater, der ein äußerst erfolgreicher Leistungsmensch und Perfektionist gewesen war, während die hilflose Frau ihrer Mutter ähnelte, die den Großteil ihres Lebens in einem Zustand der Verleugnung und Apathie verbracht hatte.

Immer wenn Lisa versuchte, ein Vorhaben umzusetzen, legte der anmaßende Mann in ihrer Psyche so hohe Maßstäbe an, dass es ihr unmöglich war, ihnen zu genügen. Ihre innere Frau hingegen, die sich durch diese harten Anforderungen manipuliert und abgewertet fühlte, rebellierte dagegen, indem sie sich ganz verweigerte. Dieser innere Zwist zeigte genau, in welche Sackgasse ihre Eltern in ihrer Ehe geraten waren. Diese Erkenntnis half Lisa, ihre echten männlichen und weiblichen Qualitäten von diesen alten Kindheitsprägungen zu befreien. Hinter der Drängelei des unerbittlichen Mannes entdeckte sie Entschlossenheit, ihrer tiefsten Wahrheit zu folgen und ihr innerstes Potential zu verwirklichen. Aber sie begriff, dass es unmöglich war, diese Ziele zu erreichen, wenn sie über ihre weibliche Seite rücksichtslos hinwegging. Ihr innerer Mann musste lernen, zuvorkommender zu sein und die Bedürfnisse, Rhythmen und Verletzlichkeit ihrer inneren Frau zu achten. Als diese innere Tyrannei allmählich abnahm, bekam Lisa Zugang zu ihrer weiblichen Weisheit und lernte, wie sie arbeiten und dabei trotzdem entspannt bleiben konnte. Ihre innere Frau konnte dem inneren Mann viel beibringen, wenn es darum ging, sich einfach sein zu lassen – im Körper zu leben, die Sinne zu wecken und dann entsprechend zu handeln.

In Lisas Mann spielte sich eine ähnliche innere Dynamik ab, nur dass seine männliche Seite imstande war, sich über seine innere Frau hinwegzusetzen und ihr seinen Willen aufzuzwingen. Er litt jedoch oft an den Folgen und zwar in Form von körperlichen Beschwerden – Angespanntheit, Stress und Erschöpfung. Seine Anspannung und Lisas Lustlosigkeit waren beides Symptome für Seelen, die gespalten waren und gegen sich arbeiteten.

Als Lisa ihren authentischen männlichen Antrieb zurückgewann, entwickelte sie eine neue Initiative, die ihr eine innere Richtung und einen Sinn gab. Und als sie ihre innere Weisheit entdeckte, erfuhr sie dadurch eine neue Art von Unterstützung für ihre Arbeit und erlebte ein tieferes Gefühl von Frieden.

Weisheit und kundige Mittel

Die weiblichen und männlichen Energien in uns suchen immer, sich gegenseitig zu erwecken, um eine Verbindung eingehen zu können, aus der beiden mehr Macht zufließt. Die westliche Mystik beschreibt diese Dynamik als heilige Hochzeit, eine Vereinigung von Sophia (Weisheit) und Logos (der aktiven Kraft der Intelligenz), während die Buddhisten sie als Vereinigung von Weisheit und Mitgefühl betrachten. Weisheit gilt als weiblich – nicht nur im Orient, sondern auch in der Bibel und in der griechischen Philosophie –, weil sie aus Offenheit entspringt, und ein offener Geist und ein offenes Herz sind die Quelle für wahres Verständnis.[48] Und Mitgefühl wird dem Männlichen zugeschrieben, weil sie ein aktiver Ausdruck von Weisheit ist – ein kundiges Mittel. Kundig handeln heißt, sich in den unterschiedlichsten Lebenssituationen dem allgemeinen Wohle aller Wesen entsprechend verhalten, beiseite räumen, was beiseite geräumt werden muss, und uns dem zuwenden, was unsere Zuwendung braucht. Der König, der wohltätig und gerecht ist und sich dem Wohlergehen seines Volkes widmet, symbolisiert die nach außen strahlende Männlichkeit, den Gefährten der Königin der Weisheit.

Die tibetische Kunst zeichnet die Vereinigung von Weisheit und kundigen Mitteln als erotisches Bild von Göttinnen und Göttern im Liebesakt, umgeben von einem flammenden Heiligenschein. Die Augen weit geöffnet und mit den Armen winkend, steht den beiden Liebenden ein glühendes Lächeln im Gesicht. Offensichtlich erwecken sie sich gegenseitig! Ihr seliges Spiel sagt uns, dass diese heilige Vereinigung die Krone menschlicher Entwicklung und der Urquell erleuchteten Handelns ist.

Gespräch: Beziehungen als äußerer Spiegel für die innere Hochzeit

Unsere Reaktionen auf die Menschen, die wir lieben, liefern uns wertvolle Einsichten darüber, inwieweit die männlichen und weiblichen Kräfte in uns harmonieren oder sich im Konflikt befinden. Was uns an unserer Partnerin oder unserem Partner am meisten anzieht, weist oft auf Eigenschaften hin, die wir selbst stärker entwickeln müssen, und was uns am anderen am meisten stört, gibt oft Aufschlüsse über die negativen Prägungen, die der inneren Vereinigung beider Pole im Wege stehen.

Um diese Dynamik zu erforschen, überlegen Sie einmal, was Sie an ihrer Partnerin/Ihrem Partner oder am anderen Geschlecht generell am meisten anzieht oder anregt. Nehmen Sie diese Eigenschaft jetzt als Spiegel: Als Frau betrachten Sie sie als einen Aspekt der positiven männlichen Kräfte in Ihnen; als Mann können Sie darin Anteile Ihrer positiven inneren Weiblichkeit sehen. Personifizieren Sie diese Kräfte dann: Wie sieht dieser innere Mann oder diese innere Frau aus? Welche Eigenschaften besitzt er oder sie? Wie fühlt es sich an, sich zu ihm oder ihr zu bekennen? Was braucht er oder sie, um sich weiterzuentwickeln? Genauso können Sie mit der Eigenschaft verfahren, die Sie an Ihrem Partner/Ihrer Partnerin oder am anderen Geschlecht generell am meisten stört. Sind Sie ein Mann, kann dies auf einen Aspekt ihrer eigenen verzerrten oder verkümmerten inneren Weiblichkeit hinweisen, und für Frauen gilt das Entsprechende. Wie sieht Ihre negative innere Frau oder Ihr negativer innerer Mann aus? Wie sät er oder sie innere Zwietracht oder blockiert die innere Integration?

Und schließlich können Sie überlegen, was mit und zwischen diesen beiden Polen geschehen muss, bevor sie zu Ihren inneren Verbündeten werden können.

Sheila

Was mich wirklich selbst überrascht hat, ist, dass ich an meinem Mann am meisten seine praktische Veranlagung schätze.

Was meinen Sie mit praktischer Veranlagung?

Ich meine, dass er handlungs- und zielorientiert ist. Ich war überrascht, dass ich das schätze, weil wir uns genau darüber ständig streiten: Meistens beklage ich mich darüber, dass er immer nur praktisch denkt. Ich sage: „Du bist so damit beschäftigt, zu machen und zu tun, dass du es gar nicht schätzen kannst, einfach nur zu sein. Ich möchte mehr Zeit zu zweit mit dir verbringen, ohne dass wir immer etwas vorhaben.“

Und trotzdem – und mir stiegen die Tränen in die Augen, als mir das klar wurde – fühle ich mich tatsächlich zu meinem Partner hingezogen, weil er mit den Dingen so meisterhaft zurechtkommt, selbst wenn ich ihn deswegen ständig kritisiere. Ich weiß noch, als ich von einem dreijährigen Aufenthalt aus China zurückkam und mich völlig überfordert fühlte, weil ich in New York überhaupt nicht klarkam. Es war einfach großartig, wie er hier zurechtkam, und es ging mir gut damit.

Es gibt hier also etwas anzuschauen. Lassen Sie uns diese Handlungsorientiertheit als einen Aspekt Ihres inneren Mannes betrachten. Gewöhnlich mögen Sie diese Eigenschaft nicht oder Sie kommt Ihnen fremd vor. Wie wäre es, sie als Teil von sich anzuerkennen?

Ich habe Angst, dann gefühllos oder hart zu werden.

Sehen Sie Ihren Mann so, wenn er praktische Dinge tut?

Ja, ziemlich oft.

Sie sehen diese männliche Eigenschaft in einem negativen Licht. Offensichtlich empfinden Sie das „Tun" als unweiblich, gefühllos, hartherzig. Sie sind also innerlich gespalten – Sie fühlen sich zu diesem Aspekt von sich hingezogen, aber Sie verurteilen ihn auch.

Es ist leichter, an meinem Mann zu sehen, wie schwer ich mich mit diesen Eigenschaften tue, als das in mir selbst zu spüren. Als wir in unseren Flitterwochen nach Italien fuhren und er bei unserer Rückkehr mit seinem Verhalten ausdrückte: „Gut, die Flitterwochen sind vorbei, es wird Zeit, in die Realität zurückzukehren", war ich noch gar nicht bereit dafür. Wir sind inzwischen bestimmt bei der fünfzigsten Fortsetzung dieses Streites angekommen. Das Thema berührt etwas ganz Tiefes. Es macht mich ganz verrückt.

Was genau macht Sie so verrückt? Wenn wir herausfinden, wo dieses Gefühl herstammt, kann die negative Prägung deutlich werden.

Ich stamme aus einer Arbeiterfamilie. Bei uns stand die Arbeit immer an erster Stelle und war wichtiger als alles andere. Jeder musste so schwer arbeiten, dass für Gefühle keine Zeit war; unser gesamtes persönliches Leben wurde dieser Arbeitsethik geopfert. Selbst die Schule zählte nicht. Als ich ein Stipendium für das College bekam, hatte ich das Gefühl, gegen die Familienmoral zu verstoßen. Es war schwer, auf meine Leistungen stolz zu sein, weil sie in den Augen meiner Familie nicht wirklich als Arbeit zählten. Das war für mich sehr schmerzlich.

Also hieß es bei Ihnen zu Hause: „Sei praktisch! Komm auf den Teppich und pack die Dinge an! Keinen Firlefanz!" Sie müssen das wirklich hassen.

Ja, aus vollem Herzen.

Natürlich ist nichts verkehrt daran, schwer zu arbeiten oder praktische Dinge zu tun. Aber in Ihrer Familie wurde eine extreme, verzerrte Version dieser Yang-Eigenschaft gelebt, denn die weicheren, subtileren Yin-Qualitäten und innere oder persönliche Überlegungen wurden nicht entsprechend geschätzt. Weil Ihre Familie die Arbeit überbewertet und ihre weibliche Sensibilität abgewertet hat, haben Sie diese Einseitigkeit verinnerlicht. Und das hat Sie negativ geprägt. Wenn wir diese Dynamik personifizieren, könnten wir sagen, dass Ihre innere Frau durch eine Überbetonung der Yang-Energie verletzt ist; und ihr innerer Mann leidet darunter, vom Yin abgeschnitten worden zu sein.

Ja, ich kann das beides spüren.

Was stört Sie an der praktischen Einstellung Ihres Mannes am meisten?

Er kommt mir wie getrieben vor. Ich werfe ihm vor, ein Workaholic zu sein.

Gibt es etwas Getriebenes in Ihnen?

Das klingt, als sprächen wir über meinen Schatten. Ich gebe das nicht gerne zu, aber ich werde völlig angespannt und überdreht, wenn ich viel zu tun habe.

Das klingt, als seien Sie mit Ihrem Tun innerlich nicht wirklich verbunden. Der innere Mann wird angespannt und hektisch, weil er, wenn er arbeitet, vom Weiblichen abgeschnitten ist.

Das stimmt.

Wenn Sie sich vorstellen, Ihren Partner von dieser Getriebenheit und dieser Neigung zur Arbeitssucht zu heilen, wie würden Sie vorgehen? Wie könnte er gesunden?

Durch Zeit – unstrukturierte Zeit, Zeit zum Spielen, Zeit, um sich einfach treiben zu lassen und zu sein.

Wenn Sie das jetzt als Spiegel für Ihre inneren Bedürfnisse nehmen, was brauchen Sie dann?

Ich nehme an, ich muss lernen, mich innerlich mehr zu entspannen. Meistens gehe ich davon aus, dass ich mich nur in Gesellschaft eines anderen Menschen entspannen kann, der sich mit mir treiben lassen und einfach sein kann, ganz weich und mir wirklich nahe.

Ja, da spricht jetzt Ihr innerer Mann – er ruft nach der Frau. Er sagt, dass er sich mit dem Weiblichen verbinden muss, um sich entspannen und öffnen zu können.

Ich nehme an, viele Männer in dieser Gesellschaft empfinden so.

Deswegen suchen wir oft bei Frauen nach der verspielten, genüsslichen Seite unseres eigenen Wesens.

Ihre Reaktion auf die praktische Orientierung Ihres Mannes zeigt also, wodurch Ihre eigene innere Hochzeit verhindert wird. Ihre feminine Seite – der Teil von Ihnen, der die Seele baumeln lassen, verspielt sein und im Augenblick leben möchte – liegt im Streit mit Ihrer männlichen Seite – dem Teil in Ihnen, der etwas leistet. Weil diese beiden Seiten nicht wissen, wie sie zusammenarbeiten können, bleibt der Mann angespannt und die Frau frustriert.

Ich muss sagen, ich finde das ganz erstaunlich – dass ich diesen Kampf so völlig nach außen verlagert habe. Ich kann das gar nicht glauben.

Ja, das ist wirklich erstaunlich. Wir alle tun das.

Es ist erleichternd zu sehen, dass der eigentliche Kampf gar nicht mit meinem Partner stattfindet – sondern dass ich im Grunde diese beiden Seiten in mir zusammenbringen möchte.

Aber stattdessen versuchen Sie meistens, Ihren Mann zu ändern.

Und das funktioniert nicht, weil mein Bemühen, ihn zu ändern, nur dazu führt, dass er noch mehr Widerstand gegen mich leistet.

Es funktioniert auch deswegen nicht, weil Sie versuchen, eine innere Spaltung äußerlich zu heilen. Sie stellen sich vor, Sie könnten sich entspannen und spielen, wenn er sich nur ändern würde.

Wie wäre es, wenn Sie stattdessen zunächst einmal die Fülle und Verspieltheit Ihrer eigenen inneren Frau erkennen und achten – die, die in Ihrer Familie so vernachlässigt wurde? Schauen Sie, ob Sie das in diesem Augenblick tun können.

Das fühlt sich wunderbar an.

Was fühlt sich daran so wunderbar an?

Zu dieser Seite von mir ja zu sagen – das gibt mir ein Gefühl von Fülle und gleichzeitig werde ich dabei weicher. Erstaunlich – das eröffnet mir eine völlig neue Richtung.

Sie sehen hier einen Weg für sich, der viel interessanter ist als der Kampf darum, dass Ihr Partner sich verändert. Wenn Sie also feststellen, dass Sie ihn kritisieren, weil er zu praktisch ist, sollten Sie stattdessen nach innen schauen. Hören Sie einfach auf, ihn verändern zu wollen, und fragen Sie sich lieber: „Was ist es, womit ich in diesem Augenblick innerlich Kontakt aufnehmen muss? Wo ist meine eigene Verspieltheit?"

Wenn die freigiebige, nährende weibliche Seite in Ihnen lebendiger wird, erreicht sie vielleicht sogar die spielerische Seite Ihres Mannes und lockt ihn von seiner Arbeit weg. Und wenn Ihre männliche Seite sich mit der großzügigen, fließenden Qualität des Weiblichen verbindet, kann Ihr eigenes Tun zum kundigen Mittel werden – zum kraftvollen, dynamischen Handeln.

Wenn ich mit meinem Mann um dieses Thema kämpfe, versuche ich also in Wirklichkeit, diese beiden Seiten in mir zusammenzubringen.

Ja. Darin zeigt sich Ihr Bedürfnis nach einer inneren Hochzeit. Das soll nicht heißen, dass ihr Mann nicht auch ein Problem hat, das angeschaut werden muss. Aber Sie werden seine inneren Schwierigkeiten klarer und gekonnter benennen können, wenn Sie zunächst einmal an Ihrer eigenen inneren Gespaltenheit arbeiten.

Richard

Ich habe es satt, in Beziehungen immer der Starke sein zu müssen. Ich würde gern eine Frau finden, die sich behaupten kann, die Selbstvertrauen hat und nicht davon abhängig ist, dass ich immer alles in die Hand nehme.

Benutzen Sie das jetzt als Spiegel: Wenn Sie eine solche Frau suchen, sagen Sie damit nicht auch: „Wenn meine innere Frau stärker wäre, dann könnte ich mich vielleicht entspannen"?

Ja. Ich muss immer die Verantwortung tragen, immer auf der Hut sein. Es fällt mir sehr schwer, mich einfach meinen Gefühlen zu überlassen. Und das würde ich so gerne.

Gut. Wir wollen jetzt diese verantwortungsbewusste Seite als Ihren inneren Mann personifizieren. Wie ist er?

Er ist ängstlich. Ich musste als Kind immer total auf der Hut sein, um nicht angegriffen zu werden, weil ich so war, wie ich war. Das macht es mir schwer, mich auch mal fallen zu lassen und mich einfach wohlzufühlen.

Was braucht diese ängstliche Seite von Ihnen?

Sie muss wissen, dass jemand Starkes da ist. Wenn ich eine Frau hätte, die so wäre, könnte ich mich leichter fallen lassen.

Lassen Sie uns diese Eigenschaften, die Sie bei einer Frau suchen, wieder als Symbol für das nehmen, womit Sie sich innerlich verbinden müssen. Ihr innerer Mann möchte nicht immer auf der Hut sein müssen. Wenn die innere Frau stark präsent wäre und ihn wissen ließe, dass sie ihm zur Seite steht, würde ihm das helfen, sich zu entspannen. Dann könnten Sie sich fallen lassen und sich Ihre Gefühle einfach erlauben.

Richtig … Aber das fällt mir schwer. Ich glaube, ich würde dann einfach nur weinen.

Weinen?

Ja. Wenn ich wirklich einmal losließe und mir die Tragödien meines Lebens und meinen Kummer ganz eingestehen würde, würde ich lange erst einmal nur weinen.

Was brauchen Sie, wenn dieser Kummer Sie überkommt?

Jemanden, der bei mir ist und keine Angst davor hat.

Ja, danach suchen Sie bei einer Frau – einen Menschen, der keine Angst hat, wenn Sie loslassen, weinen und die Traurigkeit spüren würden, die Sie zurückhalten. Jemand, der einfach da sein könnte, unerschütterlich wie die Erde selbst. Dann könnten Sie sich wirklich fallen lassen.

Ja.

Nun, es gibt jemanden in Ihnen, der das tun kann – Ihre eigene innere Frau. Natürlich ist das nur ein Bild – in Wirklichkeit sprechen wir von einer seelischen Eigenschaft. Aber es kann hilfreich sein, sie für einen Augenblick zu personifizieren. Können Sie sich diese innere Frau vorstellen, die für Sie da sein, Sie unterstützen und dem ängstlichen, ständig überwachsamen Mann erlauben kann, sich fallen zu lassen, seine Gefühle zu spüren und er selbst zu sein? Wie fühlt sich das an?

Das ist eine enorme Erleichterung.

Ja, eine Erleichterung. Und wie wirkt sich das außerdem auf Sie aus?

Das ist schwer in Worte zufassen. Es gibt mir ein Gefühl von Ruhe und Frieden.

Ja. Wenn Sie sich in dieser Form getragen fühlen, können Sie sich allem stellen, was in Ihnen vorgeht, und fangen an, innerlich ruhiger zu werden.

Ich kann das spüren, aber es hat auch etwas Beängstigendes, das allein anzugehen.

Nun, Sie stoßen damit an eine neue Grenze. Hier kann das Bild des Pfades hilfreich sein: Wenn Sie Beziehung zu der erdverbundenen, weiblichen Seite in sich aufnehmen, ist das ein fortlaufender Prozess, der sich in verschiedenen Schritten und Phasen vollzieht. Den ersten Schritt haben Sie gerade getan – Sie haben Ihre Sehnsucht erkannt, mit dieser Seite von sich in Kontakt zu kommen.

Wenn Sie sich an diese tiefe Sehnsucht anschließen, tut sich auf natürliche Weise ein Weg vor Ihnen auf. Und wenn Ihnen diese innere Unterstützung zukommt, ist die Angst, sich Ihren Gefühlen zu stellen, nicht so groß.

Ich weiß, was Sie meinen. Ich habe das immer mal wieder kurz erlebt – wenn ich diese innere Unterstützung spüre, habe ich viel mehr Vertrauen und damit auch mehr Stärke und Zuversicht. Das arbeitet offensichtlich alles zusammen.

Das ist genau der Punkt. Wenn ein Mann seine weiblichen Kräfte entwickelt, wird auch seine männliche Seite gestärkt. In Ihrem Fall heißt das, wenn Sie innere Unterstützung spüren, können Sie sich entspannen und mehr darauf vertrauen, dass Sie Sie selbst sein können.

Rose Marie

Als ich diese Übung gemacht habe, bin ich zum ersten Mal überhaupt mit meiner eigenen verqueren Männlichkeit in Kontakt gekommen. Das war ziemlich erschütternd. Mir wurde klar, dass mein innerer Mann lieblos ist und mich nicht beschützt, wie mein Vater, der Alkoholiker war. Meine innere Frau war wirklich wütend auf ihn. Sie wollte, dass er aufhört mit der alten Tour und anfängt, sich um sie zu kümmern.

Dieser weibliche Zorn ist etwas sehr Mächtiges. Er sagt zum Mann: „Komm endlich! Wach auf! Wir brauchen dich hier!"

Mein innerer Mann möchte einfach nur schlafen. Seine Haltung ist: „Hilf dir doch selbst und lass mich in Ruhe!" Meine weibliche Seite ist verletzt, weil ich nicht viele positive Erfahrungen mit Männern gemacht habe – mit ihrer starken, beschützenden, umsichtigen und zuversichtlichen Seite.

Wie empfindet sie das?

Ich bin wütend darüber, keinen positiven inneren Mann zu haben, der meine Weichheit achtet und mir hilft, weiterzukommen. Stattdessen bringt er mich dazu, dass ich mich für meine Verletzlichkeit schäme. Ja, das macht mich wütend.

Können Sie sich diesen Ärger zugestehen und erlauben?

Es ist erstaunlich. Wenn ich meinen Ärger wirklich spüre, komme ich auch in Kontakt mit der beschützenden, beherzten Seite in mir. Ich fühle mich nicht mehr so hilflos.

Ja. Wenn Sie sich Ihren Ärger über den Mangel an echten männlichen Eigenschaften eingestehen, beginnen Sie, Ihre eigene Stärke zu spüren, und genau das ist die echte, machtvolle Männlichkeit, die Gestalt annimmt und auf Sie zukommt.

Das ist aufschlussreich und aufregend gleichzeitig. Ich bekomme dadurch ein völlig neues Gefühl für das, was möglich ist.

11

Männer in Beziehungen

Für Männer geht es um den Mut,
sich der Frau zu nähern, sich ihr zu zeigen …
Wenn Mann und Frau sich wirklich begegnen,
ist das für beide ein gewaltiges Risiko.
Wir müssen uns begegnen, wie ich in den Bergen
zwischen Bäumen auf einen Jaguar stoße, uns vorwagen
und berühren und das Wagnis eingehen …
Ein Mann sein heißt, zuerst deinen Körper und dein
Blut aufs Spiel setzen und dann deinen Geist. Ständig
dein dir bekanntes Selbst riskieren und erneut
ein Selbst werden, das dir bislang völlig
unbekannt war und das du niemals erwartet hättest.

D. H. LAWRENCE

Der männliche Geist ist immer auf der Suche nach neuen Herausforderungen, bereit, Körper und Geist zu riskieren, wie Lawrence sagt, und sich einen Pfad durch unerforschtes Gelände zu bahnen. Die heutigen Männer neigen dazu, ihre Herausforderungen in äußeren Vorhaben und Eroberungen zu suchen: in der Erforschung kreativer Grenzen, in wissenschaftlichen Fortschritten und neuen Geschäftsideen, in politischen Verhandlungen oder der Erprobung ihrer Körperkraft. Aber trotz all ihres Könnens in weltlicher Hinsicht sind die meisten Männer in Bezug auf ihre Beziehung zu Frauen immer noch Primitive – denn sich ganz auf eine Frau einlassen bedeutet, sich in die unausgeloteten Tiefen des eigenen Innenlebens vorwagen. Und das ist für den heutigen Mann das eigentliche Neuland.

Die Dialektik der männlichen Entwicklung

Männer heben Heldentaten und müssen sie auch begehen. Seit tausenden von Jahren heißt Heldentum für Männer, von den Frauen Abschied zu nehmen und sich allein auf den Weg zu machen, wie Ulysses, der Penelope verließ, um am Trojanischen Krieg teilzunehmen. Und tatsächlich ist die Lösung aus der Abhängigkeit von der Mutter und von der Frau überhaupt, um sich einen eigenen Pfad zu bahnen, ein wesentlicher Schritt in der männlichen Entwicklung. Den tiefsten Sinn für sich und sein Leben entdeckt ein Mann in den Augenblicken, in denen er mit seiner Seele alleine ist.

Doch viele Männer bleiben hier stehen und erkennen niemals, dass die männliche Entwicklung eine größere Dialektik umfasst, als sich ohne die Frauen eine eigene Identität zu schaffen. Männlichkeit beginnt in einem ganz konkreten Sinne als Einheit mit dem Weiblichen: Der männliche Fötus ist zu Beginn seiner Entwicklung weiblichen Geschlechts, bis das männliche Chromosom seine Wirkung zeigt, die Entwicklung der männlichen Organe einleitet und die im

Anfangsstadium weiblichen Organe des Embryos eliminiert. Und doch bleibt der männliche Säugling im Mutterleib und noch viele Monate nach der Geburt völlig an die Mutter gebunden.

Anders als bei Mädchen, deren Identifikation mit der Mutter sie in ihrer Geschlechtsentwicklung unterstützt, muss ein Junge, um eine männliche Identität zu entwickeln, schließlich „seine Verbindung mit der Person zurückweisen, die so tief mit seinem psychischen Leben verwurzelt ist, dass sie ein Teil von ihm zu sein scheint. Das ist ein mühsamer, komplizierter und schmerzlicher Prozess, der von einem Jungen seinen Tribut fordert“, schreibt die Psychologin Lillian Rubin.[49] Die erste Phase der männlichen Entwicklung ist gekennzeichnet durch die Einheit mit dem Weiblichen, die zweite hingegen besteht in der Trennung sowie der Herausbildung der Unterschiede.Männer bleiben oft in einem dieser ersten beiden Entwicklungsstadien stecken: Entweder sie können sich psychisch nicht von ihrer Mutter lösen oder ihre Reaktion auf die einstmals enge Bindung besteht darin, dass sie sich verhärten und zum Macho werden, weil sie Angst haben, von dem weiblichen Wesen vereinnahmt zu werden, das einmal ihre Lebensgrundlage war. Ein Mann, der bei der ersten Phase Halt macht, wird in seinen Beziehungen zu Frauen Kind bleiben. Wer in der zweiten Phase verharrt, bleibt der ewige Jüngling. Für beide gilt, dass sie über ein ständiges unbewusstes Reagieren nicht hinausgelangen.

Das in den letzten Jahren gestiegene Interesse an Männergruppen – wo Männer sich gegenseitig helfen, diese Phasen zu durchlaufen und sich als Männer mehr schätzen lernen – stellt eine positive Kraft dar. Hat ein Mann jedoch erst einmal unabhängig von Frauen seinen eigenen Boden gefunden, ist der nächste Schritt notwendig, wenn er sich weiter entfalten und gesunde intime Beziehungen eingehen will. Er muss wieder empfänglich werden für das, was Frauen ihm beibringen können. Damit schließt er den Kreis seiner dialektischen Entwicklung: von der unbewussten Verschmelzung mit der Frau zu einer neuen, bewussteren Verbindung. Das ist der einzige Weg für einen Mann, in seinen Beziehungen wirklich erwachsen zu werden.

Dieser weitere Schritt erfordert ein anderes Heldentum als die zweite Phase, wo ein Mann sich vom Weiblichen absetzt, um sich selbst zu finden. Unsere Gesellschaft ist im Allgemeinen mehr fasziniert von der zweiten Phase dieser Dialektik, die oft als reine Eroberung oder Aufstieg um des Aufstiegs willen dargestellt wird. Auch wenn das Aufsteigen in der männlichen Entwicklung durchaus von Wichtigkeit ist – der Geist eines jungen Mannes muss seine Flügel ausbreiten und sich in die Lüfte schwingen –, ist unsere Kultur auf diese Form des Heldentums übermäßig fixiert. Unsere modernen Helden sind immer nur am Aufsteigen – an die Spitze der Hitparaden oder der Bestsellerlisten, in die oberste Etage von Wolkenkratzern, wo die Firmenleitung residiert, per Raumschiff zum Himmel oder mit Hilfe von Computern in das körperlose Reich des Geistigen oder virtueller Realitäten. Das Heldentum in Phase drei hingegen erfordert, dass wir uns einigen unserer tiefsten Ängste stellen und sie überwinden – der Angst, auf den Boden zu kommen, in unserem Körper zu sein, zu unseren Gefühlen Kontakt aufzunehmen und uns auf einen Weg zu verpflichten, auf dem wir uns leidenschaftlich auf diese Welt einlassen.

Wenn ein Mann diese Phase durchläuft, kann sich die Dialektik seiner Entwicklung weiterentfalten. Denn um sich für das Weibliche öffnen zu können, muss ein Mann sich in seiner natürlichen männlichen Macht verwurzeln. Er kann es sich – mit D. h. Lawrences Worten – nicht länger leisten, „ständig in der Rüstung seiner Selbstbilder" herumzuspazieren, sondern muss sich ein tieferes Wissen über sich erschließen, das über die *Vorstellung* davon, was es heißt, ein Mann zu sein, hinausgeht. In mystischen Begriffen ausgedrückt: Um eine Königin für sich zu gewinnen, muss er zum König werden. Wenn er dann Zeit ohne Frauen oder in Gesellschaft mit anderen Männern verbringt, reagiert er nicht nur auf die Frau oder wendet sich von ihr ab, sondern bringt zum Ausdruck, wer er ist.

Ein anderes Heldentum

Eines der großen Geheimnisse von Männern – Geheimnis in dem Sinne, dass wir es uns selten eingestehen – ist, dass wir vor Frauen Angst haben. Ein Mann braucht sehr viel Mut und Stärke, um einer Frau mit offenem Herzen und offenem Geist zu begegnen, empfänglich zu sein für das, was sie ihn zu lehren hat, oder sich angesichts ihrer emotionalen Heftigkeit oder erdverbundenen Stärke zu behaupten. Ein Grund dafür ist, dass unsere Mütter, als wir klein und hilflos waren, so allmächtig dastanden. Der Sohn hat eine empfängliche Yin-Beziehung zu seiner Mutter, die ihm gegenüber Yang ist. Im Idealfall hilft der Vater oder eine Gruppe von älteren Männern einem jungen Mann, sich von seiner Mutter zu trennen und seine eigene Yang-Stärke zu finden. Aber viele Männer heute, denen diese Form von Rat und Unterstützung durch ältere Männer fehlt, mussten ihren eigenen einsamen Titanenkampf führen, um sich aus der emotionalen Umklammerung durch ihre Mütter zu befreien. Diese Männer sind nicht so schnell bereit, sich erneut dem Einfluss einer Frau zu beugen.

Auf einer anderen Ebene spiegelt die Angst des Mannes vor der Frau ein inneres Misstrauen gegen seine eigene Yin-Natur wider, gegen seine weiche, rezeptive Seite. Wir haben Angst, unsere Macht, Identität und Autonomie zu verlieren, wenn wir offen und hingebungsvoll sind. Und aufgrund dieser Angst sind wir in unseren Beziehungen mit Frauen ständig auf der Hut, vor allem wenn wir glauben, dass unsere Stärke nur in unserer männlichen Seite angesiedelt ist, und die umfassendere Macht, die der Vereinigung von männlichen und weiblichen Kräften in uns entspringt, nicht kennen.

Auch wenn intime Beziehungen einen der besten Wege zur Förderung dieser Integration darstellen, sind nicht viele Männer imstande, sie entsprechend zu nutzen. Wir glauben oft, dass Beziehungen Frauensache sind und primär der Sphäre oder dem Einfluss von Frauen unterliegen. Und darum können wir die vielen Gelegenheiten oft nicht schätzen oder wahrnehmen, die Beziehungen für unsere Seelenarbeit, für eine tiefe innere Versöhnung und ein Zusammenwirken unserer verschiedenen Kräfte und Potentiale bieten.

Um diese Chance nutzen zu können, müssen Männer ihre eigene Vision von Beziehungen entwickeln, statt diesen Lebensbereich als Frauensache zu betrachten. Ein möglicher Weg zu einer solchen Vision besteht darin, dass wir uns die ursprüngliche Bedeutung romantischer Liebe als heiliges und heldenhaftes Unterfangen neu erschließen. Heute wird die Liebesromanze oft mit Herzen und Blumen verkitscht, aber ursprünglich war das nicht der Fall. Das Wort *Romanze* stammt von dem französischen Wort *roman*. Der ursprüngliche *Roman* handelte von Ritterlichkeit und tapferen Taten, die der Liebende für seine Geliebte beging und die zugleich einen wichtigen Schritt für seine eigene geistige Entwicklung darstellten.

Wenn wir von dem romantischen Abenteuer sprechen, einen Berg zu erklimmen, in einem kleinen Boot in See zu stechen oder nachts allein über das Moor zu wandern, kommen wir der ursprünglichen Bedeutung dieses Wortes nahe. Diesen Unternehmungen haftet eine bestimmte romantische Abenteuerlichkeit an, weil sie Prüfungen für uns sind, für die wir, um sie zu bestehen, unsere sämtlichen Hilfsquellen anzapfen müssen. Sie führen uns an eine Grenze, wo wir unsere vertraute, sichere Umgebung verlassen. Die romantische Liebe stellt eine ähnliche Herausforderung dar, weil sie den Mann bewegt, „zu reifen, in sich etwas zu werden, Welt zu werden, Welt zu werden für sich um eines anderen willen, es ist ein großer unbescheidener Anspruch an ihn, etwas, was ihn auserwählt und zu Weitem beruft", um mit Rilkes Worten zu sprechen.[50]

Und genau das geschieht, wenn der Einfluss einer Frau uns erreicht und in uns zu arbeiten beginnt – er ruft uns zu „Weitem". Zuerst, indem er uns an eine Grenze führt, wo wir uns fürchten, weiterzugehen. Das Heldentum an dieser Schwelle zum Unbewussten verlangt, dass wir Auge in Auge mit den Dämonen der Angst kämpfen, denen wir hier begegnen – wenn wir uns dem dunklen Kontinent des Weiblichen nähern, das wir meistens als Fremdland und als das Andere betrachten. Um uns dieser Herausforderung stellen zu können, müssen wir Beziehungen neu sehen lernen und die große transformative Aufgabe erkennen, die sie darstellen, eine Aufgabe, die Weisheit und Mut erfordert und zugleich in uns weckt.

Die Frau als Initiierende

Das traditionelle Bild der Mann-Frau-Beziehung in unserer Gesellschaft zeichnet den Mann als aktiv oder dynamisch und die Frau als passiv oder rezeptiv. Diese eindimensionale Sicht hat auf der physischen Ebene einige Wahrheit, da der männliche Körper mehr Muskelgewebe aufweist und von daher stärker auf kraftvolles Handeln ausgerichtet ist. In vielen spirituellen Traditionen jedoch gilt, dass diese Polaritäten sich umkehren, wenn wir uns von der äußeren auf die innere Ebene begeben.

Die heiligen Traditionen wissen, dass der Mann zwar im äußeren, physischen Bereich aktiver sein mag, die Frau aber auf der inneren, subtileren Ebene der Lebensenergie und der Gefühle mehr Dynamik entwickelt. Mythische Gestalten wie der Götterkönig – in der griechischen Tradition Zeus, im Hinduismus Indra – stehen für die Vorherrschaft des Mannes in der Außenwelt, während in der Innenwelt die Königin der Weisheit regiert – Sophia, Inanna/Ischtar, die Schekina – und hier ihr Zepter schwingt. Während Muskelkraft Stärke und Bewegung im äußeren, physischen Körper erzeugt werden, werden der innere, „feinstoffliche Körper“ und sein Energiefluss von tieferen Lebenskräften gesteuert. Die westlichen esoterischen Traditionen betrachten diese Urkraft, die den Körper belebt, die lebendige Seele – *Anima* –, als weiblich. Und für die Hindus ist diese dynamische, aktivierende Kraft Shakti, die Gefährtin des großen Shiva, dessen Wesen im Vergleich zu ihrem eher stiller und dem Mond verwandt ist. Eine Frau, die mit ihrer Shakti-Energie in Kontakt ist, strahlt eine Hitze aus, die dem transformativen Feuer ihrer Lebenskraft entspringt. Oft hat sie Zugang zu einer ganz speziellen Weisheit, mit der sie einen Mann auf der inneren Ebene anleiten kann. Da sie oft stärker auf die subtilen inneren Energieströme eingestimmt ist als er, besteht eine ihrer größten Aufgaben darin, ihn zu erregen – ihn aufzurütteln, damit er fühlt. Wo der Mann oft Lehrer und Beschützer der Frau ist und sie in den sichtbaren, intellektuellen und weltlichen Sphären leitet, führt und inspiriert die Frau den Mann, indem sie seine Lebenskraft in Bewegung bringt, mit seinen Energien tanzt und ihn lehrt, in seinen Körper zu kommen und dem Bewusstsein seines Herzens zu lauschen.

Die Geschichte von Naropa, einem der größten tantrischen Meister des alten Indiens, zeigt, wie provokativ die weibliche Energie einen Mann aufrütteln und in seiner Entwicklung anspornen kann. Naropa war in seiner Lebensmitte der größte Gelehrte in Nalanda, der berühmtesten buddhistischen Universität seiner Zeit. Er war ein glänzender Philosoph, ein fähiger, logischer Denker und Yogi – und damit stand er, gemessen an den Werten seiner Zeit, auf dem Höhepunkt seines Erfolges.

Eines Tages, als Naropa in seine Bücher vertieft war, fiel ein Schatten auf ihn. Er schaute hoch und sah ein hässliches, altes Weib, das ihn fragte, ob er verstünde, was er da lese: „In Bezug auf die buddhistische Lehre, verstehst du die Worte oder den Sinn (die innere Bedeutung)?“ Als Naropa antwortete: „Ich verstehe die Worte“, lachte die Alte und tanzte. „Ich bin glücklich, Naropa“, sagte sie, „dass du die Wahrheit sagst.“ Aber als Naropa fortfuhr zu sagen: „Ich verstehe auch den Sinn“, begann sie zu kreischen und sich die Haare auszureißen. Naropa wutentbrannt anstarrend, bezeichnete sie ihn als Lügner.

Diese Begegnung mit der hässlichen Alten war für Naropa solch ein Schock, dass er plötzlich die Wirklichkeit erkannte und sah, dass er spirituell nicht so weit entwickelt war, wie er gedacht hatte. Auch wenn er sein ganzes Leben dem Studium und der Praxis der Lehre Buddhas gewidmet hatte, hatte er deren grundlegende Bedeutung nicht erkannt. Als er sie fragte, wie er die wahre Bedeutung erfassen könne, schickte sie ihn auf die Suche nach seinem Meister, der ihm schließlich helfen sollte, die völlige geistige Verwirklichung zu erlangen.

Die hässliche Alte in dieser Geschichte war eine Dakini, die sich verkörperte, um Naropa wachzurütteln und ihn anzuspornen, tiefer ins Leben einzutauchen. In der tibetischen Tradition ist eine Dakini eine verspielte, zornige Himmelsgöttin, die eine wilde, provokative Energie verkörpert, welche in das Leben von Menschen tritt und sie aus ihrer oberflächlichen Selbstgefälligkeit wachrüttelt. Das Wesen der Dakini besteht darin, Menschen aufzuwecken, anzuregen und herauszufordern, tiefer zu gehen – sich ihren Ängsten zu stellen und einen Sprung zu wagen, ihre falschen Selbstbilder aufzugeben und ihre wahre Natur zu entdecken.

Der Großteil der Männer in unserer Kultur hat es dringend nötig, auf diese Weise wachgerüttelt zu werden. In der Lebensmitte haben die meisten von uns ihre Kräfte so total für äußere Ziele eingesetzt, dass wir einer ausgetrockneten, leeren Schale gleichen. Die Midlifecrisis eines Mannes entspringt oft der Erkenntnis, dass sich alles, was er erreicht hat – Karriere, Erfolg, Wohlstand, Frau und Familie –, merkwürdig hohl und enttäuschend anfühlt; es schenkt ihm nicht die Freude und den Sinn, die sich seine Seele am meisten ersehnt. Und deswegen erscheint die zornige Dakini Naropa auf dem Höhepunkt seines Erfolges, rüttelt ihn wach aus seiner Selbstzufriedenheit, wirft ihn zurück auf den Anfängergeist und lenkt seine Aufmerksamkeit auf die größeren Mysterien."[51]

Viele Frauen nehmen in dieser Form Einfluss auf das Leben eines Mannes. In dem Film *Shadowlands*, gedreht nach einem biografischen Stück von William Nicholson, übernimmt Joy Gresham, eine amerikanische Dichterin, diese Rolle, indem sie in das Leben des berühmten englischen Autors C.S. Lewis tritt. Auch wenn sie Lewis' scharfen Verstand, seinen sanften Geist und seine seelenvolle Art schätzt, kann sie sehen, dass das Leben des 54-jährigen Gelehrten viel zu berechenbar und sicher geworden ist. Nichts in seiner fest umrissenen Welt zwingt ihn, sich oder seine Gefühle zu riskieren.

Statt dass sie versucht, sich in dieses bequeme Leben einzufügen, rüttelt Joy Gresham an Lewis' Abwehrfassade und seinem äußeren

Bezugsrahmen und entfacht sein inneres Feuer. In einer Szene, die an Naropas Begegnung mit der hässlichen Alten erinnert, greift sie ihn in seiner akademischen Umgebung in Oxford an und schimpft auf ihn ein: „Alle, mit denen du zu tun hast, sind jünger als du, schwächer als du oder unter deiner Kontrolle. Du hast dir dein Leben so eingerichtet, dass niemand dich berühren kann."[52] Und mit diesen Worten stürmt sie aus dem Zimmer und lässt den großen Gelehrten von Oxford sprachlos und verwirrt zurück.

Während ihrer kurzen Ehe erkennt C.S. Lewis allmählich, welches großartige Geschenk seine Frau ihm gemacht hatte, indem sie ihn herausforderte, aufzuwachen und mit ihr lebendig und präsent zu sein. „Wie viele Seifenblasen sie mir zum Platzen gebracht hat", schreibt Lewis nach ihrem frühen Tod und vergleicht sie mit einem Leopard, der, wenn er „den ersten Hauch von leerem Gerede witterte … aufsprang und dich über den Haufen rannte, bevor du noch wusstest, was eigentlich geschah." Er entdeckte, was die indischen Tantriker schon vor Tausenden von Jahren wussten: „Frauen sind das größte Feuer der Transformation."[53]

Emotionale Aufrichtigkeit und das Schwert der Unterscheidung

Frauen spielen oft im Leben des Mannes diese Rolle der *provozierenden Vermittlerin*, indem sie um mehr bitten, als er bereit ist zu geben – mehr Nähe, mehr Gefühle, mehr aufrichtige Kommunikation, mehr Herzenswärme und Verbundenheit. Häufig sehen sie auch deutlicher als der Mann, was er für seine emotionale und spirituelle Entwicklung braucht.

Trotzdem kann es für einen Mann äußerst schwierig sein, auf eine Frau einzugehen, die ihn auffordert, zugänglicher zu sein oder sich persönlich mehr mitzuteilen. Das ist verständlich, da es sein kann, dass ein Mann, der sich oder seine Gefühle offenlegt, das sichere Gelände seiner Kompetenz oder seines Fachwissens verlassen muss. Plötzlich wird er gebeten, etwas zu tun, was er noch nicht einmal zu schätzen gelernt hat. Da er nicht weiß, wie er sich verhalten soll, und keine Antworten bereit hat, fühlt er sich in der Klemme, ist ängstlich und geht sofort in die Defensive. Situationen wie diese sind besonders verwirrend, wenn wir nicht sehen können, dass hier eine vierfache Wahrheit am Wirken ist. Die Frau hat vielleicht ein echtes Anliegen: Sie möchte mehr direkten, innigen Kontakt, sie spürt, dass der Mann ihr sein Herz nicht ganz öffnet, oder muss wissen, ob er für sie da sein kann. Aber gleichzeitig äußert sie ihr Anliegen vielleicht mit kritischen oder aggressiven Worten, weil sie das Bild ihres abwesenden Vaters auf den Mann projiziert. Die Wahrheit des Mannes ist, dass es ihm schwerfällt, mit ihrer emotionalen Intensität mitzuhalten. Sein Weg, Kontakt aufzunehmen, sieht anders aus als ihrer, oder er möchte, dass sie ihn so akzeptiert, wie er ist. Aber auch er kann ihr gegenüber auf Abwehr gehen und sich verschließen, weil er sie als fordernde Mutter erlebt. Dann verlieren sich beide Partner in bloßes Reagieren auf die verzerrten Wahrnehmungen des anderen, statt gegenseitig auf ihre Wahrheiten einzugehen.

Um mit solchen Situationen arbeiten zu können, ist es hilfreich zu sehen, dass hier die umgekehrten Polaritäten, von denen weiter oben die Rede war, am Werke sind: Während Männer auf der äußeren Ebene mehr Kraft haben und vielleicht schneller handeln, sind Frauen auf der inneren Ebene beweglicher und enger in Kontakt mit ihren Gefühlen. Deswegen kann eine Frau schneller spüren und sagen, was sie fühlt, als ein Mann, der in dieser Hinsicht viel langsamer und scheuer ist. Er hingegen ist in der Sexualität schneller aktiv als die Frau, die körperlich langsamer reagiert als er.

Das erklärt, warum ein Mann sich oft an die Wand gedrängt oder überfordert fühlt, wenn die Frau von ihm verlangt, er möge emotional präsenter sein. In der Sexualität haben die meisten Frauen das Bedürfnis, verführt, umworben und langsam und behutsam erregt zu werden. Wenn der Mann darauf besteht, dass die Frau sich seinem schnelleren

Tempo anpasst, empfindet sie ihn als lieblos oder rücksichtslos, und das führt zum Konflikt. In emotionaler Hinsicht geschieht das Gleiche, nur umgekehrt. So wie es einer Frau schwerfällt, sexuell sofort für den Mann bereit zu sein, findet es ein Mann schwierig, für eine Frau sofort emotional präsent zu sein.

Wenn eine Frau vom Mann erwartet, dass er ihrem emotionalen Tempo folgt, löst sie eine seiner größten Ängste aus – die Angst, unfähig zu sein. Und das führt dazu, dass er zurückschreckt. Ein Mann in einem meiner Workshops sagte dazu:

> Da ich keine Kinder gebären kann, beziehe ich meinen Wert oft aus dem Gefühl,etwas zu können. Wenn ich mich unfähig fühle, ziehe ich mich zurück und kneife. Ich reagiere völlig instinktiv – wie eine Frau, wenn ihre Kinder bedroht sind. Das ist wirklich alles ziemlich primitiv.

Wenn ein Mann sich als unfähig empfindet, ist das für ihn riskant und er hat das Gefühl, nicht mithalten zu können. Die Frau baut sich vor ihm auf und er befürchtet, sie könne ihm seine Männlichkeit nehmen. Während sie immer frustrierter wird, weil sie nicht mit ihm zusammenkommt, zieht er sich noch mehr zurück. Es ist wichtig, dass beide, sowohl Frauen als auch Männer, erkennen, was hier geschieht, damit sie es nicht persönlich nehmen. Wenn die Frau begreift, dass der Mann im Gefühlsbereich langsamer reagiert und freundlich ermutigt werden muss (ähnlich wie es ihr oft in der Sexualität ergeht), kann sie vermeiden, selbstgerecht zu werden und ihn von oben herab zu behandeln, sowie sie mit dieser Ungleichheit konfrontiert ist. Und wenn ein Mann ebenfalls versteht, was hier vor sich geht, ist er nicht gleich gelähmt vor Angst oder Scham. Er kann lernen zu unterscheiden und klar zu sehen, dass seine *Gefühle* – „Ich *fühle* mich hilflos und verloren und weiß nicht, was ich tun soll" – und die alte *Geschichte* aus der Kindheit, die diese Gefühle auslösen – „Ich bin unfähig" –, zweierlei sind.

Wenn er diesen Unterschied begreift, kann er seine Wahrheit in diesen Situationen offen eingestehen – „Ich komme hier ganz schön in Schwierigkeiten, weil ich nicht sicher bin, was ich fühle oder wie ich es ausdrücken kann. Ich weiß also nicht, was ich sagen soll, wenn du sofort emotionalen Kontakt möchtest" –, ohne zu glauben, dass er sich schwach oder unmännlich verhält. Diese Aufrichtigkeit hilft ihm, sich im Augenblick zu verwurzeln und präsent zu sein, so dass er sowohl mit seiner Partnerin als auch mit sich selbst in Kontakt ist.

Augenblicke wie diese – wo die Fähigkeiten eines Mannes in Frage gestellt werden und er nicht weiß, was er als Nächstes tun soll – erinnern an Naropas Begegnung mit der hässlichen Alten. Sie stellen seine Selbstzufriedenheit in Frage und zwingen ihn, zu einer tieferen Quelle von Macht vorzudringen und sich seinem augenblicklichen Erleben offen und aufrichtig zu stellen. In solchen Momenten beginnt ein Mann, die beiden Seiten seines Wesens – Stärke und Weichheit – zu vereinen.

Oft hat ein Mann Widerstände, sein inneres Erleben offen darzulegen, weil er glaubt, er müsse sich dafür eine weibliche Ausdrucksweise aneignen, die nicht seine ist. In Wirklichkeit jedoch ist es für beide, Männer und Frauen, eine Herausforderung, aufrichtig und präsent mit den eigenen Gefühlen umzugehen, wenn auch auf unterschiedliche Weise. Die übliche Fallgrube für Männer sieht oft so aus, dass sie gefühlsmäßig zu distanziert sind, während Frauen sich oft zu stark mit ihren Gefühlen identifizieren. Keine der beiden Verhaltensweisen ist einer Vertiefung der Beziehung förderlich.

Aufrichtige Kommunikation ist nur möglich, wenn sich zwei Menschen mitteilen, was sie wirklich erleben. Das erfordert von beiden die Fähigkeit, in Kontakt mit ihren Gefühlen zu sein – meistens die Stärke der Frauen – und einen Schritt zurücktreten, Raum um die Gefühle zu schaffen und sie losgelöst reflektieren zu können – was im Allgemeinen Männern leichter fällt. (Auch Humor ist nur möglich, wenn wir die Dinge etwas losgelöster und lockerer betrachten können; deswegen ist der Mann oft derjenige, der intime Augenblicke, in denen die Frau zu ernst wird, wie Hermes mit Respektlosigkeit würzt.)

Die Kunst des intimen Gespräches erfordert also ein feines Gleichgewicht zwischen emotionaler Reaktionsfähigkeit (oft die Gabe der Frau) und dem Betrachten dieser Reaktionen aus etwas Abstand (oft eine Fähigkeit des Mannes). Auch wenn Männer gerne denken, Kommunikation sei eine weibliche Spezialität, ist es wichtig für sie zu sehen, dass sie hier einen ebenso entscheidenden Beitrag leisten. Ein Mann und eine Frau müssen ihre verschiedenen Gaben zusammenbringen, wenn sie zu einer echten Verbundenheit finden und sich begegnen wollen wie „Jaguare in den Bergen, die sich näher kommen, sich berühren und das Risiko eingehen".

Stärke und Weichheit ins Gleichgewicht bringen

Wenn es darum geht, sich dem Weiblichen zu öffnen, ist eine der tiefsten Ängste des Mannes die, entmachtet zu werden wie der wilde Mann Samson, dem Delilah die Haare abschnitt. In der mythischen Sprache steht Delilah für den verzerrten, teuflischen Aspekt in einigen Frauen, der Männern feindlich gesonnen ist und diese zu entmannen sucht, um sich selbst mächtiger zu fühlen.[54] Eine oberflächliche Auslegung der Samson-Delilah-Geschichte wäre, dass Männer, die vor dieser Aggressivität in einer Frau nicht auf der Hut sind, das Risiko eingehen, kastriert zu werden.

Aber Samsons Entmachtung kann auch noch anders verstanden werden. Auf den ersten Blick sieht es so aus, dass er seine Stärke verliert, weil ihm die Haare abgeschnitten werden. Aber auch das Umgekehrte ist wahr: Er verliert sein Haar, weil er seine Macht bereits abgegeben hat. Auch wenn Samson auf dem Schlachtfeld ein harter und gerissener Kämpfer ist, schrumpft seine Macht in Beziehungen zu Frauen zusammen. Der Philosoph Julius Evola beschreibt diesen Männertyp mit den Worten: „… der aktive Mensch, der vom Tun und vom Produzieren besessen ist, der ‚Leistungsmensch', der Athlet aus ‚hartem Willen' ist prinzipiell in Bezug auf inneres Mann-Sein der ärmste und infolgedessen der schwächste Typ gegenüber der subtileren Macht der Frau."[55] Samsons Schwäche und Naivität wird deutlich, als er Delilah sein Geheimnis erzählt – dass er seine Kraft verliert, wenn man ihm die Haare abschneidet –, obgleich sie ihre Absicht, ihn an die Philistinen zu verraten, bereits dreimal kundgetan hatte. Die Stärke eines Kämpfers wie Samson geht nicht viel tiefer als seine Muskeln. Er ist nach außen hin hart und innen schwächlich, weil er sich nicht wirklich kennt und seine wunden Punkte hinter Großspurigkeit verbirgt. Ein wahrer spiritueller Krieger hingegen kann nach außen hin sanft sein, weil er innerlich stark ist. Indem er mit seinen wunden Punkten arbeitet, sich seinen Ängsten stellt und sich selbst immer besser kennen lernt, entwickelt er innere Kraft. So kann er mit einer Frau sanft und zärtlich umgehen, ohne sich unmännlich zu fühlen.

Die Angst, von Frauen entmachtet zu werden, geht bei Männern wie Samson, die sich mit der sanfteren Seite ihres Wesens noch nicht angefreundet haben, sehr tief. Da sie Macht an Eroberung, Herrschaft oder einem eisernen Willen messen, können sie ihre Empfindsamkeit nicht erkennen, die ihnen den Weg zu ihrer eigenen wahren Natur weisen könnte, wo sie sämtliche inneren Hilfsquellen finden. Stattdessen glauben sie, ihre Stärke zu verlieren, wenn sie offen sind oder Zärtlichkeit empfinden. Da sie sich durch ihre eigene Empfindsamkeit bedroht fühlen, fällt es ihnen schwer, Frauen ihr Herz zu öffnen.

In Kulturen, in denen Männern beigebracht wird, die Erde zu respektieren und beide Seiten ihres Wesens zu schätzen, sind diese engen, rigiden Vorstellungen von Macht weniger verbreitet. Viele führende Persönlichkeiten der Tibeter oder der amerikanischen Ureinwohner, wie der Dalai Lama oder Black Elk, verkörpern eine ausgeglichene Stärke, die zugleich außergewöhnlich sanftmütig ist. Dieses ausbalancierte Machtgefühl galt auch zu Ritterzeiten als höchste Tugend. Der erste und edelste Ritter, den Merlin in König Arthurs Tafelrunde einführt, ist König Pellinore, weil dieser, laut Howards Pyles Erzählung, „sowohl außergewöhnlich sanftmütig auftritt … als auch gewaltige Stärke und Kraft besitzt".[56]

Ärger und Stärke

Ein weiterer Grund dafür, dass Männer keine wirkliche Stärke besitzen, besteht darin, dass sie kaum jemals eine gesunde Einstellung zu ihrem Ärger entwickeln. Auf dem Hintergrund einer jahrtausendealten Geschichte als Jäger und Krieger sind Männer natürlicherweise aggressiver als Frauen. Aggression ist Teil ihrer Yang-Natur. Wenn ein Mann diese aggressive Energie unterdrückt oder ablehnt, wird er zum „Softie", wie Robert Bly diesen Männertyp nennt, dem es an Richtung und Zuversicht fehlt. Wenn er sich hingegen mit seinem Ärger identifiziert und ihn völlig unbedacht an anderen auslässt, bleibt er der verdrießliche kleine Junge oder wird zur Gefahr. Ein Mann kann in seinen Beziehungen zu Frauen erst dann wahre Stärke entfalten, wenn er sich bewusst mit seiner Yang-Kraft verbindet.

Oft haben Männer jedoch Schuldgefühle wegen ihres Ärgers, vor allem in Beziehung zu Frauen. Das ist verständlich, denn es ist nicht einfach, diese Kraft positiv zu nutzen oder konstruktiv einzusetzen. Auch haben die meisten von uns keinen älteren Lehrer gehabt, der uns gezeigt hätte, wie wir mit unserem Ärger umgehen können. Da wir immer wieder Zeuge zahlloser Beispiele für eine grausame männliche Aggression in den Medien und der Welt um uns herum sind, gelangen wir zu der Überzeugung, dass diese Energie als solche gewalttätig und schädlich ist. Werden wir dann ärgerlich auf jemanden, den wir lieben, glauben wir, ein schlechter Mensch zu sein. Die Folge ist, dass wir unseren Ärger herunterschlucken, bis er eines Tages, wenn wir ihn nicht länger zurückhalten können, explodiert.

Um die tiefere Stärke zu spüren, die unsere aggressive Energie birgt, brauchen wir innere Aufmerksamkeit, Forschungsgeist und Beharrlichkeit. Als Erstes müssen wir uns das Prinzip der Koemergenz ins Gedächtnis rufen, welches besagt, dass unsere sämtlichen Gefühle und Emotionen eine gewisse Intelligenz beinhalten, die wir aus den Augen verlieren, wenn wir uns von ihrer Dramatik überwältigen lassen. Das zu begreifen hilft uns, unseren Ärger als Hinweis auf etwas zu sehen, das unsere Aufmerksamkeit verlangt, uns umzudrehen und uns dem zu stellen. Wir müssen bereit sein, uns für den Ärger zu öffnen und ihm Raum zu geben, statt dagegen anzukämpfen oder ihn mit feindseligen Gedanken zu füttern. Das ist anfangs nicht leicht und erfordert Übung.

Unser Ärger will meistens dann explodieren, wenn wir versuchen, ihn wegzustecken. Alles, was er wirklich braucht, ist Raum, um sein zu dürfen. So können wir lernen, ihn äußerlich zu halten – und nicht auf andere abzuwälzen – ohne ihn innerlich wegzudrücken, indem wir ihm nicht genug Raum lassen. Wenn wir dieser feurigen Kraft in unserem Bewusstseinsfeld so viel Platz geben, wie sie braucht, entschärft sich ihre explosive Ladung, weil sie nicht mehr auf Widerstand trifft. Dann legt sich der Ärger oft und wird zur ruhigen, glühenden Flamme, die die Situation, in der wir uns befinden, erhellen und klären helfen kann.

Wenn wir uns für unseren Ärger öffnen, stellen wir fest, dass er viel mehr enthält als bloße Aggression. Oft entdecken wir ein echtes „Nein“, das einzugestehen oder direkt zu äußern wir bislang Angst hatten. Diese Erkenntnis kann ein sehr positiver Schritt sein, denn jedes echte Nein impliziert auch ein echtes Ja. Wenn wir zum Beispiel Nein zu Unehrlichkeit sagen, bejahen wir die Wahrheit. Aber wenn wir unser Nein gar nicht erkennen, fällt es uns meistens auch schwer, Ja zu sagen. Wir bleiben in der negativen Identität eines Menschen stecken, der sich ständig beklagt, rebelliert und andere kritisiert oder tyrannisiert. Und dadurch wird unser Ärger, wenn er dann explodiert, noch zerstörerischer.

Wenn ein Mann also feststellt, dass er seine Partnerin ärgerlich angreift, sowie sie ein bestimmtes Verhalten zeigt, könnte er sich fragen: „Wie sieht mein echtes ‚Nein‘ aus, das ich hier nicht erkenne und ausspreche?“ Vielleicht sagt er dann zu ihr: „Ich möchte nicht, dass du dich mir gegenüber wie ein kleines Mädchen aufführst, und ich möchte auch nicht dein Vater sein.“ Wenn er das deutlich macht, statt seine Aggressionen auszuagieren, ebnet er auch den Weg zu seinem echten ‚Ja‘: „Ich möchte als Mann eine Beziehung zu dir als Frau, ohne dass wir ausweichen oder uns in unserer Kraft zurücknehmen.“

Wenn wir uns für unseren Ärger öffnen, finden wir noch andere, darunter verborgene Gefühle – Kummer, Angst oder Verletztheit –, die unsere Aufmerksamkeit und Anteilnahme verlangen. Und wenn wir noch tiefer schauen, entdecken wir in unserer Wut oft eine lange vergessene Sehnsucht der Seele, die wir aufgegeben haben, weil sie in der Vergangenheit immer nur enttäuscht wurde. Dieses Sehnen zu befreien kann uns helfen, eine Richtung zu finden, besonders in den Zeiten, in denen wir uns verloren fühlen. Gabriel und seine Frau Rebecca hatten mich aufgesucht, weil sie Rat für ihre Ehe brauchten, der es schon lange an Lebendigkeit und einer klaren Richtung fehlte. Gabriel verhielt sich oft passiv-aggressiv – indem er sich nicht an Vereinbarungen hielt oder mitten in einem Konflikt verschwand, statt zu sagen, was er wirklich fühlte. Er erkannte in diesen Ausweichmanövern einen grundlegenderen Verhaltenszug, der so aussah, dass er ständig versuchte, anderen zu gefallen, eifrig lächelte und sich anpasste, um ihre Anerkennung zu gewinnen. Die Folge war, dass er sich niemandem wirklich verbunden fühlte.

Als ich Gabriel einmal fragte, wie er sich mit diesem Verhalten fühle, sagte er: „Ich bin es müde. Mein ganzes Leben lang habe ich mich angebiedert, um von anderen geliebt zu werden. Ich bin Gefangener meiner eigenen Anbiederei und möchte ausbrechen. Ich bin wütend, weil ich so viel Zeit damit vergeudet habe, immer ‚nett zu sein'."

Ich fragte ihn, ob er bereit sei, seinen Ärger direkt zu spüren. Er nickte und begann, tiefer zu atmen. Es war nicht leicht für ihn, seine Angst und Traurigkeit auf diese Weise hochkommen zu lassen: „Ich bin so vernünftig. Das, was mich wirklich ausmacht, kommt nie zum Vorschein. Ich war das älteste Kind in der Familie und für alle anderen Geschwister verantwortlich. Meine Mutter sagte immer zu mir: ‚Sei bloß nicht so egoistische.'" Er begann zu weinen. „Ich weiß noch, wie sie mich immer lobte, wenn ich ihr im Haus half, und wie mir dann innerlich ganz warm vor Freude wurde. Aber wenn ich heute daran denke, werde ich wütend."

„Was ärgert Sie am meisten?"

„Dass ich mir immer ein Bein ausreißen musste, um Aufmerksamkeit zu bekommen, und mich nie als der geliebt fühlte, der ich war."

Gabriel begann seine tiefe Sehnsucht zu erkennen – als der, der er war, gesehen und geschätzt zu werden. Nach vielen Jahren der Enttäuschung hatte sich dieser Wunsch in einen ständig schwelenden Ärger verwandelt, der allen seinen Bemühungen, anderen zu gefallen, zu Grunde lag. Auch wenn er mit diesem Ärger in Berührung gekommen war, empfand er ihn noch nicht sehr tief. Um ihm dabei zu helfen, fragte ich: „Was macht das mit Ihnen in diesem Augenblick? Wie ist es, immer der Gute und Fürsorgliche zu sein, der es allen recht macht, um Streicheleinheiten zu bekommen, und der niemals ärgerlich wird – der *gute Junge!*" Die letzten Worte äußerte ich etwas höhnisch, weil ich ihn einerseits provozieren wollte und andererseits selbst anfing, ärgerlich auf ihn zu werden, denn ich kannte das alles auch von mir sehr gut. Dadurch kam seine Wut zum Vorschein, und ich schlug vor: „Können Sie diese Wut ohne Einschränkungen spüren? Können Sie ihr all den Raum geben, den sie braucht, und sich für diese Kraft öffnen, ja, diese Kraft *sein*?"

Eine ganze Weile war Gabriel still und spürte nach innen. Als ich ihn schließlich fragte, was mit ihm passiere, sagte er, er fühle sich zentriert. Er hatte sich die Hand auf den Bauch gelegt.

„Wie ist es, sich zentriert zu fühlen?"

„Als ob ich mich schließlich doch gefunden hätte. Ich habe ein Gefühl davon, wer ich bin. Das ist wie ein Stab in mir, der von meinem Bauch hinunter in die Erde führt."

Er hielt eine Weile inne, offensichtlich um seinen Worten nachzuspüren. Dann schaute er mich an und sagte: „Falls Sie sich über den guten Jungen lustig machen wollen – ich weiß, das ist Ihr Thema. Das bringt mich nicht ab von dem, wo ich gerade bin. Ja, ich kann gut sein, ich kann freundlich sein, aber ich bin auch noch etwas anderes."

„Was denn?"

Gabriel begann jetzt, sein echtes Nein, mit dem er so lange nicht in Kontakt gewesen war, in Worte zu fassen: „Ich bin Ärger. Ich bin

Grenzen. Ich bin ‚Das reicht jetzt' und ‚Ich werde mich für dich nicht krumm legen, denn ich habe auch Bedürfnisse' ... Die Worte gehen mir jetzt aus."

„Es müssen keine Worte sein."

„Das gefällt mir. Meistens bemühe ich mich so sehr, die richtigen Worte zu finden."

„Wie ist es, ohne Worte bei dem zu bleiben, was gerade in Ihnen ist?"

„Ich fühle mich jetzt ruhiger, aber trotzdem genauso stark."

Nach einer Weile lud ich Gabriel ein, mit Rebecca, die neben ihm saß, Kontakt aufzunehmen. Als er ihr stumm in die Augen sah, zeichnete sich nacheinander eine ganze Reihe von Gefühlen auf seinem Gesicht ab. Schließlich nahm er einen tiefen Atemzug, griff nach ihrer Hand und sagte: „So nahe habe ich mich dir schon lange nicht mehr gefühlt."

Er war jetzt ganz anders präsent als zu Beginn der Sitzung. Zuerst war er in sich selbst zusammengesunken gewesen; sein Groll über seinen Anpassungszwang hatte sein Herz verschlossen. Aber jetzt nahm er ganz direkt mit seiner Frau Kontakt auf und hatte dabei etwas Unwiderstehliches.

Indem er sich seinen Ärger erlaubte und sich ganz auf ihn einließ, hatte Gabriel angefangen, eine innere Stärke und ein inneres Feuer zurückzugewinnen, die hinter der Fassade des guten Jungen eingeschlossen gewesen waren. Und ihm wurde klar, dass er in diesem Zustand tatsächlich mit einem anderen Menschen Kontakt aufnehmen konnte, statt auf sich aufmerksam zu machen, indem er versuchte, seiner Frau zu gefallen oder ihre Anerkennung zu gewinnen. Er war auf dem Weg, sein echtes Ja zu finden.

Männer und Frauen müssen beide lernen, bewusster mit ihrem Ärger umzugehen, und dabei den ganz entscheidenden Unterschied zwischen dem Fühlen des Ärgers und der Identifizierung damit im Hinterkopf behalten. Wenn wir uns für diese ungeschliffene Kraft öffnen können, ohne an feindlichen Gedanken festzuhalten, entdecken wir eine feurige Intensität, eine treibende Energie, die uns helfen kann, Hindernisse zu überwinden, Täuschungsmanöver und falsches Getue zu durchschauen und wichtige Ziele zu verfolgen. Und wenn ein Mann sich die Stärke erschließt, die sein Ärger birgt, kann er der Heftigkeit einer Frau begegnen, ohne sie angreifen oder sich ihr entziehen zu müssen. Der männliche Impuls, zu jagen oder zu verfolgen, die eigene Ausdauer zu erproben und Siege zu genießen, hat seine ganz eigene Schönheit. In der ersten Lebenshälfte eines Mannes kann diese aggressive Energie grobe Formen annehmen und sich zum Beispiel in sexuellen Eroberungen äußern. Aber später im Leben, wenn sie im Dienste der Wahrheit oder des Erwachens eingesetzt wird, kann sie zu spiritueller Stärke destilliert werden. Naropas Lehrer, ein verrückter, weiser Yogi namens Tilopa, wird nachgesagt, dass er den Palast der Dakinis erstürmte, die die höchsten heiligen Lehren hüteten, nach denen er suchte. Und er ließ nicht locker, bevor sie ihr Wissen nicht an ihn weitergaben. Er wünschte sich nicht nur, von diesen Frauen unterwiesen zu werden, *er verlangte es*. Chögyam Trungpa, ein moderner Abkömmling Tilopas, beschrieb diese Szene einmal humorvoll als „Bankraub an den Dakinis". Dies ist ein Beispiel für positive Aggression, die in den Dienst einer heiligen Vision und einer heiligen Absicht gestellt wird.

Empfängliche Offenheit und geerdete Kraft bilden in der männlichen Entwicklung eine wichtige Polarität. Beide zusammen schenken uns die Fähigkeit, uns all den unterschiedlichen Situationen, die in Beziehungen auftauchen, zu stellen und damit umzugehen. Wenn wir unsere Empfindsamkeit akzeptieren und schätzen, werden wir zugänglicher für unsere Partnerin, während ein gutes Verhältnis zu unserer feurigen Energie uns hilft, fest auf dem Boden zu stehen und unser Herz auch dann offen zu halten, wenn wir uns herausgefordert fühlen. Wenn wir diese umfassendere Macht entdecken, die aus der Vereinigung von Weichheit und Stärke geboren wird, fühlen wir uns nicht mehr bedroht, sobald wir unsere Abwehr fallen lassen und das Weibliche als unsere zweite Hälfte umarmen.

Gespräch: Männer in ihren Beziehungen zu Frauen

1.

Dieses Gespräch fand nach einem Vortrag in einem Männerzentrum statt, bei dem ich einige der Ideen vorstellte, die im vorigen Kapitel erläutert wurden. (Die fett hervorgehobenen Texte sind Kommentare von Frauen aus der Zuhörerschaft.)

Selbst in den zärtlichsten, wunderbarsten und wichtigsten Augenblicken mit Frauen werde ich oft gebeten, etwas noch einmal zu tun, stark zu sein, ihr einen Gefallen zu tun oder mir etwas für sie einfallen zu lassen. Wenn meine Geliebte bittet: „Sag mir, dass ich schön bin" oder: „Erzähle mir, was du gerade fühlst", möchte ein Teil von mir ihrer Bitte nachkommen, weil sie das offensichtlich braucht, und ein anderer Teil sagt: „He, das ist doch nicht meine Aufgabe. Ich will nicht dafür verantwortlich sein, dass sie sich gut fühlt." Wie verhalte ich mich an diesem Punkt denn nun richtig?

Um was, glauben Sie, bittet die Frau?

„Sag mir, dass du mich liebst. Sag mir, was du fühlst – so wie ich es möchte, zu dem Zeitpunkt, den ich bestimme, und in dem Tonfall, den ich mir wünsche. Aber sei auch ehrlich dir selbst gegenüber und sage es aufrichtig."

Eine Double-bind-Botschaft, nicht wahr? Nun, wenn sie Ihnen die eigenen Erwartungen aufdrängt, versucht sie vielleicht, Sie zu benutzen, um ihre eigene innere Leere zu füllen.

Wir sind doch alle so gute Verkaufsstrategen, dass wir auf subtile Weise etwas fordern können.

Sprechen Sie einer Frau das Recht ab, Sie überhaupt um etwas zu bitten? Was ist Ihr Problem?

Ich kapiere das einfach nicht. Ich kapiere nicht, welche Rolle von mir als Mann, als Geliebter erwartet wird. Bin ich ihr Vater? Ihr Geliebter? Bin ich ihr Freund? Und wo bin ich in alledem?

Sie sind sich also nicht sicher, wo Sie stehen, wenn sie etwas von Ihnen will. Was fühlen Sie, wenn Sie die Frage stellen: „Wo bin ich in alledem"?

Neugier.

Gut. Diese Neugier ist der erste Schritt, mit dem Sie sich in unbekanntes Gelände vorwagen.

Ja. Aber ich glaube nicht, dass man von mir erwarten kann, dass ich alle ihre Bedürfnisse erfülle…

Da bin ich ganz Ihrer Meinung – das schlage ich auch nicht vor. Aber ob wir einer Frau nun sämtliche Bedürfnisse erfüllen oder nicht, Frauen bringen uns an eine Grenze und damit in Situationen, in denen uns unbehaglich wird. Hier präsent zu bleiben, erfordert einen gewissen Heldenmut.

D. h. Lawrence sagte, dass moderne Männer lieber in ihren Kokons bleiben möchten – ihren angenehmen Selbstbildern nachhängen –, als das Risiko einzugehen, tiefer nach innen zu schauen, wenn eine Frau sie herausfordert. Wenn eine Frau uns um etwas bittet, bringt uns das oft durcheinander, und wir sind aufgefordert, neue Reserven und Hilfsquellen in uns ausfindig zu machen.

Bei der Arbeit habe ich keine Probleme damit zu tun, was Menschen von mir verlangen. Aber wenn meine Frau mich um etwas bittet, mache ich oft einen Rückzieher und habe das Gefühl, sie abwehren zu müssen. Was Sie sagen, macht für mich also viel Sinn.

Es ist wichtig, dass Sie das nicht nur als Ihr eigenes, persönliches Problem betrachten. Es ist auch Teil Ihres kollektiven Karmas als Mann. Seit Tausenden von Jahren sind Männer es gewöhnt, Frauen zu beherrschen und ihnen zu sagen, was sie zu tun haben. Vielleicht geht diese Programmierung sogar zurück bis zu den Affen und ihren Hierarchien. Wenn eine Frau also etwas von uns will, geraten wir oft in Verlegenheit. Und da es Frauen meistens leichter fällt als Männern, Gefühle auszudrücken, kommen wir ins Rotieren, wenn sie möchten, dass wir emotional zugänglicher sind. Wir müssen in solchen Situationen freundlich mit uns umgehen und begreifen, dass wir nichts falsch machen, dass das, was hier geschieht, zum kollektiven Mann-Frau-Thema gehört. Das hilft uns, gelassener zu werden und den nächsten Schritt ins Auge zu fassen.

Als Frau habe ich damit zu kämpfen, wie ich Männern meine Bedürfnisse vermitteln kann. Ich probiere die ganze Skala vorwärts und rückwärts durch, von „Vielleicht sollte ich weicher und nachgiebiger sein und auf nichts beharren, vielleicht konfrontiere ich den armen Kerl zu stark" bis zu „Vielleicht sollte ich mich trennen, denn ich stoße mit dem Kopf gegen die Wand, seit sechs Monaten sind wir in Paartherapie und nichts verändert sich."

Wie sieht die Lösung für Frauen aus? Ich habe hart daran gearbeitet, mit meinem Partner zu kommunizieren, ohne zu fordern. Ich versuche „Ich-Aussagen" zu machen, statt mich darauf zu konzentrieren, was er falsch macht, und ich achte darauf, einen freundlichen Ton anzuschlagen. Ich glaube, ich mache alles richtig. Ich bemühe mich wirklich.

Das glaube ich Ihnen.

Danke. Aber allmählich denke ich, ich muss meinen Partner vielleicht wirklich verlassen, wenn ich alles versucht habe und meine Bedürfnisse immer noch nicht befriedigt werden. Ich hasse den Gedanken daran, ich möchte nicht allein sein. Aber vielleicht fühlen sich manche männliche Egos von mir schlichtweg bedroht.

Das könnte sein.

Manchmal erscheint mir das alles so hoffnungslos.

Ganz gleich, wie düster die Situation zu sein scheint, wenn Sie sich für das öffnen können, was Sie dann empfinden – Hoffnungslosigkeit, ein bestimmter Kummer, Angst oder vielleicht Ärger –, kommen Sie in Kontakt mit dem, was hier wirklich Thema für Sie ist. Und damit beginnen Sie, Ihren Weg zu finden – das, was für Sie in dieser Situation richtig ist.

Männer müssen ebenfalls lernen, in Kontakt mit sich zu bleiben, wenn sie an die Mauer ihrer Hoffnungslosigkeit stoßen und sich sagen: „Ich weiß nicht, was sie will. Ich weiß nicht, wie ich ihr geben kann, was sie will. Das ist mir alles zu viel. Nie gebe ich genug. Und was ich gebe, ist nie gut genug." Wenn wir an diese Mauer stoßen, statt dass wir versuchen, der Frau zu gefallen, oder uns weigern, ihr zu geben, was sie will, können wir den wunden Punkt spüren, der in uns berührt wird. Das hilft uns, präsent zu bleiben und die Hilfsquellen zu finden, die wir brauchen.

Ich würde gerne von Ihnen als Frau hören, was in Ihnen vorgeht, wenn Sie um Dinge bitten wie: „Sag mir, dass ich schön bin, sag mir, dass du mich liebst" oder: „Erzähle mir, wie du dich fühlst".

Was ich im Kontakt mit Männern oft vermisse, ist diese Herzensqualität, eine Sprache der Gefühle. Das ist die Sprache, mit der ich lebe. Eine Beziehung mit jemandem, der diese Sprache nicht spricht oder ihren Wert nicht sieht, fühlt sich an wie farbenblind zu sein oder einen Film ohne Ton zu sehen. Ich bin durchaus bereit, die Sprache der Männer zu lernen, aber ich möchte, dass der Mann ebenfalls bereit ist, meine Sprache zu lernen und sich in ihr zu unterhalten, damit unsere Beziehung nicht einseitig verläuft. Ich muss sicher sein, dass ich einen Mann einladen kann, eine andere Welt zu betreten, und dass er das zu schätzen weiß.

Sie sagen, dass Sie die Sprache der Männer lernen, aber ich würde gerne wissen, was Sie unter dieser Sprache eigentlich verstehen. Zum Beispiel drücken Männer ihre liebevollen Gefühle völlig anders aus als Frauen. Ich drücke meine Zuneigung eher durch Taten aus als durch Worte. Vielleicht ist das Handeln unsere Sprache. Manchmal fällt es meiner Partnerin schwer, das zu schätzen. Zum Beispiel zieht sie sich oft nicht warm genug an, und ich habe immer eine Jacke für sie dabei, wenn wir ausgehen, aber meistens sieht sie gar nicht, dass das meine Art ist, ihr zu zeigen, dass sie mir am Herzen liegt. Es reicht ihr nicht. Ich muss ihr ständig sagen: „Du bist schön, mir liegt wirklich viel an dir."

Sie könnten versuchen, diese Situation als einen Spiegel zu betrachten: Wenn Ihre Frau ständig wissen möchte, ob Sie sie lieben, ist das vielleicht auch ein Hinweis auf das, was in Ihnen vorgeht. Ist es möglich, dass Ihre weibliche Seite mehr Aufmerksamkeit, Wertschätzung und Anerkennung von Ihnen braucht? Wenn Männer ihre innere Yin-Natur – ihre liebevolle, gewinnende, zarte Seite – nicht anerkennen, fällt es ihnen schwer, Frauen zu schätzen. Vielleicht ist es durchaus angemessen, dass ein Mann die liebenswerten Eigenschaften einer Frau manchmal lobt und bewundert. Vielleicht ist es nicht nur ein Egotrip von ihr, wenn sie darum bittet. Es kann durchaus passend sein, dass die Yang-Seite des Mannes Wertschätzung für die Yin-Seite der Frau zum Ausdruck bringt, genauso wie es richtig sein kann, dass das Yin in einer Frau die Yang-Stärke eines Mannes bewundert und respektiert. Vielleicht ist das Teil von *Leela*, dem heiligen Spiel zwischen Männern und Frauen. Vielleicht kann ein Mann von einer Frau nur lernen und empfangen, was sie ihn lehrt, wenn er sie auf diese Art achtet.[57]

Trotzdem kann ein Mann sich entmachtet fühlen, wenn eine Frau ihn darum bittet, und zwar dann, wenn er sich als Kind sieht, dessen Mutter an ihm herumnörgelt und Verständnis und Rücksichtnahme von ihm verlangt. Wenn wir aufmerksam sein können für das, was in solchen Augenblicken in uns geschieht, statt einfach nur zu projizieren und zu reagieren, dann können wir unsere Wahrheit aussprechen, statt ärgerlich zu werden oder halbherzig nachzugeben. Wir könnten zu unserer Partnerin zum Beispiel sagen: „Für mich ist es im Augenblick so: Wenn du mich bittest, dir zu sagen, dass ich dich liebe, kommt das bei mir als eine Forderung an. Vielleicht meinst du es nicht so, aber so empfinde ich es. Und dann fühle ich mich wie in der Falle und möchte am liebsten wegrennen. Ich möchte dich wissen lassen, dass ich dich liebe, aber ich möchte es dir so rüberbringen, dass es sich spontan und echt anfühlt."

Aber was ist, wenn eine Frau will, dass ich in meinem Herzen bin, und ich mich einfach nicht so fühle? Vielleicht bin ich noch ärgerlich auf sie wegen einer gestrigen Sache und will ihr heute einfach nicht sagen, dass ich sie liebe. Wenn ich ihr das aber sage, hat sie dafür genauso wenig Verständnis wie ich für ihr Bedürfnis, ich solle in meinem Herzen sein.

Wofür hat sie kein Verständnis?

Sie sagt, wenn sie etwas will, soll ich in mich gehen und ihr von dort ehrlich antworten. Aber ich sage dann bestimmt nicht immer Dinge, die sie gerne hören möchte.

Schon möglich, aber wie können Sie da so sicher sein?

Ich bin zweimal verheiratet gewesen.

Warum sollte sie nicht hören wollen, was für Sie stimmt?

Wie soll ich das wissen? Fragen Sie die Frauen.

Nein, Sie waren zweimal verheiratet – sagen Sie es mir.

Weil die Frau mich um etwas bittet, was ich nicht so gut kann.

Ich verstehe Sie. Aber es klingt auch so, als ob Sie auf Ihre Position beharren und eine feste Identität daraus machen. Vielleicht reagieren Sie aus der Überzeugung heraus, dass Sie auf diesem Gebiet nicht so gut sind – und dann sind Sie nicht mehr bereit, neues Gelände zu erforschen.

Wenn es Ihnen schwerfällt, Gefühle auszudrücken, könnten Sie zumindest damit anfangen, das zuzugeben, statt der Frau zu vermitteln, sie wolle etwas Falsches. Wenn Sie Ihren Kampf ehrlich eingestehen, geht sie meistens darauf ein und liebt Sie dafür, selbst wenn Sie ihr nicht geben, um was sie Sie ursprünglich gebeten hat. Zumindest findet eine wirkliche Begegnung statt – und das ist es, was sie letzten Endes will.

Eine Frau möchte spüren, dass der Mann wirklich in Kontakt mit ihr ist. Eine Frau möchte wissen, dass wir präsent sein können – *als wir selbst* und *mit ihr*. Um das auszudrücken, könnte sie Folgendes sagen: „Erzähle mir mehr von deinen Gefühlen." Aber in Wirklichkeit fragt sie: „Bist du hier?" Wenn wir sagen können: „Ja, ich bin hier", entwickelt sich der Rest wahrscheinlich von alleine zum Guten.

Wenn eine Frau einen Wunsch oder ein unzufriedenes Gefühl äußert, denkt ein Mann anfänglich oft: „O mein Gott, wie kann ich ihr helfen, dass sie sich besser fühlt? Wie kann ich das für sie in Ordnung bringen?" Aber wenn wir versuchen, für sie etwas zu regeln, werden wir geschäftig und wollen die Dinge steuern. Dann hören wir nicht mehr auf unser Herz, und das macht alles nur noch schlimmer.

Manche Männer, die schlechte Erfahrungen damit gemacht haben, sich für eine Frau zu öffnen, ziehen daraus den Schluss: „Frauen sagen zwar, sie möchten, dass du ihnen ihre Gefühle zeigst, aber wenn du es tust, respektieren sie dich nicht mehr." Das kann manchmal auch passieren, besonders wenn die Frau sich von den Gefühlen des Mannes bedroht fühlt. Aber ich habe festgestellt, dass das nicht immer stimmt, weder persönlich noch in meiner Arbeit mit Paaren. Wenn es tatsächlich dazu kommt, dass die Frau sich abwendet, dann oft deswegen, weil der Mann sich total mit seinen Gefühlen identifiziert oder von ihnen überwältigt wird, statt sie einfach einzugestehen. Selbst wenn er seine Gefühle ausdrückt, hat er doch den Boden unter den Füßen verloren und ist nicht wirklich bei sich und präsent. Und dieses *präsent sein* ist es – nicht die *Emotionalität* –, was wirkliche Nähe ermöglicht.

Ich würde vorschlagen, dass Sie versuchen, Ihrer Partnerin Ihre Wahrheit mitzuteilen, statt defensiv zu reagieren. Dann könnten Sie entdecken, dass es das ist, was sie wirklich hören möchte.

Aber es scheint, dass sie davon nie genug bekommt.

Das stimmt! Das stimmt, davon kann niemand genug bekommen – von wirklicher Verbundenheit, die darauf beruht, dass wir echt und ehrlich sind.

Wir gehen da nur anders heran.

Richtig. Wo also liegt das Problem?

Frauen wissen, was sie fühlen. Und es fällt ihnen überhaupt nicht schwer, persönlich miteinander zu reden, selbst wenn sie sich völlig fremd sind. Männer tun das nicht. Vielleicht fangen wir gerade damit an, aber wir erlauben es uns nicht.

Richtig! Das ist genau der Punkt: *Wir erlauben es uns nicht.* Wenn wir nicht wissen, was wir fühlen, dann oft deswegen, weil wir uns nicht erlauben, dem Pulsschlag des Lebens tief in uns zu lauschen. Können Sie sich eine Welt vorstellen, in der die meisten Männer auf ihr Innenleben eingestimmt sind und schätzen und achten, was sie innerlich spüren? Können Sie sich vorstellen, wie anders unsere Welt dann aussehen würde?

Wenn wir uns für unsere innere Realität öffnen, entdecken wir einen tiefen Brunnen in uns. Ein Mann, der keinen Kontakt zu seiner inneren Weiblichkeit hat, ist wie ausgetrocknet. Deswegen fällt es Männern oft so schwer, miteinander zu reden – wir sind innerlich so trocken. Wenn wir uns für die innere Weiblichkeit öffnen, ist da Wärme, Nahrung, eine Fülle, die hochsprudelt wie eine Quelle in der Wüste.

Wenn unsere Yang-Stärke mit dieser Zartheit und Zärtlichkeit partnerschaftlich zusammenarbeitet, geht unsere Stärke viel tiefer als diese trockene, spröde Härte von Männern, die von ihrem Innenleben abgeschnitten sind. Dann vollzieht sich die innere Hochzeit und die Verbindung, die unsere Welt so dringend braucht.

II.

Dieses Gespräch fand am Ende eines fünftägigen Workshops für Paare statt. Männer und Frauen hatten gerade die Gespräche beendet, die sie in getrennten Gruppen unter sich geführt hatten, bevor sie wieder zusammenkamen. Männer und Frauen saßen sich im Raum gegenüber. Wie die beiden Hälften eines griechischen Chores begannen die Mitglieder beider Gruppen, sich gegenseitig ihre Gefühle, Sehnsüchte und Bedenken mitzuteilen.

F: Ich habe Angst, dass ich euch, wenn ich ganz ich selbst bin, überrolle wie eine Dampfwalze und ihr vor mir wegrennt. Ich gebe meine Macht so oft ab, wenn ich mit euch zusammen bin.

M: *Wie soll ich deiner Meinung nach damit umgehen?*

F: Du musst nichts Besonderes tun.

M: *Dann geh mit mir einen Schritt weiter. Was erwartest du, was passieren soll, nachdem du das gesagt hast?*

F: Nichts. Ich möchte einfach nur, dass du mir zuhörst.

M: *Und nichts tue?*

F: Einfach zuhören.

M: *Aber wenn du wegen mir deine Macht abgibst, glaube ich, dass das irgendwie auf mich zurückfällt. Das löst Angst aus, deswegen habe ich das Gefühl, ich sollte etwas unternehmen.*

F: Wenn ich meine Macht abgebe, projiziere ich oft auf die Männer, dass sie sie mir wegnehmen. Aber ich möchte hier klar und deutlich sagen, dass Männer mir meine Macht nicht nehmen. Ich nehme sie mir selbst, weil ich ein begrenztes Bild von mir habe. Ich bin mir überhaupt nicht im Klaren darüber, was weibliche Macht eigentlich ist. Wenn ihr Männer also Angst habt, eure Macht zu verlieren, gilt hier auf dieser Seite das Gleiche. Es gilt für uns alle und gehört zu unserem Menschsein.

M: *Es hat mich sehr erschüttert zu erkennen, dass meine größte Angst die ist, nicht zu genügen. Ich glaube nicht, dass ich unfähig bin, fürchte aber oft, das könne doch der Fall sein. Und wenn ich mich von meiner Partnerin zu etwas gedrängt fühle und zum Beispiel meine Gefühle zeigen soll, wird diese Angst geweckt, dass ich das nicht kann. Ich möchte nicht, dass sie mich für unfähig hält.*

F: Es frustriert mich, wenn ich mit deiner Angst vor dem Versagen konfrontiert bin. Ich sehe das gar nicht so. Ich bitte dich lediglich, mit mir zu sein, die Reise mit mir gemeinsam zu unternehmen. Ich erwarte überhaupt keine Perfektion, sondern dass du einfach in Kontakt mit mir bist. Vielleicht klingt das wie eine Forderung, aber ich möchte nicht, dass du meine Einladung, dein Leben mit mir zu teilen, als Forderung empfindest, die bei dir ein Gefühl von Unzulänglichkeit auslöst. Ich fühle mich selbst auch nicht gern als Versagerin – ich weiß, wie das ist. Ich möchte dich wissen lassen, dass ich mit deinen Schwächen ebenso gut leben kann wie mit meinen eigenen.

M: *Tief in mir bin ich mir nicht so sicher, ob ich dir glaube, dass du mit meinen Schwächen ebenso leben kannst wie mit deinen. Ich habe Angst, dass du dich angewidert von mir abwendest, wenn du meine Schwachstellen entdeckst.*

F: Ich bin sehr berührt, wenn du bereit bist, mir deine schwachen Punkte zu zeigen. Ich würde mich total freuen, wenn du dich mir so zeigst. Dadurch fühle ich mich dir näher und empfinde noch mehr Liebe für dich.

M: *Ich möchte aber wirklich nicht für meine Schwächen geliebt werden. Bin ich nur etwas wert, wenn ich meine Gefühle und Emotionen zeige? Wenn ich in meiner Macht, meinen Fähigkeiten und dem, womit ich mich gut fühle, nicht gesehen werde, gerate ich ins Schleudern. Ich weiß dann nicht, was ich euch zu bieten habe.*

F: Am echtesten empfinde ich euch aber, wenn ihr mit dem Teil in euch in Berührung seid, wo ihr ungeschützt und unsicher seid, und nicht versucht, an dem Bild von Männlichkeit festzuhalten, dem ihr glaubt entsprechen zu müssen. Dann habe ich das Gefühl, wirklich in Kontakt mit euch zu kommen. Ich kann nicht mit der Seite von euch in Kontakt sein, die glaubt, immer alles wissen und können zu müssen. Ich spüre mehr Verbindung zu der Seite in euch, die gerade anfängt, ihren Weg zu finden, und ihn noch nicht ganz klar vor sich sieht.

M: *Aber hörst du tatsächlich, was ich dazu sage? Vielleicht glaubst du wirklich an das, was du sagst – dass du dich am intensivsten verbunden fühlst, wenn wir uns ungeschützt zeigen. Für mich ist es aber schmerzlich, dass du oft keinen Bezug zu den Seiten an mir hast, auf die ich am meisten stolz bin, und diese Seiten manchmal sogar verabscheust. Das klingt so, als würdest du sagen: „Wir lieben dich, wenn du schwach und verletzlich bist, aber nicht, wenn du ganz du selbst und voll in deiner Kraft bist."*

…

Das scheint mir fast wie eine Ironie, dass du sagst, du kannst deinen Partner dann am meisten lieben, wenn er seine Unzulänglichkeit zum Ausdruck bringt. Was er als Mann am meisten an sich liebt, ist seine Kompetenz.

F: Das haben wir nicht gesagt. Das haben wir nie gesagt.

M: *Aber bei mir kommt das oft so an. Ich verstehe, was du über das Ungeschütztsein sagst, aber die andere Seite ist, dass ich, wenn ich mich so richtig wohl mit mir fühle, oft zu hören bekomme: „Du bist etwas zu grob oder zu sehr von dir überzeugt" statt: „Schau dir diese Kraft an, ist die nicht toll!" Es kommt mir oft so vor, dass ich für meine Schwächen – auch wenn ich auf einer anderen Ebene weiß, dass es nicht wirklich um Schwächen geht – geliebt werde und nicht für meine Stärken. Das scheint mir nicht ausgewogen zu sein.*

F: Ich fühle mich im Augenblick stark und bin ganz aufgeregt. Weil ihr uns diese Dinge erzählt, ihr alle, und dabei wirklich direkt und aufrichtig seid. Das fühlt sich aufregend an.

...

Die Worte *Schwäche* und *Stärke* treffen für mich auch gar nicht den Kern. Ich bin nicht auf der Suche nach jemandem, der entweder stark oder schwach ist. Ich suche nach jemandem, der aufrichtig ist und dessen Integrität ich respektieren kann. Ich möchte mit jemandem zusammen sein, dessen Stärke in seiner Integrität und seiner Fähigkeit liegt, offen zu sein – aufrichtig, wenn er sich stark fühlt, und aufrichtig, wenn er sich schwach fühlt. Das ist Stärke.

...

Aufrichtigkeit ist Stärke. Wahrheit – das ist Stärke.

M: *Mein Problem ist, dass ich noch nicht einmal weiß, wie echte Stärke eigentlich aussieht. Von all den Männern hier hatten nur zwei das Gefühl, eine gute Beziehung zu ihren Vätern gehabt zu haben. Der Rest von uns hatte keinerlei Vorbilder für wahre Macht. Wir versuchen also zu lernen, aber wir sind beim John-Wayne-Klischee stehen geblieben. In allem, was wir tun, suchen und lernen wir und sehnen uns nach uns selbst.*

F: Ich möchte euch auch dann lieben können, wenn ihr nicht immer aufrichtig sein könnt. Aber manchmal verliere ich die Geduld, weil ich selbst so bedürftig bin.

M: *Ich habe viel Schmerz in mir über eine verlorene Kindheit als Junge, eine Kindheit, die ich nie gehabt habe, und einen Vater, der mir niemals zeigte, wie ich Mann sein kann. Das ist wie eine innere Lücke. Als wir Männer miteinander gesprochen haben, wurden unsere Mütter überhaupt nicht erwähnt – so stark stand das Verlustgefühl im Hinblick auf unsere Väter im Vordergrund.*

F: Es hilft mir, das zu hören. Es ist gut zu wissen, dass es nicht nur in der Beziehung zu euren Müttern an so vielem fehlt.

Und ich verstehe, dass ihr nicht verweiblichen möchtet. Ich respektiere das sehr. Ich möchte euch als Gegenüber begegnen, möchte eure Männlichkeit spüren. Ich höre, dass ihr nicht sicher seid, wie die aussehen könnte, dass ihr keine entsprechenden Vorbilder habt.

Aber so wie ich hier sitze und euch empfinde, weiß ich, dass ihr ganz anders seid als ich. Ich möchte mehr über diese Unterschiede erfahren. Ich möchte nicht, dass ihr einfach werdet wie ich.

Mir ist bewusst, dass es verlockend ist, euch zu bitten, meine Sprache zu sprechen, mit der ich mich wohl fühle. Ich muss auch lernen, eure Sprache zu sprechen – ob es nun darum geht, dass wir gemeinsam an etwas arbeiten, oder ich Dinge tue, die ihr gut könnt. Ich glaube nicht, dass Frauen die Expertinnen für Beziehungen sind.

Ich fühle mich gut mit euch, wenn ich weiß, dass ihr stolz auf euch seid. Ich höre, dass ihr das als Männer auch fühlen möchtet, aber nicht genau wisst, wie ihr mit euren Gefühlen in Berührung kommen könnt. Ich möchte gern mehr darüber hören, worauf ihr stolz seid, was euer Mannsein betrifft.

M: *Das Wichtigste, was wir geben möchten – auch wenn wir nicht genau wissen, ob wir es können, denn es ist etwas, woran wir auf unserem Weg arbeiten müssen –, ist eine Vision von dem, was möglich ist … die Führungsrolle übernehmen, Konzentration, Geduld, Beharrlichkeit, Stabilität … und Risiken eingehen.*

Ich selbst bin ohne Vater aufgewachsen, und daher fühle ich mich bei einer Sache wirklich gut: wenn ich Körperkontakt mit meinen Kindern habe, besonders mit meinen Jungens. Ich nehme sie gern in den Arm und rangele mit ihnen. Für mich ist das eine Möglichkeit, meinen Jungen nahe zu sein. Aber wenn wir manchmal in der Küche herumtoben, scheint das meiner Frau Angst zu machen oder einen wunden Punkt bei ihr zu treffen. Ich mache es trotzdem, ob es ihr nun gefällt oder nicht, aber ich frage mich, warum Frauen mit dieser männlichen Ausgelassenheit solche Schwierigkeiten haben.

F: Ich schaue Männern gerne beim Spielen zu. Neulich hatte ich die Ehre, den Mitgliedern des Rotary Clubs ein Programm vorzustellen, alles Männer. Ich weiß nicht, ob ich jemals zuvor mit hundert Männern in einem Raum gewesen bin. Ich fühlte mich großartig. Es war viel Energie, viel Kraft und viel Spaß im Raum. Das war toll.

M: *Das ganze Gespräch hat sich bislang darum gedreht, was es heißt, ein Mann zu sein. Offensichtlich haben wir bislang nicht viel mehr vorzuweisen als Fragen wie: „Wer sind wir?“ Und zwar weil wir verdammt noch mal nicht wissen, wer wir sind. Mir scheint, wir als Männer befinden uns in der Entwicklung. Wir waren so viele Jahre damit beschäftigt, auf eure Revolution zu reagieren, zu versuchen, mit euren Veränderungen zurechtzukommen, und zu sehen, ob wir euren Erwartungen entsprechen können, dass wir völlig aus den Augen verloren haben, wer wir sind.*

Und jetzt wissen wir nicht, ob es sein Gutes hatte, wie wir waren, ob die neue Richtung, die wir einschlagen, besser ist, oder wer wir denn verdammt noch mal nun eigentlich sind. Wir wissen nicht, wohin wir gehen oder wie wir dort hingelangen können. Wir müssen die Richtung selbst bestimmen. Wir wollen nicht bloß auf euch reagieren und uns darüber definieren. Aber ihr seid so präsent, dass es schwierig ist, dem zu entkommen.

F: Ich kann verstehen, was du sagst, denn wir verändern uns auch. Ich habe manchmal Angst, meine Weiblichkeit zu verlieren, wenn ich meine Macht wirklich lebe. Das hat nichts damit zu tun, dass mein Mann nicht will, dass ich Macht habe, im Gegenteil, er liebt es, wenn ich stark bin, und genießt das wirklich. Aber es gibt immer noch eine Seite in mir, die hat Angst, sich in diese neue Dimension vorzuwagen. Das ist beängstigend für mich.

M: *Auch wenn wir manchmal wirklich nicht wissen, wie wir männlich sein können und was das eigentlich heißt, sind wir sicher, dass wir keine Frauen sein wollen.*

F: Wir wissen auch nicht immer, was es heißt, Frau zu sein. Und wir sind sicher, dass wir keine Männer sein wollen.

M: *Ich habe viel Vertrauen in den Prozess, in dem wir uns gerade befinden. Es ist, als ob wir alle sagen würden: „Nun, wir wissen es nicht." Großartig – wir wissen es nicht. Das gibt uns Raum zum Experimentieren, uns in dieser Unsicherheit auszutauschen, miteinander in Kontakt zu treten und zu sehen, was dabei entstehen will. Eines steht für mich mit Sicherheit fest – wir können nicht zurück. Ich kann nicht zurück und von meinem Vater bekommen, was er mir nie gegeben hat. Ich muss das hier und jetzt finden. Wir gehen dabei mit mächtigen Energien um.*

Es gibt also zwei Möglichkeiten. Einerseits können wir sagen: „Ich weiß nicht, was es heißt, ein Mann zu sein, also muss etwas mit mir nicht stimmen. Ich muss völlig unfähig sein, wenn ich nicht weiß, wie ich zu sein habe." Oder wir können sagen: „Ich weiß nicht, was es heißt, ein Mann zu sein, weil ich mich in der Entwicklung befinde." Das ist ein wichtiges Element von Männlichkeit – die Bereitschaft, neue Möglichkeiten zu erkunden, mit Grenzen zu spielen, ständig wieder neu zu entdecken, was es heißt, ein Mann zu sein. Wenn das Leben sich ständig weiterentfaltet, warum sollte sich unser Geschlecht dann nicht ebenfalls in der Entwicklung befinden?

F: Was John gerade sagte, macht mir klar, dass Frauen sich ebenfalls in der Entwicklung befinden. Die Frauenbewegung hat mir persönlich sehr viel gegeben, aber sie hat mir nicht beigebracht, wie ich eine Beziehung mit einem Mann leben kann. Tatsächlich hat sie mir das erschwert. Manchmal wünschte ich, ich gehörte zur Generation meiner Mutter, denn daher stammt das, was ich über Beziehungen zu Männern gelernt habe. Meine Ängste in Bezug auf Beziehungen sagen mir, dass ich mich ebenfalls noch in der Entwicklung befinde.

M: *Als Jungen und junge Männer haben wir nicht miteinander über unsere Gefühle gesprochen. Unsere Gespräche drehten sich darum, wer das Fußballspiel gewonnen hat, mit welchem Mädchen wir ausgehen oder was mit dem Auto los ist. Aber wir haben nicht darüber geredet, wie es ist, in der Pubertät zu sein, sich als Außenseiter zu fühlen oder von Vati für etwas bestraft zu werden, was wir gar nicht verbrochen hatten. Gewöhnlich haben wir über solche Dinge nicht geredet. Wenn ihr uns fragt, wie wir uns fühlen, gibt es also nicht viel, auf das wir zurückgreifen können, denn wir haben als Heranwachsende nie über unsere Gefühle gesprochen.*

F: Wo habt ihr die Gefühle denn gelassen?

M.: *Wir haben sie heruntergeschluckt.*

...

Da sprechen wir über etwas ganz Wichtiges. Es ist für uns wirklich entscheidend, dass ihr das hört. Aufgrund dieser Vergangenheit glauben wir, über Gefühle zu reden sei Frauensache. Wir haben die Gefühle, aber wir wissen nicht, wie wir sie in Worte fassen können. Ich hatte in den letzten drei Tagen sehr starke Gefühle. Mir sind tatsächlich die Haare auf meinem Arm zu Berge gestanden, und ich war völlig emotional. Aber ich könnte dir nicht sagen, was das für Gefühle waren. Ich weiß, dass ich auf dem Grat gewandert bin. Aber ich kann das nicht mit Worten beschreiben. Wenn von mir erwartet wird, dass ich das in Worten ausdrücke, und ich kann es nicht, kommt meine Angst hoch, unfähig zu sein.

F: Nun, vielleicht hatte meine Mutter Recht, als sie vor vielen Jahren sagte, die Frau habe die Aufgabe, das männliche Ego zu schützen …

M: *Tut mir Leid, aber ich möchte nicht, dass mein Ego geschützt wird.*

F: Ich möchte den Männern etwas dazu sagen. Ich kann eure Art von Macht und das, was ihr zu geben habt, wirklich sehen und schätzen. Und ich möchte, dass auch ihr erkennt und achtet, was wir euch zu geben haben. Ich wünsche mir auch, dass ihr sehen und achten könnt, wo wir euch voraus sind, und zwar ohne euch dadurch unfähig und in eurer Männlichkeit in Frage gestellt zu fühlen. Wir liegen daneben, wenn wir euch vorschreiben wollen, wie ihr zu wachsen habt, da übernimmt manchmal unser Ego die Regie. Und trotzdem stimmt daran auch etwas – wir haben auf diesem Gebiet spezielle Gaben und sind eure Lehrerinnen. Und ich wünsche mir, dass ihr das in uns achtet.

M: *Welche Stärken achtet ihr in uns?*

F: Ich liebe eure männliche Weitsicht. Ich liebe eure männliche Macht. Ich liebe eure aggressive, animalische Sexualität. Ich liebe eure Fähigkeit, eine umfassendere, unpersönliche Weisheit zum Ausdruck zu bringen. Das macht mich richtig an. Ich habe überhaupt keine Probleme damit, das alles anzuerkennen.

Und ich brauche es, dass auch ihr meine speziellen Stärken anerkennt, ohne das Gefühl zu haben, dadurch eure Männlichkeit zu verlieren.

M: *Könntest du erklären, was du meinst, wenn du sagst, ihr wäret uns entwicklungsmäßig voraus? Das gibt mir ein ungutes Gefühl.*

F: Ich erkenne all das an, was ihr als Männer entwickelt habt und was ich nicht aufweisen kann. Und ich erkenne euch in diesen Bereichen als meine Lehrer an. Aber ich möchte, dass ihr sehen könnt, dass auch ich bestimmte Qualitäten entwickelt habe, die euch fehlen. Ich möchte von euch auf bestimmten Gebieten als eure Lehrerin anerkannt werden, ohne dass ihr sofort in Konkurrenz geht und Angst habt, zu versagen oder eure Männlichkeit zu verlieren.

M: *Ich möchte bestätigen, dass ich höre, was du sagst, und dass ich dankbar dafür bin. Ich möchte offen sein und lernen, was Frauen mir beizubringen haben.*

Und trotzdem löst das auch Angst aus, stimmt's? Für einen Mann in unserer Kultur fühlt sich die Vorstellung, von einer Frau zu lernen, oft bedrohlich an.

F: Ich habe etwas Bedenken, wenn hier Begriffe wie „entwicklungsmäßig voraus" verwendet werden. Ich möchte das vorsichtiger formulieren und nicht sagen, dass das eine Geschlecht dem anderen überlegen ist. Ihr habt eure Gaben, und wir haben unsere. Das bedeutet nicht, dass die einen besser sind als die anderen. Es bedeutet lediglich, dass wir die Stärken des anderen Geschlechts, die wir selbst nicht entwickelt haben, schätzen können.

M: *Gut, ich werde die unguten Worte benutzen: Meine Partnerin ist mir „entwicklungsmäßig voraus", wenn es um Nähe und Gespräche über dieses Thema geht. Sie kann besser über Gefühle sprechen und mir helfen, innere Welten zu erforschen, denen ich mich niemals zugewandt habe. Das ist für mich nicht bedrohlich und auch nicht mit Schuldzuweisungen verbunden. Ich bin dankbar dafür. Ich bin glücklich darüber, dass sie mich in dieser Form ergänzt.*

…

Bei mir sitzt die Angst ganz tief, dass ihr müde werdet, mich zu lehren, und dass ihr euch ungeduldig abwendet, weil ihr denkt, dass ich es nie lernen werde. Ich möchte euch wissen lassen, dass ich immer noch damit zu kämpfen habe, von dem zu lernen, was ihr in mein Leben bringt. Ich weiß nicht, wie ich euch das vermitteln soll, aber ich arbeite daran. Und ich bitte euch, geduldig mit mir zu sein.

…

Ich habe große Angst, euch zu verletzen. Ich fühle mich nicht imstande, das zu umgehen, und das frustriert mich. Meine große Angst ist, dass ich euch in eine emotionale Katastrophe reinreiße.

F: Ich möchte nicht, dass ihr versucht, alles für mich zu regeln. Ich möchte einfach, dass ihr euch selbst anschaut und an euch arbeitet. Und das will ich ebenfalls tun. Oft bekomme ich zu hören: „Was ich auch tue, du bist nicht glücklich." Ich möchte nicht, dass ihr versucht, mein Glück in die Hand zu nehmen. Findet einfach euer eigenes Glück. Seid ihr selbst und erlaubt mir das Gleiche.

M: *Es fällt mir sehr schwer, bei meiner Sicht der Dinge zu bleiben. Wenn ich mich in all das verwickele, was eine Frau will, und sehe, dass ich ihre Bedürfnisse nicht erfülle, entnehme ich dem, dass mir meine eigene Sicht der Dinge verloren gegangen ist.*

…

Ein Gebiet, wo ihr als Frauen weiter zu sein scheint, ist eure Fähigkeit, mit eurem Schmerz in Kontakt zu sein, ihn einfach da sein zu lassen und nichts dagegen unternehmen zu müssen. Wir kommen gerade erst an den Punkt, wo wir unseren Schmerz und unser Leiden zugeben können.

F: Vielleicht können wir hier eure Lehrerinnen sein.

M: *Wenn ihr dabei von eurem Herzen kommt, können wir vielleicht davon lernen. Aber wird sind nicht darauf aus, so zu werden wie ihr. Viele von uns glauben, dass sie lernen, Männer zu werden, indem sie sich mit Frauen einlassen. Aber das ist auch keine Lösung. Ihr könnt uns sehr viel beibringen, aber ihr könnt uns nicht zeigen, wie wir Männer sein können. Lehrt uns durch euer lebendiges Beispiel und nicht, indem ihr uns erzählt, was wir zu tun haben.*

F: Genau.

M: *Ich habe immer wieder das Gefühl, dass Frauen den weiblichen Weg – die Gebiete, auf denen Frauen weiter entwickelt sind – für überlegen, besser und wertvoller halten als das, was ich als männliche Stärken betrachte und wo ich glaube weiter zu sein.*

Statt uns an diesem Punkt auf das andere Geschlecht zu konzentrieren, sollten wir uns hier vielleicht auf die vierfache Wahrheit besinnen und nicht nur unsere Bedenken in Worte fassen, sondern auch die Verzerrungen eingestehen, die eine wirkliche Kommunikation blockieren.

F: Das würde heißen zuzugeben, dass wir nicht immer imstande sind, euch aus unserem Wesenskern und unserem Herzen heraus etwas beizubringen, ohne dass unser Ego und unsere eigenen Anliegen mit im Spiel sind. Da stehen wir als menschliche Wesen. Und lernen. Wir müssen da hineinwachsen.

…

Mir tut es von Herzen weh, das zuzugeben. Ich empfinde das wirklich als schmerzlich.

Eine unserer Verzerrungen ist, dass wir denken, mit uns stimmt etwas nicht, wenn wir Schmerz empfinden. Also packen wir einen Deckel darauf und tun so, als sei alles in Ordnung. „Wie geht es dir?" „Prima, mir geht's wirklich gut." Und das macht es uns schwer, offen für euch zu bleiben oder von euch zu lernen.

M: *Als heranwachsende Jungen haben wir immer Spiele gespielt, bei denen feste Regeln galten. Aber in Beziehungen mit Frauen wissen wir nicht, wie die Regeln aussehen – sie ändern sich ständig. Abo wissen wir nicht, wie wir spielen sollen. Wenn wir wüssten, da gibt es Regel Nummer eins, zwei und drei, könnten wir besser spielen.*

Aber Regeln sind ein gutes Mittel, um den Grat zu umgehen. Das gehört zu unseren Vorwänden – wir versuchen Regeln dafür zu finden, wie wir zu sein haben. „Wenn wir die Regeln herausfinden, ist alles in Ordnung. Dann bekommen wir die Situation in den Griff." Das ist eine weitere Verzerrung.

M: *John, vielleicht brauchen einige von uns diese Sicherheit, um experimentieren zu können. Ich habe das Gefühl, du stellst eine Regel auf, wenn du sagst, es kann keine Regeln geben.*

Ich sage nicht, es kann keine Regeln geben. Paare brauchen manchmal einige Grundregeln. Ich sage, dass eine meiner Verzerrungen darin besteht, mich nach äußeren Maßstäben umzuschauen, denen ich entsprechen kann, um mich sicher zu fühlen und glauben zu können, dass ich weiß, was ich tue. Das ist dann ein Vorwand.

M: *Ja. Wo bleibt da die Verletzlichkeit des Herzens?*

F: Richtig. Teil meiner Verzerrung ist die Erwartung, dass Männer die Regeln für mich aufstellen. Mein Vater hat immer die Regeln bestimmt. Und die meisten Regeln, die unsere Welt beherrschen, stammen offensichtlich von Männern. Also stelle ich mir vor, dass die Männer es schon wissen. Diese Überzeugung trage ich immer noch in mir, und es ist schmerzlich, das zuzugeben.

...

Was ich mir von meinen Beziehungen wünsche, ist Echtheit. Alle menschlichen Wesen haben Gefühle, ob Männer oder Frauen. Aber wenn ihr eure Gefühle nicht zeigt, beginne ich das Vertrauen in euch zu verlieren. In mir entsteht der Eindruck, dass ihr nicht

aufrichtig seid, und dann beginne ich auch an mir zu zweifeln. Für mich ist es beängstigend, wenn ihr euch verstellt. Ich muss wissen, dass intime Beziehungen etwas Wertvolles für euch sind und ihr bereit seid zu lernen, in euren Beziehungen mit uns echt zu sein.

M: *Wir verstellen uns euch gegenüber, weil wir tödliche Angst vor euren Gefühlen haben. Wir kämpfen damit, wie wir als Männer authentisch sein können.*

F: Wir hören das.

M: *Wir halten unsere Fassade nicht nur euch gegenüber aufrecht, sondern auch im Zusammensein mit anderen Männern. Frauen lieben Männer, und Männer lieben Frauen, aber ich wünschte, Männer würden sich untereinander mehr lieben, als es der Fall ist. Wir Männer haben sehr viel Angst voreinander. Wir müssen das überwinden, indem wir mehr Stärke entwickeln, das heißt wirklich Anteil aneinander nehmen und uns gleichzeitig unsere Verletzlichkeit zeigen. Männer müssen lernen, andere Männer zu lieben, wenn wir uns als Individuen selbst lieben können sollen. Dann kann unsere Liebe zur Frau viel umfassender sein.*

...

Es ist viel leichter, uns bei einer Frau zu öffnen, die uns ermutigt, zärtlich zu sein, als bei einem anderen Mann, der diese Zärtlichkeit an uns vielleicht gar nicht schätzt.

F: Ist dies das Gefühl, das ihr mit euren Vätern hattet – dass sie sich von euch abgewendet haben, wenn ihr euch verletzlich gefühlt habt?

Unsere Väter haben sich meistens selbst nicht erlaubt, ihren Schmerz zu spüren. Da sie mit ihrem eigenen Gefühlsleben so wenig verbunden waren, ist es auch für uns schwer gewesen, mit ihnen und folglich auch mit uns selbst in Berührung zu kommen.

F: Wisst ihr, ich habe in den letzten paar Minuten gar nicht gehört, was ihr gesagt habt, weil ich innerlich so berührt bin. Ich bin in dem Glauben aufgewachsen, dass Männer mehr wissen und vieles besser können als Frauen. Als ich älter wurde, bin ich Männern jahrelang mit Vorbehalten begegnet. Wenn ich in einen Raum mit Menschen kam, fand ich die meisten Frauen viel interessanter als die Männer, die mir oft überhaupt nicht gefielen.

Was mir gerade klar wurde war, ganz gleich, was ihr Männer gesagt habt, ich konnte zu euch allen rüberschauen und hatte das Gefühl, dass ich nicht einen von euch uninteressant fand, und es unter euch nicht einen gibt, mit dem ich nicht gern etwas Zeit verbringen würde. Ich konnte euren Kampf spüren und eure Aufrichtigkeit und dadurch hat sich in mir etwas geöffnet.

Ich freue mich sehr darüber, dass ich anfange, mich für eine ganze Gruppe von Menschen, denen ich jahrelang Vorbehalte entgegenbrachte, wieder zu öffnen! Ich schätze und achte euch dafür, dass ihr mir das möglich macht, und ich schätze und achte auch mich dafür, dass ich das zulasse. Das fühlt sich wirklich gut an für mich.

Lasst uns an diesem Punkt zum Schluss kommen, indem sich jede Seite vor der anderen verneigt.

12

Sosein und Magie

Suche in den Menschen, mit denen du zusammen bist,
immer nach deinem innersten Wesen.

RUMI

Wenn Liebende beginnen, ein gemeinsames Leben zu leben, verfallen sie unweigerlich in Routine. Sie entwickeln ein bestimmtes Rollenverhalten, absehbare Reaktionsweisen sowie vertraute Umgangsformen und machen Anspielungen. All das beruht auf der Annahme: „Ich kenne dich genau." Auch wenn es sich tröstlich anfühlt, einen Menschen zu kennen und von ihm gekannt zu werden, kann eine Beziehung durch diese Vertrautheit nach und nach an Lebendigkeit verlieren. Nach einer Weile beginnt einer oder beide von neuen Liebschaften zu träumen – mit Menschen, die sie nicht bereits kennen und denen sie ebenfalls fremd sind. Sie wollen ihre Freiheit zurück – ihre Freiheit vom Altbekannten, ihren Anfängergeist.

Was lieben wir an einem anderen Menschen wirklich?

Wenn meine Beziehung sich zu vertraut anfühlt, kann ich mich aufs Neue fragen, was ich an meiner Partnerin wirklich liebe. Ist es ihr Körper? Ja, ihr Körper gefällt mir und ich fühle mich hingezogen zu der Art und Weise, wie er sich bewegt, anfühlt, riecht und schmeckt. Aber wenn ihr Körper plötzlich erkrankte oder gebrechlich würde und mir vielleicht nicht mehr so gefiele, würde ich sie trotzdem lieben. Wenn es nicht ihr Körper ist, den ich liebe, vielleicht ist es dann die Art und Weise, wie sie diesen Körper bewohnt. Aber wer ist dieses „Sie", das in diesem Körper lebt?

Ist es ihre Persönlichkeit? Ihre Persönlichkeit ist das mir Bekannte. In einiger Hinsicht mag ich sie, in anderer Hinsicht macht sie mir zu schaffen. Unsere beiden Persönlichkeiten führen einen Tanz miteinander auf, der manchmal Spaß macht und manchmal schmerzlich ist. In gewisser Weise hänge ich an ihrer Persönlichkeit ebenso wie an ihrem Körper. Aber wenn unser Austausch sich auf diese Ebene beschränkt, wird er allmählich ermüdend; er eröffnet uns keine neuen Tiefen. Nein, die, die ich am meisten liebe, ist nicht die Persönlichkeit.

Was ich an ihr liebe, spricht und bewegt sich in Stille. Es ist etwas, das hinter den Fassaden von Körper und Persönlichkeit lebt. Oder ist es vielmehr etwas, das *in* ihrem Körper und ihrer Persönlichkeit lebt? Beim Nachdenken über all diese Fragen gelange ich unweigerlich zum Mysterium des Seins.

Natürlich könnte ich dieses Forschen kurz und bündig mit einer fertigen Antwort beenden: Ihre Seele ist es, was ich an ihr liebe! Aber Seele ist an diesem Punkt nur ein Wort, eine Vorstellung, eine Erklärung – die mir nicht wirklich etwas sagen. Wissen wir denn überhaupt, was die Seele *ist*? Das ist doch lediglich ein Begriff, um Namenloses zu benennen.

Der Begriff Seele ist insofern nützlich, als er Umgangssprache ist und viele reiche Untertöne und Assoziationen birgt. Aber genau das ist auch das Problematische daran. Ich kann sagen: „Ich liebe ihre

Seele" und davon ausgehen, dass ich weiß, wovon ich spreche. Aber in Wirklichkeit habe ich keine Idee, was diese so genannte Seele, die ich liebe, wirklich ist. Wenn ich in ihre Augen schaue, kann ich mich immer nur fragen: „Wer ist dieses du, das dich ausmacht?" Dieses „du", das ich liebe, ist viel tiefer und umfassender als deine konditionierte Persönlichkeit und trotzdem einzigartiger und deutlicher umrissen als Du, als reines Wesen. Wenn wir für das Mysterium des verkörperten Seins überhaupt ein Wort benutzen müssen, dann ziehe ich eines vor, das dieses Mysterium bewahrt – Sosein. *Sosein* bedeutet *einfach so.*

Einfach so

Was ich an meiner Geliebten liebe, ist, dass sie einfach so ist, wie sie ist. Ihre besondere Eigenschaft des einfach so kann ich nicht an etwas Bestimmtem festmachen. In jedem Augenblick ist sie einfach so in immer wieder neuer Weise. Ihre Art, sie selbst zu sein, einfach so, ändert sich ständig und findet immer wieder neuen Ausdruck. Sie entfaltet sich wie ein Tanz, manchmal feurig, dann wieder sanft.

Manchmal beobachte ich sie unbemerkt, um zu sehen, ob ich entdecken kann, wer sie *wirklich* ist. Doch das verstärkt meine Unwissenheit nur noch. Wenn ich versuche, ihr Sosein zu greifen, gleitet es mir wie Wasser durch die Finger. Um schätzen zu können, wer sie, für sich genommen, wirklich ist, muss ich mich ihr, wie D. h. Lawrence vorschlägt, mit äußerster Behutsamkeit nähern: „Wer das Leben will, muss sich sanft darauf zubewegen, so sanft, wie wir uns einem Reh und seinem Kitz nähern würden, die sich unter einem Baum zusammengerollt haben. Eine einzige heftige Geste, ein einziges lautes Behaupten des eigenen Willens und das Leben ist fort … Aber mit Stille, dem Verzicht auf Selbstbehauptung und der Fülle unseres tiefen, wahren Selbst können wir uns einem anderen menschlichen Wesen nähern und das Köstlichste im Leben erfahren, die Berührung."[58]

Der japanische Dichter Basho beschreibt mit den folgenden Worten ebenfalls, wie wir uns dem Mysterium des Soseins nähern müssen:

Lerne von der Pinie
über die Pinie
Und vom Bambus
über den Bambus.

Diese Verse kommentierend, erklärt der japanische Philosoph Nishitani, dass Basho nicht meint, „wir sollten ‚die Pinie genau beobachten'. Noch weniger will er uns sagen, dass wir ‚die Pinie wissenschaftlich erforschen' sollen. Vielmehr will er uns vermitteln, dass wir uns in die Form des Seins begeben sollen, wo die Pinie sie selbst und der Bambus er selbst ist, um von hier aus die Pinie und den Bambus zu betrachten. Er fordert uns auf, die Dimension aufzusuchen, in der die Dinge sich in ihrem Sosein manifestieren."[59]

Martin Buber schreibt über das Reich, in dem „der Baum nicht länger ein Es" ist, ein Objekt meines Denkens oder meiner Beobachtung. Von der Pinie über die Pinie zu lernen heißt, sich in ihre Präsenz, ihre Art des Seins, hineinzubegeben und dort selbst ganz präsent zu sein.

Lawrence und Basho folgend könnten wir also sagen: „Lerne von deiner Geliebten über die Geliebte. Begib dich hinein in ihre Präsenz. Gib es auf, sie kennen zu wollen, begegne ihr mit deiner eigenen Präsenz. Dann bekommst du vielleicht eine Ahnung davon, wer sie wirklich ist."

Meiner Geliebten in ihrem Sosein begegnen heißt, sie als reines Du, als das heilige Andere zu erfahren. Wenn ich ihr in solchen Augenblicken sage: „Ich liebe dich", drücke ich damit aus: „In diesem Raum, wo du ganz du selbst bist, antwortet mein ganzes Wesen auf dich. Ich betrete den heiligen Raum, wo du in deinem Sosein einfach du bist und keine andere. Ich bin Gast hier in deinem Heim."

Auf der absoluten Ebene – des reinen Seins, des reinen Geistes – sind meine Geliebte und ich eins. Auf der relativen Ebene jedoch – des verkörperten Seins – sind wir für immer zwei deutlich voneinander unterschiedene Menschen. Und in vielerlei Weise ist unsere Zweiheit ein sogar noch größeres Mysterium als unsere Einheit. Wie soll ich jemals begreifen können, dass das göttliche Prinzip, das hier im Universum am Werk ist, genau diese Form angenommen hat, die sich selbst als sie verkörpert und die so anders ist als ich?

Hier verursacht der Tod eines geliebten Menschen den tiefsten Schmerz. Auch wenn ich nach ihrem Tod imstande sein mag, wieder zu lieben, kann niemand anderes mich auf die gleiche Art erreichen und berühren wie sie. Ihr Wesen öffnet für mich ein einzigartiges Fenster und gibt eine ganz bestimmte Sicht frei, die mir kein anderer Mensch in dieser Form erschließen kann. Auch wenn sämtliche spirituellen Lehren uns sagen, dass wir uns an nichts hängen sollen – die Wahrheit ist, dass unsere Seelen miteinander verbunden sind.

Auf heiligen Boden zurückkehren

Manchmal jedoch verlieren meine Partnerin und ich diese tiefere Verbindung, weil sich unsere alten, vertrauten Persönlichkeitsmuster in den Vordergrund drängen. Dann reagiere ich wieder einmal auf ihre äußere Person und betrachte sie als Objekt, das ich haben oder mit dem ich etwas tun kann. „Das ist die erhabene Melancholie unseres Schicksals", schreibt Buber, „dass jedes Du in unserer Welt zu einem Es werden muss."[60] Wir können dieses Schicksal nicht vermeiden, diesen Fall in die Getrenntheit, bei dem wir uns selbst und alles, was wir am meisten lieben, zu einem Objekt unserer Gedanken, unseres Forschens, unserer Pläne machen. Eine feste Beziehung hat die ständige Tendenz, vom heiligen Spiel von Ich/Du abzukommen und in das übliche Drama zu verfallen, das zwischen dem Selbst und dem anderen stattfindet.

Sowie ich in meiner Partnerin nur die Sammlung vertrauter Gewohnheiten und Charakterzüge sehe, sperre ich auch mich in meine eigene Persönlichkeit ein. Rumi warnt genau davor, wenn er aus der Sicht der Geliebten sagt: „Sobald du versuchst, mich festzulegen und einzuengen, wirst du an dir selbst verhungern." Wenn ich mein Verhungern aber erkennen und spüren kann, bringt es mir auch meinen heiligen Hunger zurück – die Sehnsucht, auf heiligen Boden zurückzukehren, wo sie und ich in unserem heiligen Einssein und unserer heiligen Andersheit ganz lebendig miteinander sind.

Ich könnte also niemals greifen oder festhalten, was ich an meiner Partnerin liebe. Ich kann nur in flüchtigen Augenblicken eine Ahnung bekommen von ihrem Sosein und sie ständig neu entdecken. Ich kann sie nur dann als die kennen lernen, die sie ist, wenn ich aufhöre zu denken, dass ich sie kenne.

Die Erkenntnis, dass das Wesen dessen, was ich liebe, unergründlich ist, bringt mich immer wieder zurück zum Mysterium des Seins. Wenn ich meiner Partnerin dort begegne, wo sie zu Hause ist, kehre auch ich nach Hause zurück. Ich bin wieder ich selbst, das wirkliche Ich, das die Grenzen von Name und Form sprengt. Das ist die Magie der Liebe.

13

Enttäuschung, Hingebung und erwachsen werden

Erwartungen werden niemals erfüllt.
Wenn du etwas erwartest, bist du gefangen.
Deine wahre Natur ist erwartungslos.

H.L. POONJA

Wenn wir einen Menschen leidenschaftlich lieben, kommen tiefe Sehnsüchte nach Erfüllung hoch. Erwarten wir aber von einer Beziehung, dass sie uns eine Befriedigung bringt, die wir auf anderem Wege nicht in uns finden können, müssen wir auf eine Enttäuschung gefasst sein. Wenn wir erkennen, dass unser Partner ein ebenso unvollkommenes, ringendes sterbliches Wesen ist wie wir; wenn wir feststellen, dass die liebevollen und leidenschaftlichen Gefühle nichts

Konstantes sind; oder wenn die Beziehung uns nie das vollkommene Glück schenkt, das wir uns erhofft hatten – dann setzt die Desillusionierung ein. Selbst wenn unser Partner alles verkörpert, was wir uns jemals gewünscht haben, und unsere Verbindung sich als wahrer Schatz erweist, kann uns das als solches niemals vollkommen erfüllen.

Das Tor zur Hölle

Wenn Liebende sich allmählich immer näher kommen, stellen sie oft ein geheimes Einverständnis her: „Ich fülle die Leere in deinem Leben aus und entschädige dich für das, was dir fehlt, und du tust das Gleiche für mich." Diese Haltung fördert die Co-Abhängigkeit zwischen zwei Menschen, bei der beide das Gefühl haben, versorgt und gebraucht zu werden. Wenn wir aber von einem anderen Menschen erwarten, dass er unsere Leere ausfüllt, schaffen wir die Basis für eine Eltern-Kind-Beziehung. Wir halten uns selbst für ein unentwickeltes oder verletztes Kind und sehen in unserer Partnerin oder unserem Partner den guten Elternteil, der uns geben soll, was wir als Kind nie bekommen haben: bedingungslose Liebe, Wertschätzung, Spiegelung oder Unterstützung.

Wenn wir von einem anderen Menschen erwarten, dass er uns ganz macht, kommt das einem Verstoß gegen die Realität gleich. Da unser Partner unweigerlich darin versagt, diese Erwartungen zu erfüllen, stürzen wir in die Hölle, weil wir unseren Boden verloren haben. Die buddhistische Psychologie beschreibt die Hölle als geistigen Zustand, der von Hass beherrscht ist und in dem wir die Dinge in ihrem Sosein ablehnen. Wenn wir uns abmühen, um aus der Hölle herauszukommen, wird alles noch schlimmer, denn darin zeigt sich nur einmal mehr, dass wir ablehnen, wo wir uns befinden. Der einzige Weg, der aus der Hölle herausführt, besteht darin, dass wir uns für unsere Enttäuschung öffnen und ihr lauschen.

Enttäuschungen bergen immer eine tief greifende und präzise Botschaft, der wir vertrauen können: Wir haben unsere Sehnsucht auf etwas gerichtet, wo sie nicht hingehört. Wenn wir hören können, was unsere Desillusionierung uns zu sagen versucht, kommen wir zurück auf den Boden und können *die Wahrheit dessen, was ist*, erkennen. Solche Augenblicke des Erkennens stellen wichtige Gelegenheiten für das Erwachsenwerden oder unsere Weiterentwicklung dar. In diesem Licht betrachtet sind Enttäuschungen ein wichtiger Meilenstein auf dem Pfad der bewussten Beziehung.

Gelegenheiten, erwachsen zu werden

Hier können Enttäuschungen auch zu Verbündeten werden: Sie wecken uns aus unserer Trance auf, die uns im geistigen Zustand des bedürftigen Kindes gefangen hält, das die Liebe, die ihm innerlich fehlt, außen sucht. Zuerst scheint es schmerzlich zu sein, unsere Desillusionierung einzugestehen, denn sie bringt tiefe Gefühle von Verlust, Sehnsucht oder Kummer hoch. Die Leere, auf die wir hier stoßen, ist uns wohl bekannt: Sie ist der Abgrund, den wir unser Leben lang mit Beziehungen auszufüllen gesucht haben.

Dieses Gefühl der Leere ist besonders schmerzlich, wenn wir glauben, innerlich ohne Liebe und Erfüllung zu sein und sie bei einem anderen Menschen suchen zu müssen, der ständig darin versagt, sie uns zu geben. Als Kinder waren wir tatsächlich auf die Liebe der anderen angewiesen, um Vertrauen in unsere grundlegende Güte entwickeln zu können. Doch auch wenn wir immer noch Anerkennung und Anteilnahme brauchen mögen, bleiben wir in unseren Beziehungen Kinder, wenn wir, statt diese Zuwendung in uns selbst zu finden, ständig von *anderen* erwarten, dass sie sie uns liefern.

Kind bleiben bedeutet, dass wir das Andere – unsere Geliebte, die Welt, Geld, berufliche Stellung, Erfolg – als Quelle für die Zuwendung betrachten, die das Selbst sich holen muss, um zu überleben. Erwachsen werden heißt, einen entscheidenden Übergang vollziehen – von der Ausrichtung, vom anderen so viel wie möglich zu bekommen, zu einem Leben voll Kreativität und Liebe, die unserem innersten Wesen auf natürliche Weise entspringen. Das verlangt eine Umschichtung unseres Selbstgefühls – *vom falschen Selbst, dessen Identität auf alten Konstruktionen aus der Vergangenheit beruht, zum wahren Selbst, dessen Natur sich fortwährend für das öffnet, was ist.*

Das Ich – die bekannte, vertraute Vorstellung von „mir", das Selbstbild, das mir sagt, wer ich bin – ist ein Konstrukt des kindlichen Geistes, das in einer unsicheren Welt für Orientierung und Sicherheit sorgen soll. Wenn wir uns dieses Selbstbild weiter abnehmen, zahlen wir dafür den Preis, in der Vergangenheit gefangen zu bleiben; denn das bekannte „Ich" besteht immer aus alten Konstruktionen vom Selbst und vom anderen. Stattdessen müssen wir unsere wahre Identität finden und zum Ausdruck bringen – das lebendige Ich, das keinem vertrauten Bild entspricht, sondern eine kreative Präsenz darstellt, die sich ständig auf neue und unvorhergesehene Weise entfaltet. So sieht der Weg zum Erwachsenwerden aus, den wir einschlagen müssen.

Da unser Ich nicht gefüttert wird, wenn wir uns für Enttäuschungen oder unsere innere Leere öffnen, stellt genau das einen Schritt auf dem Weg zum Erwachsenwerden dar. Wenden wir uns diesen Gefühlen aber zu, können wir auf eine ganze Heerschar von Dämonen stoßen – primitiven Ängsten und Geschichten aus der Vergangenheit –, die uns den Weg versperren. An diesem Punkt ist es wichtig zu erkennen, dass diese Ängste zum Kind gehören: „Ja, es ist das Kind in mir, das nach Anerkennung hungert … das möchte, dass die anderen immer da sind, wenn es sie braucht … das Liebe als etwas betrachtet, das *da draußen* ist … das glaubt, sein Schmerz sei größer als es und würde es vernichten, wenn es sich dafür öffnet …" Wenn wir die Kind-Identität und die entsprechenden Überzeugungen in dieser Form benennen, schließen wir uns an eine umfassendere, reflektierende Bewusstheit an. Und damit schaffen wir Raum für den Hunger, die Panik oder Verzweiflung, die wir uns als Kind niemals spüren lassen konnten, ohne davon überwältigt zu werden. Auf diese Weise beginnen wir uns von unserer alten Identifikation mit dem Kind zu lösen.

Wenn wir uns durch den Wirbelwind primitiver Ängste und Überzeugungen hindurchbewegen, der unsere Enttäuschung und innere Leere umgibt, ist es, als beträten wir das Zentrum des Zyklons. Hier, in der Mitte des Sturmes, schleudern wir nicht mehr verwirrt herum oder versuchen uns selbst zu entkommen. Wenn wir uns unserer Erfahrung unmittelbarer zuwenden, fühlt unsere Traurigkeit sich eher wie Zärtlichkeit an und unsere Leere wie ein weiter, offener Raum.

Zur Quelle zurückkehren

Diese umfassendere Offenheit, die sich wie ein weiter Raum anfühlt, gilt in vielen spirituellen Traditionen als Kern des Bewusstseins, als reine Quelle, der sämtliche positiven menschlichen Qualitäten entspringen. Wenn wir gegen diese Offenheit keinen Widerstand leisten, gibt es hier nichts zu befürchten. Stattdessen entdecken wir, wonach wir immer gesucht haben – eine Fülle und Tiefe, mit der wir uns auf natürliche Weise gut und in Frieden mit uns fühlen. Das ist der Diamant, der alle Wünsche erfüllt und dem aller Segen entströmt. Einmal kam meiner Frau Jennifer in solch einem Augenblick der Selbstbesinnung das folgende Gedicht:

Der Diamant in mir ist verstaubt.
Was konnte dich in der Welt da draußen so fesseln,
dass du ihn völlig vergessen hast?
Spüre die Tragik dieses Fehlers.
Und schau: In diesem Augenblick spülen die Tränen
des Schmerzes den Staub fort.

Diesen Juwel der offenen Präsenz haben wir als Kinder aus Angst verloren, ohne ihn als Quelle für Liebe und Bewusstheit zu erkennen. Und die Folgen dieses Verlustes begleiten uns ständig weiter – als ängstliches Gefühl eines inneren Mangels, als toter Punkt, als Loch, als Abgrund, den wir mit Beziehungen, Geld oder weltlichem Erfolg zu füllen versuchen. Solange wir nicht bereit sind, uns diesem Abgrund zu stellen, werden wir niemals entdecken, dass wir genau hier den Schatz finden, den wir vor so langer Zeit verloren haben.

Wenn wir dann schließlich mitten in dieser scheinbaren Wüste, wo wir uns leer und unerfüllt fühlen, präsent bleiben können, sprudelt das Wasser des neuen Lebens unerwartet hervor. Antonio Machado beschreibt dies in einem seiner Gedichte als „Frühling, der in meinem Herzen ausbricht":

In welch verstecktem Aquädukt,
O Wasser, kommst du jetzt zu mir,
Wasser des neuen Lebens,
von dem ich niemals zuvor trank? [61]

Nach diesem Wasser des neuen Lebens – das klar und frisch schmeckt, weil es dem „versteckten Aquädukt" entspringt, den untergründigen Strömungen, der bedingungslosen Quelle – hat uns in all den Jahren gedürstet.

Wenn wir bei dieser tiefen Quelle angelangen, die unter unseren Enttäuschungen verborgen liegt, scheinen die Dinge schließlich nicht mehr so schlimm zu sein. Wir befinden uns nicht mehr in der Hölle. Durch unsere vergeblichen Versuche, die Wirklichkeit zu kontrollieren, sind wir völlig weich geklopft. Und dadurch wird es uns möglich, das zu schätzen, was ist – einfach da sein, uns präsent und offen fühlen, während wir auch unsere Partnerin oder unseren Partner ohne Erwartungen einfach sein lassen können.

In solchen Augenblicken, wo wir mit dem Versuch, die Erfüllung *da draußen* zu finden, aufhören, erfahren wir, was sämtliche heiligen Traditionen als grundlegenden Schritt auf dem Weg zum Erwachen betrachten – Entsagung. Für Chögyam Trungpa bedeutet Entsagung, die Grenzen zwischen dem Selbst und dem anderen fallen zu lassen: „Der Krieger verzichtet auf die Aspekte seiner Erfahrung, die Barrieren zwischen ihm und anderen schaffen. Ein Krieger, der wirklich entsagen kann, ist vollkommen nackt und ungeschützt, ohne Haut und Gewebe … Er hat nicht das Verlangen, irgendeine Situation zu manipulieren. Er ist ganz ohne Furcht das, was er ist … Durch das Loslassen entdecken wir … eine Quelle voraussetzungsloser Energie, die immer zugänglich ist, ganz unabhängig von den Umständen … Es ist die Energie des grundlegenden Gutseins.“[62]

Hingebung an die Geliebte

Dieses Loslassen geschieht meistens nur nach einem langen, vergeblichen Kampf, der Wirklichkeit unseren Willen aufzuzwingen. Wenn unsere Versuche, Erfüllung von unserer Partnerin oder unserem Partner zu bekommen, immer wieder am steinigen Boden der Enttäuschung abgeprallt und zerschmettert sind, kann das tiefere Objekt unserer Sehnsucht – das *kein* Objekt und überhaupt kein anderes ist – zum Vorschein kommen. Die Geliebte, mit der zu vereinigen wir uns am meisten sehnen, ist die mysteriöse Kraft und Weisheit des Universums, die uns durchströmen und unsere Seele beleben und erhellen. Unsere Hingebung an *diese* Geliebte bringt sie uns näher. Nur wenn wir uns der Verwirklichung unserer eigenen wahren Natur mit der Intensität und Leidenschaft hingeben, die wir meistens für Liebesbeziehungen reservieren, finden wir die höchste Erfüllung, die wir suchen. Nur wenn wir mit uns selbst eins sind, wird unser Leben voll, reich und tief sein. „Um die Geliebte zu finden“, sagt Rumi, „musst du zur Geliebten *werden*.“

In der ersten Hälfte unseres Lebens neigen wir dazu, die Quelle für Liebe und Erfüllung außerhalb von uns zu suchen. Das bringt uns zu einer Geliebten oder einem spirituellen Lehrer. Sie oder er scheint etwas Kostbares und Wunderbares auszustrahlen, eine Tiefe und Fülle, mit der wir bislang selten in Berührung gekommen sind. Aber wenn wir von einem spirituellen Meister zu sehr geblendet sind, gehen wir an der wahren Bedeutung der Arbeit vorbei – die darin besteht zu entdecken, wer wir wirklich sind. Und wenn wir bei einer oder einem

Geliebten nach Erfüllung suchen, wird der Juwel in uns nur noch staubiger und wir bleiben noch unerfüllter zurück.

Nur wenn wir auf diesem Weg ernüchtert werden – unsere eigene Großartigkeit nach außen zu projizieren –, werden wir wach für die tiefere Bedeutung der Liebe – als Begegnung mit der heiligen Präsenz, die im Herzen unseres Seins und im Herzen der Welt liebt. Intime Beziehungen sind eine äußere Widerspiegelung dieser heimlichen Liebesgeschichte.

Ein Bündnis von Kriegern

Wenn ich meiner Partnerin nicht mehr all diese Erwartungen aufbürde, die im Grunde für eine spirituelle Sehnsucht stehen, wird sie von einer großen Last befreit – sie muss nicht mehr dafür sorgen, dass mein Leben in positiven Bahnen verläuft, muss meinen Abgrund nicht füllen und nicht das Instrument meiner Rettung sein. Das macht auch mich frei, sie als einen ganz realen Menschen zu sehen und zu lieben und die konkreten Gaben schätzen zu können, die sie in mein Leben einbringt. Während ich meine Hingabe uneingeschränkt auf deren tiefstes Ziel richten kann, nährt sie auf natürlichem Wege auch unsere Beziehung. Ich fühle mich dem Wohlergehen meiner Partnerin und ihrer tiefsten Entfaltung hingebungsvoll verpflichtet; ich möchte, dass auch ihr innerer Juwel funkelt.

Wenn zwei Partner diesen Weg einschlagen, lassen sie die alte Eltern-Kind-Dynamik – „Ich kümmere mich um dich und du dich um mich" – hinter sich. Sie fördern eine viel tiefere Bindung, die darauf beruht, dass sie sich gegenseitig ermutigen, die heilige Präsenz und grundlegende Güte zu achten, die ihnen beiden zu Eigen ist. Dies ist eine Beziehung zwischen wirklich erwachsenen Menschen, die alte Gefühle aus der Kindheit zulassen können, ohne von ihnen beherrscht zu werden. Dann können zwei Liebende ihre Verbindung als das schätzen, was sie ist – weder Himmel noch Hölle auf Erden, sondern ein Bündnis von Kriegern, eine liebevolle Gemeinschaft von zwei Reisegefährten auf dem Weg.

14

Der Krieger mit dem gebrochenen Herzen und die Erneuerung der Welt

... warum dann Menschliches müssen –
und, Schicksal vermeidend,
sich sehnen nach Schicksal? ...
Oh, nicht, weil Glück ist ...
Nicht aus Neugier ...
Aber weil Hiersein viel ist, und weil uns scheinbar alles das Hiesige
braucht, dieses Schwindende, das seltsam uns angeht ...
Aber dieses ein Mal gewesen zu sein, wenn auch nur ein Mal:
irdisch gewesen zu sein, scheint nicht widerrufbar.

R.M. RILKE

Wir leben in prekären Zeiten. Ein traditioneller tibetischer Exorzismusgesang, vor vielen Jahrhunderten entstanden, beschreibt mit Worten, die heute seltsam passend erscheinen, ein dunkles Zeitalter:

Eine üble Zeit, wo die Verwandten streiten,
Wo es Familienfehden gibt und Brüderkriege ...
(Den Zorn der Furien einladend, die reagieren, indem sie)
Mensch und Tier Krankheiten aufbürden.
Der Himmel ist bedeckt von purpurfarbenen Wolken voller Krankheit.
Sie zerstören, indem sie das Zeitalter der Waffen auslösen.
Und plötzlich schlagen sie Menschen tödliche, eitrige Wunden...

Wohin wir auch schauen, überall scheinen die Kräfte der Auflösung die Oberhand zu haben. Schulen und religiöse Gemeinden, Städte und Nationen sind offensichtlich gleichermaßen unfähig, gesund zu funktionieren oder eine gesunde menschliche Entwicklung zu fördern. Überall auf dem Planeten finden wir überwältigend viele Hinweise auf den Verlust der Seele, sowohl bei Individuen als auch in der Welt als Ganzer. Unsere Menschlichkeit als solche scheint unter Beschuss zu stehen und in Gefahr zu sein. So viele Aspekte des modernen Lebens – die Umweltzerstörung, der Verlust an Nachbarschaft und Gemeinschaft, die Probleme bei der Kindererziehung, die Produktion von toten Lebensmitteln, die sinnlose Arbeit, der so viele Menschen nachgehen, das Anwachsen willkürlicher Gewalt, die blinde technologische *Fortschrittsgläubigkeit* ohne Berücksichtigung des gewaltigen Preises, den sie fordert, die Faszination von äußerem Glanz, Reklame und falschen Bildern, die ständige politische Lüge und die Verzerrungen in den Medien, die sich als Wahrheit verkleiden, die Entwürdigung der heiligen Länder und Traditionen von eingeborenen Völkern, das wachsende Chaos und die zunehmende Armut eines Großteils der Weltbevölkerung, die Machtkonzentration in den Händen der multinationalen Konzerne, denen wenig am Allgemeinwohl gelegen ist, und so weiter, wohin wir unseren Blick auch wenden – all das erweckt den Eindruck, dass die Menschheit ihre Seele in einem faustischen Handel für weltliche Macht verschachert hat, und der Zahlungstermin rückt schnell näher.

Und wenn wir nach innen schauen, finden wir auch dort Aufruhr und Verwirrung vor: Unser Denken und unser Herz sind entweder abgestumpft oder drehen durch. Wir haben unsere Richtung verloren.

Welche Bedeutung haben intime Beziehungen in einer Zeit wie dieser? Kann die Liebe zwischen intimen Partnern eine Rolle spielen bei der Regeneration des Planeten oder beim Erwecken der Menschheit aus ihrer kollektiven Trance? Was können zwei Liebende tun, um dieser zerrütteten Welt zu helfen?

Lernen, mit gebrochenem Herzen zu leben

Wenn wir einen anderen Menschen zutiefst lieben, hilft uns das, die Macht und Schönheit des Menschseins überhaupt zu schätzen: die Anmut des Körpers, die Klarheit des Bewusstseins, die Subtilität der Gefühle und die Fülle der Präsenz, die uns möglich ist. Aber wenn wir uns von dieser inneren Sicht – der grundlegenden Güte im Kern unseres Wesens – der äußeren Realität zuwenden – dem verkommenen Zustand der Welt und unserer Mitmenschen –, bricht uns auf der Stelle das Herz.

Vielleicht ist unser erster Impuls, uns abzuwenden, unsere Augen vor der Heftigkeit des Leidens um uns herum zu verschließen, uns in unseren Kokon zurückzuziehen und unsere Beziehung als Zufluchtsinsel vor einer Welt zu benutzen, die verrückt geworden ist. Das ist verständlich. Wir fühlen uns überfordert.

Aber es gibt auch noch einen weiteren Impuls, den wir möglicherweise als Jugendliche verspürt haben, als unser Herz angesichts des menschlichen Leids den ersten Schock erlitten hat: Wir würden die Welt gern retten. Wir würden gerne etwas tun, um alles in Ordnung zu bringen, um die Umwelt vor weiterer Zerstörung zu bewahren und Ignoranz und Ungerechtigkeit zu überwinden oder Menschen zu helfen, die in Armut oder Verzweiflung leben. Wenn wir bei diesem Impuls einen Augenblick verweilen, statt ihn als hoffnungslos romantisch oder idealistisch abzutun, erkennen wir in ihm die Antwort eines reinen Herzens auf den Schmerz dieser Welt.

Doch schon bald wird uns klar, dass wir nicht jeden von diesem Schmerz erlösen können, geschweige denn uns selbst. Wenn wir dem Leben gegenüber offen bleiben und uns auf unsere Welt einlassen wollen, statt uns der Depression oder dem Zynismus hinzugeben, müssen wir lernen, mit gebrochenem Herzen zu leben.

Nur wenn wir zulassen, dass uns das Herz bricht, entdecken wir etwas ganz Unerwartetes: Das Herz kann in Wirklichkeit gar nicht *brechen*, es kann nur *auf*brechen. Was aufbricht, wenn wir vom Schmerz des Lebens berührt werden, ist die Verkrampfung, die unser Herz umgibt und die wir so lange mit uns herumgetragen haben. Wenn wir sowohl unsere Liebe für diese Welt als auch den Schmerz dieser Welt empfinden – beides zur gleichen Zeit –, dann *bricht* das Herz aus seiner Schale *aus*. Dann zeigt sich der wahre Charakter des Herzens, eine präzise Empfindsamkeit, mit der wir die Welt in uns spüren und nicht getrennt von ihr sind. Es ist, als legten wir einen Verband ab und ließen Luft an unsere Haut. Es gibt keine Möglichkeit, diese Ungeschütztheit zu vermeiden, es sei denn, wir ziehen uns ständig zusammen und verschließen uns. Mit einem aufgebrochenen Herzen zu leben heißt, das Leben in seiner ganzen Fülle und Kraft zu erfahren.

Wenn wir uns dem Zustand unserer Welt mit offenem Herzen stellen, sind wir in einer ähnlichen Situation wie der Mann in der Zen-Geschichte, der von einem Tiger über den Rand einer Klippe gejagt wird. Als er sich um seines lieben Lebens willen an einigen Ästen festhält, die aus der Wand der Klippen wachsen, bemerkt er, dass eine Maus an ihren Wurzeln nagt. Der Mann überschlägt seine missliche Lage: Der hungrige Tiger über ihm, der gähnende Abgrund unter ihm, sein Halt wird gleich verloren gehen. Gerade als er sich aufgeben will, bemerkt er einige Walderdbeeren, die zwischen den Zweigen wachsen. Plötzlich, von neuem Leben erfüllt, greift er nach den winzigen Beeren, um sie zu kosten, und schwelgt in ihrer unglaublichen Süße.

Wie der Mann in dieser Geschichte sind auch wir versucht aufzugeben, wenn wir kein einfaches Mittel gegen die zerstörerischen Kräfte finden, die unseren Planeten erschüttern. Doch in Augenblicken, in denen wir uns der Schönheit des Lebens trotz seiner Schmerzen und seines Kummers zuwenden und es feiern können, entdecken wir tatsächlich etwas Süßes – unser eigenes ungezähmtes, wunderschönes Herz.

Die heilige Tradition betrachtet das Herz nicht als etwas Emotionales oder Sentimentales; dem Hinduismus und dem Buddhismus gilt es als Quintessenz, während die Sufis es als göttliche Subtilität begreifen, die die tiefsten Wahrheiten enthüllt. Es ist ein Tor, das zum Kern unseres Wesens führt – der lebendigen Präsenz von Geist und Seele. Wenn unser Herz *auf*bricht und zu diesem tieferen Kern *durch*bricht, erwachen wir aus unserer Starre und gelangen zu einer größeren Tiefe der Seele und damit einer tieferen Liebe für diese Welt.

Denn während unser Herz sich für ein umfassendes Mitgefühl öffnet, liebt unsere Seele das Besondere und Einzelne – *dieses* Gesicht, *diese* Baumgruppe, *diese* Nachbarn, *diese* Welt. Und unsere Seele ist es, die leidet, wenn wir zum Beispiel erleben müssen, wie ein wildes Stück Erde einer weiteren Wohnanlage oder einem Einkaufszentrum zum Opfer fällt. Unser Herz kann Mitgefühl für diese Verletzung empfinden, unser Geist kann sie als Teil eines umfassenderen Rhythmus von Leben und Tod des Kosmos betrachten, aber in unserer Seele, die das Einzelne und Besondere so liebt, trauern oder wüten wir über diesen Angriff auf die Schönheit der Erde. Es ist wichtig, dass wir uns diese leidenschaftlichen Reaktionen spüren lassen. Sonst wird unsere Seele ebenso empfindungslos wie der zubetonierte Flecken Erde.

Um angesichts des Leidens dieser Welt nicht abzustumpfen, müssen wir Zugang zu dem Krieger in uns finden, zu dem, der fragen kann: „Welche tieferen Kräfte können diese Widrigkeiten in mir wecken?" Wenn wir lernen, das Leiden zu nutzen, um Stärke, Weitsicht, Liebe, Vertrauen oder Humor zu entwickeln, festigen wir das Gefäß der Seele und fangen an, den Groll oder die Depression angesichts des Zustands der Welt zu überwinden. Und vielleicht stellen wir fest, dass die Erde uns in ihrer Notlage aufruft, wach zu werden, und mit unserem Erwachen ebenfalls erwacht, durch uns. So kann der Krieger mit dem gebrochenen Herzen trotz aller Widrigkeiten weiter lieben.[63]

Wenn das Herz aufbricht, ist das der Anfang einer wirklichen Liebesaffäre mit dieser Welt. Diese Liebesgeschichte ist keine der üblichen, die auf Hoffnungen und Erwartungen beruhen, sondern zerbricht uns das Herz. Nur mit dieser angstfreien Liebe, die sowohl den Schmerz als auch die Schönheit des Lebens einbezieht, können wir uns und anderen in diesen schwierigen Zeiten eine wirkliche Hilfe sein. Der Krieger mit dem gebrochenen Herzen ist ein für unsere Zeit ganz wesentlicher Archetyp.

Uns auf den Weg machen

Wo könnte ich einen solchen Weg besser beginnen als in der Beziehung zu der Person, die ich am meisten liebe, deren Herz ich aufgebrochen habe und die meines geöffnet hat, wieder und wieder? Mit ihr habe ich meine sämtlichen Engel und Dämonen aufsteigen sehen. Ich habe versucht, Rettung zu finden, und habe versagt, und ich habe verborgene Schätze entdeckt, wo ich sie am wenigsten vermutete. Ich bin entsetzt fortgelaufen und habe selbst Entsetzen verbreitet. Ich habe meine Partnerin verflucht und bin voller Dankbarkeit vor ihr zu Boden gefallen. Ich war verblüfft über die Wahrheit ihrer Worte und über den Betrug meines eigenen Herzens. Ich habe in ihr meine Feindin gesehen und sie als meine beste Freundin kennen gelernt. Wir haben getanzt und gespielt und bis spät in die Nacht zusammen geweint. Und je tiefer unsere Liebe geht, desto stärker bin ich gewahr, dass der Tod still und unerbittlich näher kommt.

Wenn ich zulasse, dass mein Herz aufbricht, kann ich mich nicht nur tiefer auf meine Partnerin und die Welt einlassen, sondern kehre auch immer wieder nach Hause zurück und erinnere mich daran, dass ich mit anderen nur dort sein kann, wenn ich mit mir selbst hier bin. Ganz gleich, wie gerne ich etwas oder jemanden außerhalb von mir verantwortlich für meinen Gefühlszustand machen würde, das Herz spricht eine andere Wahrheit. Es erinnert mich daran, dass die Freuden und Schmerzen einer Beziehung nur hier stattfinden, an dem Ort, wo ich mich zutiefst berührbar und offen fühle. Und solange ich glaube, dass die Liebe von äußeren Umständen abhängig ist, werde ich sie bestenfalls als vorübergehenden Zustand erleben – ein gutes Gefühl, das kommt und geht –, aber niemals als unveränderbare *Wesensart* – eine Qualität, die mit meinem Sein untrennbar verwoben ist.

Wenn „der Narr das Selbst als das Andere sieht", wie Zen-Meister Dogen einmal sagte, dann müssen wir alle Narren sein. Wenn wir uns von unserer grundlegenden Offenheit abwenden, werfen wir das Juwel unseres eigenen inneren Kerns fort und bringen die Entfremdung, die das nach sich zieht, in all unserem Tun zum Ausdruck. Das ist es, was unsere kollektive Seele verarmen lässt. Das ist die Plage, die die Menschheit zerstört.

Wir können unsere Selbstentfremdung nicht durch eine Strategie oder Technik heilen. Mit dieser Haltung besiegeln wir nur die innere Spaltung – zwischen mir als dem, der das Problem löst, und mir als Problem, das zu lösen ist –, welche ja das Problem ist. Selbsthass kann sich nur auflösen, wenn wir ihn uns zu Herzen nehmen und den Schmerz darüber in Körper und Seele voll bewusst werden lassen. Dann wird er Auslöser für ein heiliges Sehnen – unser Herz schließlich doch für uns zu öffnen.

Wenn Dogen fortfährt zu sagen „der Weise sieht das Andere als Selbst", weist er auf die Rettung hin, die unsere Welt am dringendsten braucht. Wir müssen all das, was wir innerlich zum Anderen gemacht haben, zurückgewinnen und damit Freundschaft schließen. Das bringt uns auf natürlichem Wege dahin, dass wir unsere Liebe und Anteilnahme dem schenken, was wir auch außen zum Anderen gemacht haben – unserer schönen, zerrütteten Welt.

Wenn zwei Liebende ihre Herzen öffnen und sich ihnen durch ihre Verbindung die Tiefe der Seele erschließt, werden sie sensibler für die Seelenlosigkeit der modernen Welt. Und doch haben sie genau hier wirklich etwas zu geben: indem sie daran arbeiten, dieser Welt Herz und Seele wiederzubringen. Sie können damit anfangen, indem sie ihr Zuhause als Heiligtum gestalten, ihre Kinder zu mehr Menschlichkeit erziehen oder liebevolle Freundschaften pflegen. Der nächste Schritt wäre, in ihren täglichen Umgang mit Leuten mehr Offenherzigkeit und Menschlichkeit einzubringen und anderen zu helfen, aus der dumpfen Seelenlosigkeit zu erwachen, die die Welt beherrscht, und sich um den Ort auf der Erde zu kümmern, den sie bewohnen. Sie können sich seelentötenden Einflüssen wie dem Fernsehen entziehen und mehr Zeit dem wirklichen Gespräch, der Meditation, der spirituellen Praxis oder kreativen Aktivitäten widmen oder ihr Leben in den Dienst der Kräfte des Erwachens und der Erneuerung unserer Gesellschaft insgesamt stellen. Dies sind nur einige der zahllosen Möglichkeiten, wie Liebende anfangen können, ihre Sicht und ihre Liebe zu verbreiten. Wenn sie durch ihre Beziehung die Seele nähren und mit anderen teilen, was sie entdecken, wenn sie ihre eigene innere Spaltung heilen, kann das eines der großartigsten Geschenke sein, das sie dieser verbitterten Welt machen.

So werden intime Beziehungen zum Mikrokosmos, in dem wir anfangen können, unser Herz zum Wohle aller Wesen zu öffnen. Wenn wir lernen, durch unseren Schmerz weicher zu werden, unsere Angst anzunehmen und die Schönheit des Lebens trotz all seines Kummers zu feiern, befreien wir uns aus der Gefangenschaft durch unsere Konditionierungen. Wir betreten einen Weg, der voller Überraschungen ist – wir lernen, wir selbst zu sein und zugleich über uns hinauszuwachsen. Wie Zen-Meister Shunryu Suzuki sagt: „Wenn du du selbst bist, einfach durch und durch du selbst, dann bist du das Universum. Du bist nicht mehr diese konditionierte Person." Dann hängt unser Wohlbefinden nicht mehr von dem ab, was wir erreichen, auch wenn wir unsere Kräfte dafür einsetzen, der Welt zu helfen. Dann werden wir eins mit jener Kraft im Universum, die sich selbst ständig neu erschafft.

Dank

Meine Arbeit mit Beziehungen ist das Ergebnis einer jahrelangen engagierten Beschäftigung mit dem Grenzgebiet zwischen Psychologie und Spiritualität. Als solche stellt sie das Zusammenfließen vieler verschiedener Einflüsse dar. Einigen Menschen, sowohl verstorbenen als auch lebenden, die mich beeinflusst und mein Denken geprägt haben, möchte ich gern danken, auch wenn es in Wirklichkeit zu viele sind, um sie alle hier zu nennen. Dank schulde ich den Existentialphilosophen, die die ersten waren, die den Seinsverlust als Kernproblem unserer Zeit artikuliert und die Wiedergewinnung des Seins als unsere zentrale Herausforderung bezeichnet haben. Als ich Anfang zwanzig war, sprach mich ihre Arbeit an wie keine andere und gab mir eine erste Ausrichtung für Sinn und Zweck meines Lebens. Die existentiellen Psychotherapeuten haben mir den Weg als Therapeut gewiesen, indem sie die heilsame Beziehung als Ort der Entfaltung des Seins definiert haben, der Menschen helfen kann, sich von der Vergangenheit zu lösen und ihre wahre Individualität und Lebensausrichtung zu finden. Besonders dankbar bin ich Eugene Gendlin, der mir das Reich des inneren Erlebens als Erster eröffnet und die existentialistischen Anliegen auf eine unmittelbare, persönliche Art und Weise vermittelt hat.

In spiritueller Hinsicht stehe ich für immer in der Schuld der großen Lehrer der Kagyu- und Nyingma-Traditionen des tibetischen Buddhismus, die so großzügig eine Weisheit weitergeben, die in früheren Zeiten nur wenigen Auserwählten vorbehalten war. Besonders danke ich Chögyam Trungpa und Tsoknyi Rinpoche, die mir den weiten Raum des Seins eröffnet und mir gezeigt haben, wie man ihn direkt und übergangslos betreten kann. In jüngster Zeit wurde ich auch beeinflusst durch die direkte Methode von Ramana Maharshi und durch die Arbeit von Hameed Ali, die mit meiner eigenen in vielerlei Hinsicht übereinstimmen.

Besonders danken möchte ich meiner Frau Jennifer für ihre großzügige Liebe und Ermutigung, die mir geholfen haben, in jeder Phase der Arbeit an diesem Buch sein Anliegen beharrlich zu verfolgen. Durch ihre Anwesenheit in meinem Leben als Partnerin und Co-Lehrerin hat sie auch wichtige Gedanken beigetragen und mir in den Jahren, in denen ich diese Arbeit zu einem fruchtbaren Abschluss gebracht habe, geholfen, in meinem Denken immer klarer zu werden. Und auch wenn wir ihre Beiträge nicht extra hervorgehoben haben, war sie doch eine wichtige Stimme bei vielen der Gespräche, die in diesem Buch abgedruckt sind. Außerdem war sie auch meine schärfste und unermüdlichste Kritikerin und ist das Manuskript in verschiedenen Fassungen mehrmals durchgegangen.

Danken möchte ich auch Barry Spacks für sein hilfreiches Redigieren des Gesamtmanuskripts sowie Stephan Bodian, Paul Shippee und Barbara Green, die für zahlreiche Kapitel nützliches Feedback gegeben haben.

Anmerkungen

1. „Die Zeit ist reif für eine Bewusstseinserweiterung von Paaren": Wir sind die ersten Menschen in der Geschichte, die eine solche Möglichkeit in Betracht ziehen können. Die völlig freie Wahl eines Lebenspartners oder einer Lebenspartnerin ist im Westen erst seit knapp hundert Jahren und damit seit wenigen Generationen üblich. Vor den dreißiger Jahren konnten Menschen Sexualität noch nicht einmal frei und offen diskutieren (das erste westliche Handbuch zur Sexualität erschien 1929). Und erst in den fünfziger und sechziger Jahren, in denen die ersten populärwissenschaftlichen psychologischen Bücher erschienen, hatte eine größere Anzahl von Menschen schließlich Zugang zu einer Begrifflichkeit und einem Wissen, das sie in die Lage versetzte, über die zwischenmenschliche Dynamik von Beziehungen nachzudenken und zu sprechen. Bis in die jüngste Zeit war es auch gar nicht weiter erforderlich, die Partnerschaftsfrage bewusst zu stellen, weil die Familie und die Gesellschaft am Bild der Ehe mit ihren strikt definierten Regeln und Rollen festhielten und diese förderten. Solange die Familien Verlobung und Ehe steuerten, musste sich kein Paarbewusstsein entwickeln. In vielen Großfamilien und Stämmen blieben die Paare wie Kinder zu Hause: Sie lebten nach den vorgeschriebenen Regeln und taten, was man ihnen sagte.

   Als die Familie im Industriezeitalter an Einfluss verlor, entstand durch den Wunsch der Kinder nach größerer Freiheit eine revolutionäre neue Form der Partnerwahl: Männer und Frauen begannen sich frei zu verabreden und zu treffen. Mit dieser Form der Begegnung der Geschlechter ging das Paarbewusstsein in eine neue Entwicklungsphase über, die wir mit dem Jugendalter gleichsetzen könnten. Plötzlich standen Paare vor einer neuen Aufgabe – zu entdecken, wie sie auf der Grundlage von persönlichen Gefühlen und Leidenschaften längerfristige Bande knüpfen konnten. Etwa zu Beginn der zwanziger Jahre verkörperten die strahlenden Liebespaare der Filme und Boulevardstücke dieses Jugendalter, das oft geprägt ist durch die Rebellion gegen Traditionen und Träume von der vollkommenen Liebe. Diese Entwicklung erreichte ihren Höhepunkt in den sechziger Jahren, in denen es zu einem explosionsartigen Experimentieren mit sämtlichen nur vorstellbaren Formen der sexuellen Begegnung kam. Wie die meisten pubertären Eskapaden war auch diese Phase geprägt von Versuch und Irrtum und bereitete den Boden für weitere Entwicklungen. Kurz vor Beginn eines neuen Jahrtausends ist das Paarbewusstsein schließlich bereit, ins Erwachsenenalter einzutreten. Wenn Sicherheit und Geborgenheit das kindliche Stadium von Beziehungen prägen, Freiheit, Rebellion und Aufregung hingegen das Jugendalter, dann verlangt das Erwachsenwerden von Paaren, dass sie ein größeres Bewusstsein davon entwickeln, wer sie sind und wie sie mit sich und ihrer Beziehung umgehen.

2. „Spirituelle Umleitung“: Für eine ausführlichere Erläuterung dieses Gedankens verweise ich auf den Artikel, in dem ich diesen Begriff geprägt habe: *Principles of Inner Work: Psychological and Spiritual*, in: *Journal of Transpersonal Psychology*, 16 (I), 1984.

3. Chögyam Trungpa hat einen prägnanten Begriff gefunden. Vgl.: Chögyam Trungpa: *Das Buch vom meditativen Leben. Die Shambala-Lehren vom Pfad des Kriegers zur Selbstverwirklichung im täglichen Leben.* Reinbek: Rowohlt transformation 1996.

4. William Butler Yeats erfuhr das einmal eindringlich. Aus: W.B. Yeats: *Vacillation und Collected Poems of W.B. Yeats.* London: Macmillan 1955.

5. Hermann Hesse: *Iris. Ein Märchen.* In: ders. *Wer lieben kann, ist glücklich.* Suhrkamp Verlag: Frankfurt a.M. 1994, S. 137.

6. „… verbindet Anselm sich unwissentlich mit seiner eigenen Seele …“: Ich möchte damit nicht sagen, dass kleine Kinder vollen Zugang zu ihrem spirituellen Wesenskern haben, der ihnen im Laufe ihrer Entwicklung verloren geht. Die Seele und damit unsere individuelle Art, unser innerstes Wesen zum Ausdruck zu bringen (wie in Kapitel 4 ausführlicher beschrieben wird), ist in der Kindheit noch nicht voll präsent, sondern entwickelt sich vielmehr im Laufe eines ganzen Lebens. Trotzdem können Kinder kurze Einblicke in dieses tiefere Wesen haben, selbst wenn sie deren Bedeutung nicht ganz erkennen oder verstehen mögen.

7. Zitiert in Satprem: Sri Aurobindo: *Das Abenteuer des Bewusstseins.* Gladenbach: Hinder & Deelmann Verlag 1991, S. 92.

8. „Wir haben noch nicht die selbstreflektierende Bewusstheit entwickelt …": Diese reflektierende Bewusstheit – die Fähigkeit, einen Schritt zurückzutreten und unsere Erfahrung aus einer umfassenderen Sicht zu betrachten – ist erst nach dem Teenageralter voll ausgereift und bildet sich in einer Entwicklungsphase heran, die der Kinderpsychologe Jean Piaget als die der „formalen Operationen" bezeichnet. Da kleinen Kindern diese Fähigkeit fehlt, können sie sich oder ihre Erfahrung nicht ganz verstehen. Sie können auch die wertvollen, liebenswürdigen Eigenschaften ihres Wesens nicht voll schätzen, wenn ihre Eltern oder andere Erwachsene ihnen diese nicht widerspiegeln.

   Um Kindern zu helfen, ihr Potential uneingeschränkter zu entwickeln, müssten die Erwachsenen ihnen idealerweise helfen, zweierlei zu erkennen – sowohl ihre individuellen Qualitäten als auch ihre universelle Natur. Der Vater meiner Frau zum Beispiel gab ihr als Dreijährige einen Stofflöwen und sagte ihr, sie sei wie dieser Löwe: schön, stark und strahlend. Sie erinnert dies noch heute als einen ganz besonderen Augenblick in ihrem Leben, in dem ihr Vater sie wissen ließ, dass er ihre speziellen Seelenqualitäten erkannte und sie darin ermutigte.

   Außerdem müssen Erwachsene Kindern auch deren umfassenderes, universelles Wesen widerspiegeln. In den traditionellen Gesellschaften war dies die Aufgabe der Religion. In der indischen Kaste der Brahmanen zum Beispiel war es Tradition, dass ein Kind im Alter von fünf Jahren begann, bei einem Guru der Familie oder einem spirituellen Lehrer zu lernen. Auf diese Weise wurden Kinder direkt mit ihrer göttlichen Natur bekannt gemacht und erfuhren etwas darüber.

   In der Tradition des tibetischen Buddhismus wurden Kinder, die als Reinkarnationen erleuchteter Wesen – Tulkus – galten, schon im frühen Alter in ein Kloster gebracht, um ihre spirituelle Ausbildung zu vervollständigen. Eine der wichtigsten Lehren, die tibetische Lehrer vermitteln, wird die „Offenbarungs-Unterweisung" genannt, bei der der Meister dem Schüler seine wahre Natur enthüllt und ihm hilft, diese zu erkennen. Ausgehend von den Lehrern, denen ich begegnet bin und die diese Form von Unterweisung in ihrer Jugend erhalten haben, muss ich zu dem Schluss kommen, dass diese Lehre tief greifende Folgen hat, denn diese Menschen sind die machtvollsten spirituellen Wesen, die ich jemals kennen gelernt habe. Ich habe von tibetischen Lehrern auch sagen hören, dass ein solcher Tulku, wenn er nicht erkannt wird und diese Ausbildung nicht erhält, verloren und verwirrt durchs Leben geht.

9. Emily Dickinson, aus: M.D. Bianchi und A.L. Hampson (Hrsg.), *Poems by Emily Dickinson*. Boston: Little, Brown & Co. 1957.

10. Hermann Hesse: *Iris*. A.a.O., S. 140.

11. „Dieser beschränkte Raum ist unser Ich oder die konditionierte Persönlichkeit": Ich benutze den Begriff Ich nicht in einem streng klinischen Sinne≈– als die Gesamtfähigkeit zu funktionieren –, sondern lockerer als Bezeichnung für ein erstarrtes Selbstbild, das auf früheren Konditionierungen beruht. (Im strikten analytischen Sinn ist die Entwicklung des Selbstbildes nur eine von vielen Ich-Funktionen – nämlich seine Fähigkeit zur Repräsentanz des Selbst.) Aus Gründen der Einfachheit, Klarheit und Lesbarkeit versuche ich hier nicht, ein präzises oder zusammenhängendes Bild der Ich-Entwicklung zu geben, sondern nur ein Gerüst davon, wie das Selbstbild sich typischerweise formt und entwickelt.

    Wenn ich den Begriff Persönlichkeit benutze, meine ich damit die konditionierte Persönlichkeit, ein Selbstbild, das auf früheren Konditionierungen beruht. Aber im Verlauf des Prozesses der Seelenarbeit, der in Kapitel 4 beschrieben wird, kann sich auch eine „von der Seele durchtränkte" Persönlichkeit entwickeln – eine persönliche Lebensweise, die für die eigene umfassendere, göttliche Natur offen ist und aus dieser schöpft.

12. „… einem Wachtraum oder einer Trance gleicht, in der wir fortan leben": Wenn wir uns die psychologische Entstehung unserer Identitätstrance klar machen, können wir besser verstehen, warum sämtliche großen spirituellen Traditionen davon ausgehen, dass der Großteil der Menschheit im Zustand des Schlafes lebt.

13. „Emily Dickinson beschreibt": Es existieren zwei leicht verschiedene Versionen dieses Gedichtes. Diese Version stammt aus dem Buch von M.D. Bianchi und A.L. Hampson (Hrsg.): *Poems by Emily Dickinson*. A.a.O.

14. „… stehen wir auf dem Grat": Eine ausführlichere Erläuterung des „Grats" und seiner zentralen Wichtigkeit in Beziehungen finden Sie in meinem Buch *Dem Herzen folgen. Durch Liebe und Freundschaft zu sich selbst finden*. Kapitel 5. München: Knaur 1996.

15. Hermann Hesse: *Iris*. A.a.O., S. 145.

16. Ebd., S. 147.

17. Ebd., S. 147.

18. „Wie Hesse es formuliert": Hermann Hesse: *Lektüre für Minuten*. Suhrkamp Verlag: Frankfurt a.M. 1977. S. 255.

19. „... diese schmerzlichere, bedrohliche unbewusste Identität": „Un-bewusst" bedeutet hier, dass die Identität im Hintergrund des Bewusstseins agiert und meistens nicht wahrgenommen wird. Manchmal können solche Identitäten mit etwas Aufmerksamkeit und Bemühung ohne Weiteres entdeckt und ins Bewusstsein gebracht werden (in diesem Falle würden wir sie richtiger als „unterbewusst" bezeichnen). In anderen Fällen bleiben sie tief verborgen und kommen nur nach langer oder intensiver Selbsterforschung zum Vorschein.

20. „... da wir uns geistig auf diese Eindrücke fixieren": Die Metapher vom Wachs soll lediglich verdeutlichen, dass unser Wesen höchst beeindruckbar und nicht, dass unser Geist eine Tabula rasa ist, eine leere Fläche, die total durch äußere Kräfte geprägt wird. Kinder kommen mit angeborenen Neigungen auf die Welt, und ihr Geist spielt eine aktive Rolle dabei, die Informationen, die sie aufnehmen, auszuwählen, zu interpretieren und darauf einzugehen.

Auch wenn die meisten von uns von ihren Eltern eine falsche Spiegelung erhielten, haben wir alle auf unsere eigene individuelle Weise darauf reagiert und sind unterschiedlich damit umgegangen. Wo ein Kind in bestimmten Situationen angepasst reagiert und sich bemüht, alles richtig zu machen, kann ein anderes kämpfen und rebellieren und wieder ein anderes zieht sich vielleicht zurück und wird depressiv. Diese unterschiedlichen Reaktionen sind zum Teil eine Folge der ganz einzigartigen angeborenen Neigungen des Kindes und dessen, was es daraus macht.

Im Westen werden diese angeborenen Tendenzen mit Begriffen wie Erblichkeit erklärt, während der Osten sie als Karma bezeichnet – und wahrscheinlich beeinflussen sie auch, wie unsere Eltern auf uns eingehen. So entsteht die Konditionierung in der Kindheit als ein Wechselspiel zwischen Eltern und Kind. Die Art und Weise, wie wir uns auf das fixieren, was in der Kindheit zwischen uns und dem anderen geschieht, wie wir es verinnerlichen und später im Leben damit umgehen, ist unser Karma. Das sind auch die Themen, mit denen wir in unseren intimen Beziehungen ins Reine kommen müssen.

21. ... spiegeln unsere Eltern uns wider, was wir in ihren Augen sind": Wie der britische Psychoanalytiker und Kinderpsychologe David Winnicott einmal schrieb: „In der Entwicklung des Individuums ist das Gesicht der Mutter der Vorläufer der Spiegelung." (Zitiert in H.M. Southwood: *The Origin of Self-Awareness and Ego Behavior*, in: *International Journal of Psychoanalysis*, 54 (1973), S. 237.

22. „Da wir uns nicht bewusst selbst reflektieren können": Der elterliche Einfluss auf Kinder ist besonders stark in einer Gesellschaft wie unserer, in der die Kinder nicht in einer Großfamilie oder einem Stamm aufwachsen, wo sie ständig ein großes Spektrum an unterschiedlichen Begegnungen mit verschiedenen Erwachsenen erleben. Außerdem wird in traditionellen Kulturen, sollten Eltern die Seelenqualitäten ihres Kindes nicht erkennen, die kindliche Seele zumindest durch die Gemeinschaft selbst genährt – durch Mythen, Rituale, Geschichten, spirituelle Unterweisungen oder Initiationspraktiken, die jungen Menschen helfen, den Sinn ihres Lebens in einem umfassenderen Kosmos zu suchen und zu begreifen. Heute jedoch leben wir in einer „narzisstischen Gesellschaft", wie Christopher Lasch sie bezeichnet–, einer Gesellschaft, die falsche Selbstbilder fördert und glorifiziert.

23. „Eine Identität herausbilden" bedeutet: Der spirituelle Lehrer A.H. Almaas liefert eine klare Beschreibung dieses Prozesses der Identifikation: „Sich mit etwas identifizieren, ganz gleich, was es ist, bedeutet einfach …, dass unser Geist an einem Ausdruck, einem Gefühl oder einem Zustand festhält und ihn benutzt, um uns zu definieren. Dann erstarrt der Geist in der Aktivität des Festhaltens an diesem Zustand. Und genau diese Kontraktion des Geistes schafft, was wir als „Identität" bezeichnen. Sich mit etwas identifizieren bedeutet also, von einer Vorstellung auszugehen und zu sagen: ‚Das bin ich' oder: ‚Das macht mich aus.'„ (Diamond Heart, Band 3: *Being and the Meaning of Life*. Berkeley: Almaas Publications 1990, S. 170f.) Infolge dieser Identifizierungen tragen Kinder bereits die Last zahlreicher begrenzter und verzerrter Selbstbilder, wenn ihr Bewusstsein im Teenageralter zu reifen beginnt. Als Erwachsene müssen wir dann bewusst daran arbeiten, für diese alten Identifikationen wach zu werden und uns von ihnen zu lösen. Leider gelingt das nur den wenigsten Erwachsenen.

24. „Entwickeln wir wahrscheinlich ein Selbstbild": Der Fachbegriff für diese Sicht von uns selbst ist „Repräsentanz des Selbst".

25. „Die französische Autorin Suanne Lilar": Hierbei beziehe ich mich auf ihr Buch *Aspects of Love in Western Society*, übersetzt von Jonathan Griffin (London: Thames and Hudson, 1965). Die Auswahl ihrer Schriften, der dieses Zitat entnommen ist, ist auch enthalten in John Welwood (Hrsg.): *Challenge of the Heart*. Boston: Shambhala, 1985, S. 232.

26. „Seele, wie ich diesen Begriff verwende": Ich führe den Begriff Seele hier vorsichtig ein, weil er in so vielen verschiedenen Traditionen so unterschiedlich benutzt worden ist, oft ohne klar definiert zu werden, so dass er zu einer

verschwommenen, mehrdeutigen Bezeichnung geworden ist. Oder der Begriff bleibt begrenzt durch den speziellen Kontext, in dem bestimmte Traditionen ihn verwenden. Besonders problematisch wird dieser Terminus, wenn er als glatte Erklärung für die Mysterien der menschliche Existenz benutzt oder als eine nicht zu fassende, unsterbliche Substanz im Körper hingestellt wird.

Nach der hier verwendeten Definition ist die Seele nicht etwas, das „im" Körper wohnt. Vielmehr verweist sie auf das, was den Körper belebt – unser individuelles, verkörpertes Sein, den lebendigen Prozess, der wir sind und der im Universellen wurzelt. Sie ist, mit Sri Aurobindos Worten, „ein göttlicher Funke". Damit fasse ich den Begriff Seele weiter als viele Jungianer, die ihn in einem engeren Sinne als Aktivität oder Inhalt der Imagination betrachten. Für die buddhistisch orientierten Leserinnen und Leser, denen das Wort Seele nicht behagt, möchte ich darauf hinweisen, dass dieser Begriff dem entspricht, was in dieser Tradition Rupakaya heißt –der „Gestaltkörper", der dem speziellen Charakter und den besonderen Eigenschaften entspricht, die ein Individuum zum Ausdruck bringt. Dieser unterscheidet sich vom Dharmakaya, dem „Dharma-Körper", der universell und bei jedem gleich ist. Während der Dharmakaya unpersönlich ist und von Veränderungen unberührt bleibt, entwickelt der Rupakaya sich weiter und reift mit der Zeit durch die Entfaltung unserer grundlegenden menschlichen Eigenschaften und Tugenden. Dieses Reifen bezeichne ich hier als Seelenarbeit – die Entwicklung von umfassenderen menschlichen Qualitäten (die in der buddhistischen Tradition als „Anhäufung von Verdiensten" beschrieben wird). Dieser Prozess unterscheidet sich von der Verwirklichung des Dharmakaya, die darauf beruht, dass wir direkt in unsere wahre Natur hineinschauen („Anhäufung von Weisheit"). So entspricht der Unterschied zwischen Rupakaya und Dharmakaya in etwa dem zwischen Seele und Geist in der westlichen esoterischen Tradition.

Aus einer etwas anderen Perspektive betrachtet, können wir die Seele dem Sambhogkaya gleichsetzen, dem „reinen Körper", der zwischen dem „Gestaltkörper" des Nirmanakaya und dem formlosen „Essenzkörper" des Dharmakaya angesiedelt ist.

27. „Der Sufi-Dichter Rumi sagt über die Seele": Rumi: *Opening*. In: *One Handed Basket Weaving*, übersetzt von C. Barks. Athens, Ga.: Maypop 1991.

28. „Der indische Dichter Tagore ...": R. Tagore: *The Circle*. In: *Some Songs and Poems front Rabindranath Tagore*, übersetzt von P. Bowes. London: East West Publications, 1984.

29. „Die Seele entwickelt sich und gewinnt an Tiefe, indem wir das Samenpotential pflegen und verkörpern“: Diese Fähigkeiten sind eher angeboren als erlernt. Liebe zum Beispiel regt sich einfach in uns; niemand muss uns beibringen, sie zu fühlen. Wir können lernen, unsere Liebe wachsen zu lassen oder die Hindernisse beiseite zu räumen, die ihr im Weg stehen, aber die Liebe selbst ist unserem Wesen zu Eigen. Das Gleiche gilt für andere menschliche Eigenschaften wie Mut, Stärke, Geduld, Humor, Hingabe, Gleichmut. Trotzdem bleiben viele dieser Fähigkeiten oft unverwirklicht, weil unsere konditionierte Persönlichkeit uns den Zugang dazu versperrt. In diesem Fall bleiben sie ruhende Samen, die niemals genug Feuchtigkeit oder Sonnenlicht bekommen, um Früchte zu tragen.

30. Rainer Maria Rilke: *Briefe an einen jungen Dichter.* Insel Verlag 1995: Insel-Bücherei Nr. 404.

31. „Chögyam Trungpa definiert Krieger“: Chögyam Trungpa: *Das Buch vom meditativen Leben. Die Shambala-Lehren vom Pfad des Kriegers zur Selbstverwirklichung im täglichen Leben.* Reinbek: Rowohlt transformation 1996, S. 27.

32. „Mit Trungpas Worten“: ebd., S. 52.

33. „Da es schmerzlich ist, dieses ‚schlechte Selbst‘ anzuschauen“: Ich benutze den Begriff „schlechtes Selbst“ hier als Bezeichnung für eine bestimmte unbewusste Identität und nicht in dem strengen Sinne, in dem die Objektbeziehungstheorie ihn als eine Form der primitiveren Abwehr durch Spaltung definiert.

34. „Aber selbst wenn wir diese Anerkennung bekommen“: Da bedingungslose Güte nichts ist, was wir uns verdienen oder besitzen können, entfernt uns der Versuch, unseren Wert zu beweisen, nur noch weiter davon.

35. „Liebende Güte ist ein Begriff, der oft in der buddhistischen Tradition verwendet wird“: Im Sanskrit lautet das entsprechende Wort Maitri, im Pali Metta.

36. „… ist das meistens ein Hinweis darauf, dass irgendeine Geschichte aktiviert wurde“: Eine ausführlichere Erläuterung des Begriffes Geschichte, wie ich ihn verstehe, sowie des Unterschieds zwischen Geschichten und gefühltem Erleben finden Sie in meinem Buch *Dem Herzen folgen.* A.a.O., Kapitel 2.

37. „Chögyam Trungpa beschreibt Drala“: C. Trungpa: *Das Buch vom meditativen Leben.* A.a.O., S. 115 f.

38. „Das nenne ich die vierfache Wahrheit“: Die vierfache Wahrheit, eine strukturierte Form, die Wahrheit mitzuteilen und sich ehrlich darzustellen, wird in Kapitel 9 ausführlicher erläutert.

39. „... der chassidische Weise": Martin Buber: *Die Erzählungen der Chassidim.* Zürich: Manesse Verlag 1949. Das „Zwischenstadium" gilt auch in der Tradition des tibetischen Buddhismus, in der es als Bardo bekannt ist, als wichtige Phase. Meistens bemerken wir diese Übergangsmomente gar nicht, die unstrukturierten Lücken zwischen zwei deutlicher definierbaren Bewusstseinszuständen, wie zwischen zwei Gedanken oder beim Übergang zwischen Arbeit und Ruhen. In der Meditation vermitteln uns diese Lücken eine Ahnung davon, wie es ist, vom ständigen Strom der Gedanken, der uns meistens völlig in Anspruch nimmt, frei zu sein. Die tibetische Tradition lehrt auch, dass wir zur Zeit des Sterbens in ein Bardo übergehen, und dass, wenn wir zu der Zeit nicht wissen, wie wir alte Anhaftungen loslassen können, unser Bewusstsein in Zustände von Schrecken und Verwirrung geworfen wird, die die Geschehnisse nach unserem Tod beeinträchtigen. Deswegen ist es wichtig, dass wir die Bardos in unserem Leben wahrnehmen und lernen, durch sie hindurchzugehen.

40. „... was der Psychologe Eugene Gendlin als ‚gefühlten Sinn' bezeichnet": Eine nähere Erläuterung der Arbeit mit dem gefühlten Sinn finden Sie in: Eugene Gendlin: Focusing. Technik der Selbsthilfe bei der Lösung persönlicher Probleme. Salzburg: O. Müller, 1981. Siehe auch meine Artikel: *The Unfolding of Experience*, in: *Journal of Humanistic Psychology 11* (1), 1982, und *Reflections on Focusing, Psychotherapie and Meditation*, in: J. Welwood (Hrsg.): *Awakening the Heart.* Boston: Shambhala 1983.

Diejenigen Leserinnen und Leser, die mit der Methode des Focusing vertraut sind, werden Elemente davon in meiner Beschreibung der Arbeit mit Anna erkennen. Focusing ist eine zielorientiertere, Schritt für Schritt vorgehende Technik als die offenere Methode, mit der ich im Allgemeinen mit Klienten arbeite. Eine genauere Erläuterung meiner Methode finden sie in dem Aufsatz *The Healing Power of Unconditional Presence*, in: J. Welwood (Hrsg.): *Ordinary Magic: Everday Life as Spiritual Path.* Boston: Shambhala, 1992.

41. „Negative Negativitat": Chögyam Trungpa: *Der Mythos der Freiheit und der Weg der Meditation.* Berlin: Theseus Verlag 1996, S. 78.

42. „Der Streit, der sich ständig wiederholt": Manche Paare, die ihren Streit nicht lösen können, vermeiden schließlich jeden Konflikt und schaffen eine künstliche Harmonie, wodurch die Lebendigkeit zwischen ihnen völlig erstarrt.

43. „Laut Aussage des Psychologen James Hillman": James Hillman und Michael Ventura: *Hundert Jahre Psychotherapie und der Welt geht's immer schlechter.* Walter Verlag 1993, S. 118.

44. „In der Sicht der uralten chinesischen Philosophie der Geschlechter“: Natürlich gibt es viele Ausnahmen von dieser allgemeinen Regel. Ich möchte keinesfalls nahe legen, dass Frauen einem Yin-Ideal und Männer einem Yang-Ideal entsprechen sollten. Die Unterschiedlichkeit, mit der Männer und Frauen diese beiden Energien kombinieren und verkörpern, bringt ein breites Spektrum an verschiedensten individuellen Ausdrucksformen hervor. Tatsächlich sind Männer in mancher Hinsicht mehr Yin als Frauen und Frauen mehr Yang als Männer, wie in Kapitel 11 noch näher erläutert wird. In den polytheistischen Religionen wird diese Vielfalt deutlich an Pantheons, die nicht nur von Yang-Göttern (Ares) und Yin-Göttinnen (Aphrodite) bevölkert sind, sondern auch von Göttinnen, die Yang-betont sind (Athene, Artemis) und Göttern, die mehr Yin sind (Adonis, Dionysus).

    Außer durch das unterschiedliche Mischungsverhältnis von Yin und Yang wird die individuelle Psyche von Männern und Frauen auch durch biologische, gesellschaftliche und historische Kräfte geprägt. Da es ein großes Spektrum an unterschiedlichen individuellen Temperamenten und Konditionierungen gibt, meine ich – und das möchte ich betonen –, wenn ich mich in diesem Buch auf die zahlreichen typischen Verhaltensformen von Männern und Frauen beziehe, die meisten, aber keinesfalls alle Männer und Frauen in unserer Gesellschaft.

    Und schließlich sollte auch noch darauf hingewiesen werden, dass die Zuschreibung männlicher und weiblicher Eigenschaften nicht für alle Zeiten unumstößlich feststeht. Nicht jede Kultur nimmt die gleichen Zuordnungen vor wie die westliche und die chinesische Gesellschaft.

    Eine ausführlichere Erläuterung dieses Themas finden Sie in meinem Buch *Dem Herzen* folgen, a.a.O., Kapitel 12.

45. „Äußerlich betrachtet ist eine Hochzeit …“: In meinem Buch *Dem Herzen folgen* unterscheide ich drei Ebenen der Hochzeit – die äußere, die innere und die geheime. Aus Gründen der Vereinfachung benutze ich hier den Begriff innere Hochzeit, um sowohl auf die innere als auch die geheime Dimension zu verweisen, die ich in Dem Herzen folgen erläutere. Vergleiche dort Kapitel 15, wo die tiefere Bedeutung und der Sinn einer Hochzeit ausführlicher besprochen werden.

46. „Wie D. h. Lawrence ausführt“: D. h. Lawrence: *Blessed Are the Powerful*, in: W. Roberts und H. Moore (Hrsg.): *Phoenix II: Uncollected, Unpublished, and Other Prose Works*. New York: Viking 1970.

47. „Und weil das Weibliche tausende von Jahren abgewertet wurde“: Neben sämtlichen anderen gut dokumentierten Schwierigkeiten, die aus der Abwertung des Weiblichen entstehen, ist ein weiteres Symptom mangelndes Vertrauen: Es fallt uns schwer, dem Guten im Leben oder im menschlichen Herzen zu vertrauen. Der postmoderne Zynismus und die Ironie sind heute zu gängigen Abwehrstrategien geworden.

48. „Weisheit gilt als weiblich“: „Hört die Weisheit ruft, die Einsicht erhebt ihre Stimme! Oben auf den Höhen am Wege, am Kreuzweg steht sie, neben den Toren, am Zugang zur Stadt, am Eingang der Pforten ruft sie laut: Zu euch, ihr Männer, rufe ich, und meine Stimme ergeht an die Menschen ... Durch mich regieren Könige und entscheiden Machthaber das Recht.“ (*Sprüche*, Prediger (8:1–4, 15). Göttingen: Vandehoeck & Ruprecht 1980.) Hier sehen wir, dass Weisheit der weibliche Urgrund ist, auf dem das Männliche angemessen agieren kann. („Durch mich regieren Könige.“) Und in den folgenden Zeilen aus dem Buch der Weisheit wird deutlich, wie sich Salomon auf Sophia als seine Geliebte bezieht: „Diese (die Weisheit) liebte ich und erstrebte sie von Jugend auf und trachtete, sie als Braut mir heimzuführen, und ich bin Liebhaber ihrer Schönheit geworden.“ (*Buch der Weisheit* 8:2, Altes Testament. Hrsg. von Dr. Griedrich Nötscher. Würzburg: Echter-Verlag 1959.)

49. „Die Psychologin Lilian L. Rubin“: L. Rubin: *Intimate Strangers*. New York: HarperCollins, 1983. Der Abschnitt, in dem dieses Zitat enthalten ist, wurde auch abgedruckt in J. Welwood (Hrsg.): *Challenge of the Heart*. A.a.O, S. 126f.

50. „Mit Rilkes Worten“: Rainer Maria Rilke: *Briefe an einen jungen Dichter*. Insel-Verlag. Insel Bücherei Nr. 406, S. 38.

51. „Die zornige Dakini“: Eine ausführlichere Erläuterung der Dakini finden Sie in Dem Herzen folgen, Kapitel 12. Näheres zum Anfängergeist steht in der Einleitung und in Kapitel 10 dieses Buches.

52. „In ihrer kurzen Ehe“: C.S. Lewis: *A Grief Observed*. New York: Seabury Press 1961, S. 8.

53. „Frauen sind das höchste Feuer der Transformation“: Aus einem indischen tantrischen Text, zitiert nach M. Shaw: *Erleuchtung durch Ekstase. Frauen im tantrischen Buddhismus*. Krüger Verlag: Frankfurt am Main 1997.

54. „Delilah“: Eine ausführlichere Erläuterung dieser „schwarzen Hexe“ als ein Element in Frauen finden Sie in: *Dem Herzen folgen*, Kapitel 13.

55. „Der Philosoph Julius Evola“: J. Evola: *Metaphysik des Sexus*. Stuttgart: Klett Verlag 1962, S. 280.

56. „Der erste und edelste Ritter“: H. Pyle: *The Story olKing Arthur and His Knights.* New York: Scribner's 1903, S. 144.

57. „... wenn er sie in dieser Form achtet“: Es hat immer wieder wichtige historische Einschnitte gegeben – wie zum Beispiel in der Entstehungszeit des tantrischen Buddhismus in Asien und der höfischen Liebe in Südfrankreich –, in denen die Verehrung und Hingabe, die ein Mann einer Frau entgegenbrachte, von großer Wichtigkeit und Wert waren und ganze Phasen einer blühenden künstlerischen Kreativität und spirituellen Erneuerung einleiteten. In diesen beiden Traditionen war die Beziehung eines Liebhabers zu seiner Geliebten geprägt durch Achtung und Lob, und er diente und verehrte sie, statt sie zu beherrschen und zu missachten, wie es üblicherweise der Fall war. Die Erhöhung des Weiblichen galt als spirituelle Praxis, die das Herz eines Mannes öffnen, seinen Charakter veredeln und ihm eine Fülle an kreativer Weisheit und Kraft erschließen konnte. Natürlich kann dieser Prozess heute nicht mehr so eingleisig verlaufen wie für die höfischen Liebhaber. Männer und Frauen können beide lernen, sich gegenseitig an ihren Gaben zu freuen und sich auf unterschiedliche Weise zu dienen.

58. D. h. Lawrence: *John Thomas and Lady Jane*. New York: Viking 1972, S. 107 f.

59. „Der japanische Philosoph Nishitani“: K. Nishitani: *Religion and Nothingness,* übersetzt von J. Van Bragt. Los Angeles: University of California Press 1982.

60. „Das ist die erhabene Melancholie unseres Schicksals“: Martin Buber: *Das dialogische Prinzip. Ich und du.* Heidelberg: Schneider 1984.

61. Antonio Machado: *Last Night,* übersetzt von R. Bly, in: *Times alone: Selected Poems of Antonio Machado*. Middletown, Conn.: Wesleyan University Press 1983.

62. Chögyam Trungpa: *Das Buch vom meditativen Leben.* A.a.O., S. 71, 75, 94.

63. „Der Krieger mit dem gebrochenen Herzen“: Das Bild des Kriegers mit dem gebrochenen Herzen stammt von Chögyam Trungpa: *Das Buch vom meditativen Leben.* A.a.O., S. 75.

Wir danken den Verlagen und Rechteinhabern für die Erteilung der Abdruckgenehmigungen. Bei einigen Texten war es trotz gründlicher Recherche nicht möglich, die Inhaber der Rechte ausfindig zu machen. Honoraransprüche bleiben bestehen.

Weiterführende Literatur

Als weiterführende Lektüre zu den Hauptthemen dieses Buches empfehle ich besonders folgende Bücher:

Almaas, A.H.: *Essenz, der diamantene Weg zur inneren Erfüllung.* Oldenburg: Transform Verlag 1992.

Chödron, P.: *Beginne, wo du bist. Eine Anleitung zum mitfühlenden Leben.* Freiburg: Aurum Verlag 1995.

Gendlin, E.: Focusing. *Technik der Selbsthilfe bei der Lösung persönlicher Probleme.* Salzburg: O. Müller 1981.

Eine klare und einfache Einführung in die Methode des Focusing, eine außerordentlich hilfreiche Möglichkeit, sich unklare oder schwierige Gefühle bewusst zu machen, mit ihnen präsent zu bleiben und sie zu erforschen, um neue Richtungen zu entdecken.

Trungpa, C: *Das Buch vom meditativen Leben. Die Shambala-Lehren vom Pfad des Kriegers zur Selbstverwirklichung im täglichen Leben.* Reinbek: Rowohlt transformation 1996.

Eine tief greifende, inspirierende und klare Darstellung des Pfads des Kriegers, die in der Praxis der Meditation wurzelt.

Welwood, J. (Hrsg.): ***Awakening the Heart: East/West Approaches to Psychotherapy and the Healing Relationship.*** Boston: Shambhala 1983.

Ein methodischer Rahmen für die Arbeit mit unterschiedlichen geistigen und emotionalen Zuständen (sowohl den eigenen als auch denen von anderen) auf dem Hintergrund östlicher und westlicher Ansätze.

Welwood, J. (Hrsg.): ***Challenge of the Heart: Love, Sex, and Intimacy in Changing Times.*** Boston: Shambhala 1985.

Ein begleitender Sammelband mit Texten über Beziehungen, die mir bei meiner Arbeit an dem Buch *Dem Herzen folgen* am nützlichsten waren.

Welwood, J.: ***Dem Herzen folgen. Durch Liebe und Freundschaft zu sich selbst finden.*** München: Knaur 1996.

Ein breit angelegter Überblick und eine gründliche Erforschung von Beziehungen als Weg zur persönlichen und spirituellen Entwicklung. Dieses Buch beschäftige sich ausführlicher als *Bewusst lieben* auch mit Themen wie: Leidenschaft, Hingabe, Einlassen, Wildheit, Anfängergeist, Alleinsein, Ehe, Sexualität, Mann-Frau-Themen, das Heilige, der Grat, das Aufbrechen des Herzens, die Natur des Weges und die Wichtigkeit von Meditation für Beziehungen.

Welwood, J. (Hrsg.): ***Ordinary Magic: Everyday Life as Spiritual Path.*** Boston: Shambhala 1992.

Eine Sammlung von spannenden Texten zur Entdeckung des Heiligen in vielen Aspekten des täglichen Lebens.

Wile, D.: ***Partnerschaftsprobleme, kein Problem. Rezepte gegen die Einsamkeit zu zweit.*** Weinheim: Beltz Verlag 1992.

Das nützlichste praktische Handbuch über die Kommunikation von Paaren, auf das ich gestoßen bin.

Wichtiger Hinweis

Die Ratschläge zur Selbstbehandlung in diesem Buch sind vom Autor und Verlag sorgfältig erwogen und geprüft worden. Dennoch kann eine Garantie nicht übernommen werden. Bei ernsthafteren oder länger anhaltenden Beschwerden sollten Sie auf jeden Fall einen Arzt oder einen Heilpraktiker Ihres Vertrauens zu Rate ziehen. Eine Haftung des Autors oder des Verlages für Personen-, Sach- und Vermögensschäden ist ausgeschlossen.

Weitere Literatur aus dem Arbor Verlag

John Welwood

Vollkommene Liebe

– und wie sie vielleicht sogar in einer Beziehung gefunden werden kann –

Die Schönheit und Großartigkeit der Liebe ist grenzenlos. Wie kommt es aber, dass es uns in Liebesbeziehungen meist nicht gelingt, dieses unermessliche Potential voll auszuschöpfen?

Sensibel und poetisch schildert John Welwood den Grund unseres Scheiterns: Die meisten Menschen leiden unter einer tiefsitzenden emotionalen Verletzung, die all unsere Beziehungen sabotiert. Viele von uns können nicht wirklich glauben, dass sie, so wie sie sind, liebenswert sind.

John Welwood hilft den Lesern, diese „Wunde des Herzens" zu verstehen und zu sehen, wie sie unsere Beziehungen formt. Dabei geht es keineswegs nur um die Beziehung zu unserem Lebenspartner, sondern auch um unser Verhältnis zu Familienmitgliedern, Freunden und Bekannten.

In diesem Sinne kann jede Beziehung zu einem mächtigen spirituellen Lehrmeister werden und uns helfen, verborgene innere Quellen zu erschließen und mechanisch gelebte Beziehungen in echte Seelenverwandtschaften zu transformieren.

ISBN 978-3-936855-49-4

John Welwood

Psychotherapie und Buddhismus

Der Weg persönlicher und spiritueller Transformation

Wie lassen sich spirituelle Entwicklung und die psychologischen Einsichten des Westens miteinander verbinden? Wie können wir die Entwicklung des Individuums mit der spirituellen Suche nach dem versöhnen, das hinter dem Selbst liegt? John Welwood geht diese Fragen mit außerordentlicher Sorgfalt und in aller Tiefe an.

Seine Psychologie der Erleuchtung bringt drei wesentliche Bereiche menschlichen Seins zusammen – persönlich, interpersonell und überpersönlich –, die bislang von noch keiner einzigen westlichen oder östlichen Tradition in einen Gesamtzusammenhang integriert wurden. In dieser Gesamtschau, Theorie und Praxis gleichermaßen umfassend, scheint nicht weniger als die Integration der psychischen und spirituellen Seite unseres Seins auf.

ISBN 978-3-936855-97-5

Marnia Robinson

Das Gift an Amors Pfeil

Von der Gewohnheit zum Gleichgewicht
in sexuellen Beziehungen

Warum bleiben Liebespaare nicht zusammen? Marnia Robinson erläutert uns die Fallstricke menschlicher Neurobiologie und weist uns den Weg in Form eines Kniffs: Nutzt das Liebeswerben und den Liebesakt selbst, um einander ins Gleichgewicht zu bringen – und natürliche Harmonie entfaltet sich von selbst!

Amors vergifteter Pfeil trifft mitten in einen der primitivsten Teile unseres Gehirns. Folgsam verlieben wir uns, durchströmt von einem Feuerwerk leidenschaftlicher Gefühle, für eine Zeit lang gebunden... Und dann langt es uns miteinander, wir werden reizbar, unerreichbar und zerstreut. Wir versuchen, unseren Geliebten umzuformen, suchen Trost bei anderen oder stürzen uns in eine neue Liebesgeschichte.

In einer anregenden Mischung neuester neurobiologischer Erkenntnisse, vergessener Weisheiten und persönlicher Erfahrung untergräbt *Amors vergifteter Pfeil* viele Annahmen über Sexualität und Liebe, die wir bislang für selbstverständlich gehalten haben. Schritt für Schritt bietet uns Marnia Robinson in diesem Buch ein praktisch umsetzbares Programm für die Belebung einer tragfähigen Verbundenheit in Sexualität und Beziehung.

Die Biologie hat Pläne für Ihr Liebesleben – erkennen und lenken Sie den Zyklus der Leidenschaft, überbrücken Sie Abgründe und gehen Sie den Weg der Harmonie.

ISBN 978-3-86781-005-0

Rick Hanson mit Richard Mendius

Das Gehirn eines Buddha

Die angewandte Neurowissenschaft
von Glück, Liebe und Weisheit

Das Gehirn eines Buddha weist uns wirksame Wege, wie wir Liebe, Weisheit und wahres Glück in unserem Leben erfahren können, und erklärt uns auch physiologisch, wie und warum das funktioniert. Der Strom unserer Gedanken formt unser Gehirn und vermag uns so, neue Möglichkeiten, Handlungsräume und Gefühlswelten zu eröffnen – oder auch zu verschließen. Demgemäß lautet die grundlegende Botschaft aktueller neurobiologischer Forschung: „Indem du dein Gehirn verändern kannst, kannst du dein Leben ändern."

Gestützt auf jüngste Forschungsergebnisse zeigt uns *Das Gehirn eines Buddha* auf, wie wir unser Gehirn stimulieren und stärken können, um zu erfüllenderen Beziehungen und zu einem stärkeren Gefühl von innerem Vertrauen und Wert zu finden.

ISBN 978-3-86781-025-8

Christopher Germer

Der achtsame Weg zur Selbstliebe

Wie man sich von destruktiven Gedanken und Gefühlen befreit

Das Leben ist hart, vieles kann enorm schieflaufen.

Oft schämen wir uns dann und werden selbstkritisch. Wir fragen uns: „Warum schaffe ich es nicht?“ oder „Warum ich?“. Vielleicht setzen wir auch alles daran, uns selbst wieder „in Ordnung zu bringen“, und machen damit alles nur noch schlimmer.

Doch wir können lernen, mit Kummer und Leid auf eine andere, gesündere Art und Weise umzugehen. Anstatt schwierigen Gefühlen mit erbittertem Widerstand zu begegnen, können wir unseren Schmerz anschauen, beobachten und mit Freundlichkeit und Verständnis darauf reagieren. Das ist Selbstliebe: Wenn wir uns voller Mitgefühl so um uns selbst kümmern, wie wir es bei einem geliebten Menschen tun würden.

Bereits ein Augenblick, in dem wir mitfühlend und liebevoll mit uns selbst umgehen, kann unseren Tag verändern und viele solcher Momente können unserem Leben eine ganz neue Richtung geben. Die Befreiung aus der Falle destruktiver Gedanken und Gefühle durch mitfühlende Selbstliebe kann unsere Selbstachtung von innen heraus stärken und sogar Depressionen und Ängste vertreiben.

Erfahren Sie, wie Sie sich dieses Mitgefühl und diese Liebe entgegenbringen können, wenn Sie sie am dringendsten brauchen: Wenn Sie vor Scham fast vergehen, wenn Sie vor Wut oder Angst die Fäuste ballen oder sich zu verletzlich fühlen, um ein weiteres Familientreffen zu überstehen.

ISBN 978-3-86781-011-1

Linda Graham

Der achtsame Weg zu Resilienz und Wohlbefinden

Wie wir unser Gehirn vor Stress und Burn-out schützen können

Resilienz ist die Fähigkeit, die Herausforderungen des Lebens anzunehmen und zu bewältigen, egal, ob es sich um alltägliche Enttäuschungen oder um außerordentliche Katastrophen handelt. Zwar wohnt Resilienz uns von Natur aus inne, doch im Laufe unseres Lebens entwickeln sich ungünstige Muster, die sich im neuronalen Schaltsystem unseres Gehirns festsetzen und uns anfällig für Stress, Ängste und Sorgen machen. Neue wissenschaftliche Erkenntnisse zeigen nun, dass sich neu verdrahten lässt, was einst fest verdrahtet erschien. Wie das möglich ist, zeigt uns dieses Buch.

Mit wirksamen, bewährten Übungen weist uns Linda Graham den Weg zum Wiederherstellen unseres inneren Wohlbefindens und zum Aufbau eines Gehirns, das selbst den heftigen Stürmen unseres Lebens standhalten kann.

Linda Graham ist Ehe- und Familientherapeutin, Achtsamkeitslehrerin und Expertin für die neurowissenschaftlichen Grundlagen menschlicher Beziehungen. Sie schult Kliniker in der Anwendung neurowissenschaftlicher Erkenntnisse bei ihrer Arbeit.

ISBN 978-3-86781-113-2